JN214179

法政大学比較経済研究所 研究シリーズ39

不確実性とFDI
―― 企業戦略への影響を探る

法政大学比較経済研究所／倪 彬【編】

日本評論社

は じ め に

本書は、法政大学比較経済研究所の研究プロジェクト「Uncertainty, FDI and Firm Adjustment」の成果を取りまとめたものである。本書の主要な対象は日本企業の対外直接投資（FDI：Foreign Direct Investment）であるが、マクロとミクロ両方の切口から、様々な角度で不確実性が対外直接投資に与える影響を具体的な事例に基づいて検証していく。

まず背景知識として押さえていく。対外直接投資とは、企業が他国に資本を投資し、その国で経営権を持つ形で事業を展開することである。この投資形態は、単なる資金の流入だけでなく、技術移転や経営ノウハウの共有を通じて企業の国際的な展開を促進する重要な手段である。

FDI の特徴の 1 つは、投資先国において企業が一定の経営権を保持することである。これにより、投資先の経済活動に対して直接的な影響を及ぼすことが可能となる。また、FDI は通常、長期的な利益を追求するものであり、短期的な利益を狙った投資とは異なる。さらに、資本の流動性も重要な要素であり、投資資本は技術や人材の移転を伴い、企業の競争力を高める役割を果たす。

一方、不確実性とは、将来の出来事や結果が予測できない状態を指し、企業が FDI を行う際に直面する重要な要素である。不確実性は、投資のリスクを増大させ、意思決定に影響を及ぼす。対外直接投資には多くの不確実性が伴う。政治的な変動、経済的なリスク、文化的な違い、為替変動、ローカル市場での規制の変化など、様々な要因が投資の成否に影響を及ぼす。高い不確実性は、投資家が投資を躊躇する理由となり、特に政治的不安定な国への投資は、資本の保護や利益の本国送金が難しくなることがある。そのため、企業は不確実性を軽減するために様々な戦略を採用する必要がある。

本書は、日本の対外直接投資と異なる側面における不確実性の関係性に焦

点を当て、その因果関係を解明することを目的としている。具体的には、主に以下のいくつかの側面から議論を進める。

1. 日本の対外直接投資の現状、そして理論的な不確実性との関連性
2. マクロ的不確実性が日本企業の海外進出に与える影響
3. 自然災害や政治体制の変更などの外部ショックが日本企業の海外進出に与える影響
4. 進出先での制度変更や市場環境の変化が日本企業の海外進出に与える影響

　本書は、理論的な枠組みと実証的な分析を組み合わせ、日本企業が直面する不確実性の現実を浮き彫りにする。これらの様々なリスク要因がどのようにして日本企業の投資決定に影響を及ぼすのか、具体的な事例を交えて解説する。

　第1章は、FDI に関する不確実性の影響を、俯瞰的かつ異なる学問分野の視点から総合的にレビューする。特に、国際ビジネス、経済学、戦略的マネジメントの研究を統合し、FDI における市場、政治、制度、技術などの不確実性が投資意思決定に与える影響を探る。これまでの研究をもとに、異なる不確実性がどのように相互作用し、FDI のパターンを形成するかを明らかにする。さらに、デジタル変革や持続可能性の要請が新たな不確実性を生み出し、これが多国籍企業の戦略や意思決定に与える影響を考察する。

　不確実性と FDI に関する既存の実証文献では、主に企業や産業といったミクロレベルにおける不確実性の影響を分析しており、マクロレベルの分析はかなり不足しているというのが現状である。

　マクロレベルの分析を行う意味合いの1つは、ミクロとマクロとでは異なるメカニズムが存在し、ミクロレベルで不確実性の FDI への影響があったとしても、必ずしもマクロレベルでもそのような影響があるとは限らないということである。加えて、不確実性の影響について我々は FDI に対する影響にのみならず、GDP のような主要マクロ経済変数への影響にも関心を持つ。というのも、先行研究が示しているように、FDI は需要・供給の両面から GDP にプラスの効果をもたらす可能性があり、これが多くの発展途上国が現実で積極的に採用されている FDI 促進政策の主な論拠でもある。

　第2章「不確実性と対外直接投資」では以上の問題意識の下で、世界主要

75か国からなるパネルデータを用いて、不確実性の FDI と GDP への影響を分析した。分析手法としては、不確実性の内生性問題に対処し、不確実性の動学的影響を捉えることが可能であるベクトル自己回帰（VAR）モデルを採用した。分析結果は次の通りである。不確実性の影響が国によって大きく異なり、理論と整合的なケースとそうでないケースが混在していることが示された。しかし、すべての国を含むパネルデータを用い、かつ国固定効果をコントロールしたパネル VAR モデルの下では、理論と整合的に、不確実性が FDI と GDP に対しマイナスの影響を与えることが示された。さらに、GDP への影響は FDI への影響よりも持続的である。このように、マクロレベルにおいても不確実性は FDI に負の影響を及ぼすということが認められるが、定量的にはその影響はかなり小さいと結論づけられる。

第3章「経済予測のばらつき指標の作成とその特徴」は、日本の民間エコノミストの予測データを利用して、経済不確実性の動向とその経済活動への影響を分析している。具体的には、ESP フォーキャスト調査という日本のエコノミストたちの経済予測に関するデータを用いて、予測のばらつきを指標化し、これを不確実性の指標として評価している。予測のばらつきが大きくなる時期には、特に景気後退期の終盤や回復期にかけて、不確実性が高まる傾向が確認されている。

さらに、VAR 分析を通じて、不確実性が日本経済に及ぼす影響を検証している。その結果、不確実性が増加すると、企業の設備投資意欲が減少し、銀行の貸出態度にも慎重さが増すことが示されている。このような経済活動への影響は、特に不確実性が高まった時期に顕著に現れており、企業や金融機関の行動が景気の変動に大きく影響することが確認されている。

本研究は、日本経済における不確実性を新たな方法で定量化し、それがどのように経済の変動や企業行動に影響を与えるかを明らかにしている点で重要である。特に、政策立案者に対して、不確実性の管理や対応が経済の安定にとって重要であることを示唆している。また、エコノミストによる予測がどのように景気見通しに反映され、実際の経済活動に影響を与えるかを理解するための新たな視点を提供している。

第4章「不確実性の下での生産とグローバル・ソーシング」は、東日本大震災が日本企業のグローバル・ソーシング、すなわち海外調達に与えた影響

を分析したものである。震災によって発生した生産性の低下（例えば、生産設備の破壊）とサプライチェーンの寸断（供給ネットワークの混乱）という2種類のショックが、それぞれ企業の調達行動にどのような違いをもたらすのかを検証している。

　研究の結果、生産性ショックは日本からの調達を減少させる効果を持ち、他国からの調達にも影響を及ぼすことが確認された。一方で、サプライチェーン・ショックは特に日本からの輸入に依存している海外子会社に対して大きな影響を与え、結果的に他国からの輸入を増加させるという影響が見られた。この研究は、自然災害という外生的ショックが国際的な供給チェーンに与える影響を明らかにし、企業がこのようなリスクにどのように対応するかという点において重要な知見を提供している。

　第5章「英国のEU離脱が日本の多国籍企業に与える影響」は、英国のEU離脱、すなわちブレグジットが日本の多国籍企業に与えた影響を分析している。特に、日本企業の英国にある現地法人とEUにある現地法人のパフォーマンスを比較し、ブレグジットによる経済的変化を検証している。目的は、ブレグジットが日本企業のグローバルな生産ネットワークおよびサプライチェーンにどのような影響を与えたかを明らかにすることである。

　本研究では、2010年から2019年までの日本の多国籍企業に関するデータを使用し、ブレグジット前後での影響を比較するために差の差（DID）分析を実施している。これにより、ブレグジットが日本企業の英国現地法人とEU現地法人に与えた具体的な影響を定量的に評価している。

　分析結果によれば、ブレグジットは日本企業の英国現地法人に対して深刻なマイナスの影響を与えている。特に、現地販売や欧州市場への輸出が著しく減少し、売上高は約11％の減少が確認された。また、現地調達や欧州からの輸入も大幅に減少しており、調達面における負の影響が顕著である。

　さらに、ブレグジットによる制度的変化は、企業の雇用削減や設備投資の抑制につながっており、生産性や利益率の低下が見られる。特に英国現地法人においては、撤退の可能性が高まっており、企業の戦略的行動に大きな変化が生じている。産業別に見ると、ブレグジットの影響は非製造業においてより大きく、特にサービス貿易におけるコストの増大が示されている。製造業では相対的に影響が小さいが、多国籍企業全体に広範な影響を及ぼしてい

る。

　結論として、ブレグジットは日本企業のグローバルなサプライチェーンに大きな再編成を迫っており、特に英国を生産拠点としていた企業に深刻な打撃を与えていることが明らかになった。

　第6章「最低賃金と多国籍企業の活動」は、日本の経済産業省調査統計局による事業所レベルの機密データと、中国の各市での最低賃金データを組み合わせて、中国の最低賃金政策が日本の多国籍企業の現地系列会社に与える影響を詳細に分析しているものである。特に、中国各市における最低賃金のばらつきを活用し、日本企業がどのように最低賃金の変化に対応しているかを検証している。

　結果として、市レベルの最低賃金が10％上昇すると、中国にある日系企業の平均賃金は約2.3％上昇することが示された。しかし、賃金の上昇にもかかわらず、これらの企業の雇用規模や退出率、そして生産性には有意な影響が見られなかった。これは、最低賃金の上昇が直接的にはコストを増加させるはずであるが、企業が他の調整手段を用いることで、労働市場の変化に適応していることを示唆している。

　具体的には、多国籍企業は生産コストの上昇を吸収するために、生産性向上や調達戦略の変更、または本国や他国とのネットワークを通じたショックの分散など、他の手段を用いている可能性が指摘されている。このような対応策により、最低賃金の上昇が企業の生産や雇用に与える負担が軽減されていると考えられる。

　また、企業の規模や産業によって、最低賃金の影響には異質性があることが確認されている。例えば、労働集約型の産業や低スキル労働者が多い企業では、最低賃金の影響が相対的に大きいが、資本集約型の企業や高度な技術を要する産業では、影響が比較的小さいことがわかっている。

　この研究は、最低賃金政策が労働市場や企業行動に与える影響を理解する上で重要な示唆を与えるとともに、多国籍企業がどのようにして経済的ショックに適応するのかという点において、実務的な知見を提供している。

　第7章「国境拒否リスクと企業の輸出行動」は、国境での輸入拒否リスクが企業の輸出行動に与える影響を分析したものである。技術規制や衛生基準などの非関税措置（NTM）が、特に途上国企業の輸出コストを増加させ、輸

出に対する大きな障壁となる点に焦点を当てている。

　主要なポイントは2つある。

　技術規制の影響：米国などの先進国が設ける技術要件によって、途上国の企業は輸出が阻まれやすく、国境で輸送品が拒否されるリスクが高まる。特に、輸出製品の品質や国境管理の厳格さが、拒否リスクに影響を与える。

　履歴効果：過去に輸入拒否を受けた企業は、再度厳しい検査を受けやすく、この「履歴効果」が企業の輸出行動に与える影響が重要なテーマである。拒否リスクは、企業の輸出額の減少や市場退出を促す一方で、競合他社の拒否事例も間接的に影響を与えることが示されている。

　米国市場における中国企業の輸出データを用いて、企業ごとの輸出行動を分析している。輸出の継続・退出・再参入など、輸出活動に対する拒否リスクの影響を定量化している。本章は、非関税措置が貿易に与える制限的な効果を明らかにし、国際貿易政策に対して重要な示唆を提供している。

　本書は、日本の対外直接投資に伴う不確実性を深く理解し、効果的な投資戦略を構築するためのエビデンスとなることを目指している。分析の結果、マクロとミクロの視点から不確実性がFDIやGDPに与える影響は顕著であり、特にマクロレベルでは不確実性が負の影響を及ぼすことが確認された。これに基づき、企業は不確実性を軽減するための戦略を導入する必要がある。

　政策提言としては、不確実性管理のための支援や、特に不確実性の高い地域への投資インセンティブの提供が重要である。これにより、日本企業が国際的な競争力を維持し、安定した経済成長を実現するための環境が整うことが期待される。

　本書を通じて、読者が現代のグローバル経済における日本企業の挑戦と機会を理解し、実務に役立つ知見を得ることを願っている。これからのグローバル経済において、日本企業が引き続き成長し、繁栄を享受するためには、不確実性を適切に管理し、持続可能な投資を実現することが求められる。本書がその一助となることを期待して、ここに序文を綴る。

2025年1月

倪　彬

目　次

不確実性と対外直接投資

第 1 章

対外直接投資と不確実性

東洋大学経済学部　李　綱

1．はじめに

　対外直接投資（FDI）は、グローバルな経済統合における中心的な推進力であり、多国籍企業が国境を越えて拡大する際に直面する複雑な不確実性を伴う。市場、政治、制度、環境、技術といった様々な形態の不確実性が相互に作用し、国際投資のパターンおよび結果に根本的な影響を及ぼす。これらの不確実性がFDIの意思決定に与える影響を理解することは、グローバルなビジネス環境において極めて重要である。

　不確実性下でのFDIに関する研究は、国際ビジネス、経済学、戦略的マネジメントといった複数の学問分野にまたがっており、各分野が相補的な洞察を提供している。理論的および実証的な分析を通じて、企業が不確実性下でどのように運営し、投資意思決定を行うかについての理解が深化してきた。国際ビジネスの文献においては、企業が外国でのリスクおよび不確実性をどのように管理するかに関する知見が得られており、これらは Miller (1992) によるリスク管理の枠組みから Liesch et al. (2011) の国際化における不確実性の包括的な分析まで網羅されている。経済学の分野では、FDIと国際貿易の関係、多国籍企業の活動の組織化、国境を越えた投資フローの

経済的決定要因に焦点が当てられ、これらの知見は Markusen（2002）、Helpman（2006）、Antràs and Yeaple（2014）のサーベイに集約されている。戦略的マネジメントの文献においては、組織が国境を越えて不確実性を管理するために必要な能力をどのように開発するかが明らかにされている。

　これらの学問分野における研究は、不確実性下での FDI の特定の側面に関する理解を大きく進展させてきたが、異なる種類の不確実性がどのように相互作用し、国際投資を形成するかについての統合的な理解は依然として不十分である。Schwens et al.（2018）によるメタ分析なども、様々な要因が国際化の結果に与える影響を報告しているが、主に特定の側面に焦点を当てており、より広範な不確実性の相互作用を捉えることには限界がある。特にデジタル変革や持続可能性の要請によって複雑化するグローバルなビジネス環境は、こうした不確実性の相互作用を理解する必要性を一層高めている。

　本章では、不確実性下での FDI に関する文献を総合的にレビューし、伝統的な FDI 理論から国際ビジネスにおける不確実性管理に関する新たな視点まで、多様な学問分野の洞察を統合して提示する。市場の変動から制度的変化、資源のアクセス可能性から知識移転の課題に至るまで、様々な不確実性とそれらが多国籍企業の投資意思決定に与える影響を検討する。また、これらの分野にまたがる広範な研究を考慮しつつ、国際投資における不確実性の特定の側面を理解するために理論的または実証的に重要と思われる研究に焦点を当てる。

　本章は以下の構成で進める。まず、FDI の様々な分類とその理論的基盤について概観し、各種の不確実性がどのように異なる形態の国際投資に影響を与えるかについてのコンテキストを確立する。次に、FDI に影響を与える5つの主要な不確実性のカテゴリーに関する研究を取り上げる。それは、市場および経済的不確実性、政治的および制度的不確実性、資源および環境的不確実性、戦略的および組織的不確実性、知識および学習の不確実性である。各カテゴリーについて、不確実性の主要な原因、それが異なるタイプの FDI に与える影響、および多国籍企業がそれを管理するための戦略を要約する。最後に、これらの洞察を統合し、様々な不確実性がどのように相互作用するかに関する主要なパターンを特定し、今後の研究の方向性を提示する。

本章は、不確実性に明示的に焦点を当て、異なる学問分野からの視点を統合することで、既存のサーベイをいくつかの重要な点で拡張することを目指している。これまでの研究が多国籍企業と国際貿易パターンの基本的な理解を確立してきた一方で、本章では、異なる形態の不確実性が FDI の意思決定をどのように形成するかに焦点を当てる。この焦点は、デジタル変革および持続可能性の要請が国際ビジネスにおける新たな不確実性を生み出している現代において、特に重要である。こうした相互作用パターンを理解することは、国際投資に関する理論的研究と、多国籍企業の不確実性管理における実践的アプローチの両面において重要な意味を持つ。

2．不確実性下における FDI の理解

　FDI は、複数の動機に基づき推進され、不確実性の影響を強く受ける複雑な現象である。例えば、政治的変動、為替レートの急激な変動、あるいは市場需要の変動などの不確実性が、企業の投資意思決定に重大な影響を与えることがある。このような状況下で、企業は投資のタイミングを再考し、リスク管理のために戦略を変更する必要が生じる。様々な種類の FDI は、不確実性に対して異なる反応を示し、それぞれ特有の課題や機会をもたらす。その違いを理解することは、研究者や政策立案者にとって重要である。本節では、FDI の主要な分類と理論的基盤を検討することにより、不確実性下における FDI を分析するための包括的な枠組みを構築する。

2.1　FDI の種類と不確実性との関係

　FDI は、構造的および動機的な視点から分類することができ、これらの視点は企業が不確実性にどのように対応するかを異なる側面から示している。構造的な視点は、投資が企業全体の運営やバリューチェーンにどのように統合されるかに焦点を当てる一方、動機的な視点は企業が海外に投資する主な理由を探る。

　構造的な視点から、グローバルなビジネス環境に適応する中で、いくつかの異なる形態の FDI が現れた。水平的 FDI は、企業が本国で行っている活動をホスト国で同じ価値連鎖段階で再現するものである（Markusen, 1984）。

例えば、自動車産業において、企業がホスト国に工場を設立し、現地市場向けに生産を行うケースが該当する。この形態の FDI は、特に顧客への近接性が重要であり、貿易コストが現地生産の設立コストを大幅に上回る場合に多く見られる（Buckley and Casson, 2009）。こうした投資は、貿易障壁を克服し、製品を現地の嗜好に適応させることを可能にするが、市場の不確実性や規制の変更に対して脆弱である。

　垂直的 FDI は、バリューチェーンを分割し、特定の段階を効率的に実行できる国に移転することを伴う（Helpman, 1984）。これは後方垂直 FDI（国内生産に必要な原材料を生産する産業への投資）や前方垂直 FDI（国内生産の成果物を利用する産業への投資）として現れる。Alfaro and Charlton（2009）は、垂直 FDI が、生産段階が明確に分離可能であり、各国間の要素価格差が大きい業界で普及していることを示している。

　国際的な生産ネットワークが高度に発展する中、企業は Yeaple（2003）が複合型 FDI と呼ぶものをますます採用している。この複合型 FDI は、水平的 FDI と垂直的 FDI の要素を組み合わせ、市場アクセス、効率向上、戦略的資産の獲得を同時に追求する。

　輸出プラットフォーム FDI は、企業が主に第三国市場への輸出を目的としてホスト国に投資する形態である（Ekholm et al., 2007）。このタイプの FDI は、ホスト国と第三国間の貿易協定や、潜在的なホスト国の生産コストから影響を受けやすく、貿易政策の変化や地域経済統合の動向に敏感である。

　Baldwin and Okubo（2014）は、「ネットワーク化された FDI」という概念を導入し、国際生産ネットワークに深く統合された子会社によって特徴付けられる投資パターンを説明している。これらの子会社は通常、中間財の輸入と輸出を多く行い、地元での販売や調達は中程度にとどまる。このパターンは、電子機器や機械などのセクターで特に顕著であり、北米に比べてアジアやヨーロッパでより広く見られる。

　動機的な視点からは、構造的パターンとしばしば絡み合いながら、FDI は主に 4 つのカテゴリーに分類される。市場志向型 FDI は、輸出ではなく現地生産を通じて外国市場に対応することを目的としている（Dunning and Lundan, 2008）。市場規模は、この種の投資の主要な決定要因の 1 つであり、Chakrabarti（2001）の分析で示されている。しかし、これらの投資は需要の

変動、規制の変更、そして現地での正当性を確立する課題といった不確実性に直面する。

効率志向型 FDI は、地理的に分散した活動の共通のガバナンスから利益を得るために生産構造を合理化することに焦点を当てている（Dunning and Lundan, 2008）。このタイプの FDI は、各国間の要素賦存、制度的取り決め、経済システムの違いを活用しようとする。Buckley and Casson（2009）が示すように、このような投資は規模の経済と範囲の経済を達成することを可能にするが、調整の課題や政策の不確実性による影響を受けやすい。

資源志向型 FDI は、本国で入手不可能または高コストでしか得られない特定の物理的資源を対象としている。このタイプの FDI は、特に採掘産業において、多額の資本投資と長期的なコミットメントを必要とすることが多い。Kolstad and Wiig（2012）は、この種の投資がしばしば制度的に課題の多い環境で行われることを示している。企業は投資先を自由に選択できないため、この空間的な制約が政治的および運営上のリスク管理に一層の複雑さをもたらす。

戦略的資産志向型 FDI は、地域またはグローバル市場で競争力を維持または強化するために知識ベースの資産を取得することを目的としている（Dunning and Lundan, 2008）。Chung and Alcácer（2002）は、これらの投資が専門知識の集積地に向かう傾向があることを示しており、知識の移転と統合に関して特に不確実性に直面する。

2.2 不確実性下における FDI に関する理論的視点

いくつかの補完的な理論的枠組みが、企業が FDI の意思決定において不確実性にどのように対処するかを明らかにしており、それぞれが独自の洞察を提供する。内部化理論は Buckley and Casson（1976）によって提唱され、Rugman（1981）や Hennart（1982）によって発展させられた。この理論は、企業が取引コストや不確実性を管理するために内部組織を活用する方法を説明し、知識や技術の内部移転が市場メカニズムを通じて行うよりも効率的である場合が多いことを強調している。情報の非対称性や制度環境の脆弱性が高い場合、企業はこれらの取引について FDI を通じて内部化することが多い（Buckley and Casson, 2009）。Banalieva and Dhanaraj（2019）は、デジタ

ル・プラットフォーム企業が外部ネットワーク効果を内部化する方法を説明し、この理論の進化するビジネスモデルへの適応性を示している。

OLI（所有権、立地、内部化）パラダイムは、Dunning（1988）によって確立され、不確実性下で企業がどのように優位性を活用するかを理解するための包括的な枠組みを提供する。このパラダイムは、高い不確実性の条件下では、企業の所有権の優位性が市場の変動に対するバッファーとしてさらに重要になることを示唆している。Cantwell et al.（2010）は、企業がこれらの所有権の優位性を活用して環境の不確実性に対処し、立地選択をリスク管理のための実物オプションとして使用する方法を示している。また、この枠組みは、制度的な考慮（Dunning and Lundan, 2008）や新興市場のダイナミクス（Eden and Dai, 2010）を組み込む形で進化しており、現代の FDI を理解する上で、依然として不可欠な視点を提供している。

制度理論は、企業が制度的不確実性にどのように対処するかに関する重要な洞察を提供する。Kostova and Zaheer（1999）は、企業が多様な制度的環境で運営する際に直面する課題を分析するための制度的距離（本国とホスト国間の規制的、認知的、規範的な枠組みの違い）の概念を確立した。高い制度的不確実性の条件下では、企業は制度的な空白を管理するための特定の能力を開発することがある。Cuervo-Cazurra and Genc（2008）では、新興市場からの企業は類似の環境で投資する際に制度的な経験を活用できることが示されている。North（1990）は、良好な制度が経済的相互作用のための安定した構造を提供することで不確実性を減少させると強調しているが、多くの新興経済における制度的空白は外国投資家にとって重大な課題をもたらす（Khanna and Palepu, 2010）。

リアルオプション理論は、Kogut and Kulatilaka（1994）によって国際ビジネスに応用され、企業が FDI を戦略的に管理するための柔軟性を提供するダイナミックな枠組みを提示している。この視点は、国際投資を変化する条件に対応するためのオプションとして捉えている。この理論は、企業がどのように投資を段階的に行い、柔軟性を確保する手段としてジョイント・ベンチャーを利用し、不確実性の高い環境下で投資の延期というオプションを評価するかを説明する上で特に有用である。Trigeorgis and Reuer（2017）は、このアプローチが不確実性下での参入モードの選択や投資タイミングの意思

決定をどのように説明できるかを示している。

　これらの理論は、知識ベース視角および動的能力アプローチの洞察によって補完されている。知識ベース視角は、企業が国際的業務において知識関連の不確実性を管理する方法を理解するために、FDIの意思決定における知識資産の戦略的重要性を強調している（Grant, 1996）。例えば、新しい市場での技術標準の違いや現地の技術的要求を把握することが困難であり、それが製品開発やサービス提供に影響を与えることがある。一方、動的能力アプローチ（Teece et al., 1997）は、急速に変化する国際環境において企業が適応力を高め、複雑な不確実性に対応するための能力をどのように開発し、展開するかを説明する。

　ウプサラ・モデルは、企業が外国市場における不確実性を克服するためにどのように学び、関係を構築するかを強調することによって、企業の国際市場参入プロセスに対する理解を深める（Johanson and Vahlne, 2009）。この視点は、企業が学習を通じて、国際的なコミットメントを段階的に増やしつつ、不確実性への対応力を強化する方法を説明する上で有用である。

　これらの理論的枠組みは相互に補完し合っている。例えば、OLIパラダイムの内部化の優位性は内部化理論に根ざしており、立地の優位性はしばしば制度的な要因を反映している。リアルオプション理論は、内部化理論やOLIパラダイムの静的な見解に動的な要素を追加する。これらの視点を総合することで、企業が市場、経済、政治、制度、技術といった様々な不確実性に対してどのように対応するかを理解するための基本的な考え方を提供する。

3．市場と経済の不確実性

　市場および経済の不確実性は、FDIの意思決定およびその成果に多大な影響を及ぼす要因である。経済政策の急激な変動や為替レートの大幅な変動といった事象は、企業の投資計画の再検討や遅延を引き起こすことがある。これらの不確実性は、市場規模、為替レート、経済政策、さらにはグローバル・バリューチェーンの混乱など、様々な経路を通じて現れる。市場志向の投資が特に需要の不確実性に敏感である一方、効率志向型のFDIは要素コ

ストの変動に対して敏感であるように、その影響は FDI の種類に依存する。

3.1 市場規模と成長の不確実性

　市場規模と成長の不確実性は、とりわけ市場志向の投資において FDI の
パターンに大きな影響を及ぼす（Dunning and Lundan, 2008）。市場規模は一貫
して FDI 流入の主要な決定要因の１つとして確認されており（Chakrabarti,
2001）、市場の成長性に関する不確実性は投資のタイミングや規模に大きな
影響を与え得る。Blonigen and Piger（2014）のメタ分析においても、市場規
模と成長見通しが主要な要因であることが確認されているが、その影響は不
確実性の多様な形態によって弱まることがある。

　需要の変動性は、FDI の意思決定に独自の課題をもたらす。需要の急激
な変動が予測の不確実性を増大させ、企業に投資計画の再評価や調整を迫る
ことがある。Bloom et al.（2007）は、不確実性が高まると企業はより慎重な
投資行動をとり、投資を遅らせ、政策刺激への反応が鈍化することを示して
いる。この慎重な行動は、業種や投資のタイプによって異なる形で現れる。
例えば、固定費が大きい消費財産業は、コスト構造が柔軟なサービス業より
も需要の不確実性に対して敏感である。

　景気循環の変動も、市場志向型 FDI に対してさらなる複雑さをもたらす。
Cavallari and d'Addona（2013）は、国間の景気循環の同期が FDI を促進す
る一方で、ホスト国の産出量の変動が FDI を抑制する傾向があることを示
している。この関係は、特に世界的な経済混乱の時期に顕著であり、回復の
パターンに関する不確実性が複数の市場における投資決定に影響を与える。

　地域経済統合は市場規模を効果的に拡大し、特定の不確実性を軽減する可
能性があるが、経済的相互依存の増大により新たな変動要因をもたらすこと
もある。Blomström and Kokko（1997）は、地域統合が投資創出と投資転換
の両方を引き起こし、その効果は統合の形態および参加国によって異なるこ
とを報告している。Te Velde and Bezemer（2006）は、これらの効果が非対
称であり、地域内の一部の国が他国よりも多くの利益を享受することを示し
ている。

　新興市場は、市場規模と成長の不確実性の管理において独自の課題を呈す
る。予測困難な需要変動や不安定な制度環境が投資計画の策定および実行を

困難にすることが多い。これらの市場は魅力的な成長の可能性を提供する一方、需要と制度の両面で高い変動性を示すことが多い。市場規模が FDI 流入に与える正の影響は、制度の質が高い国においてより強いことが実証されており（Globerman and Shapiro, 2002）、市場の不確実性と制度的要因の相互作用が強調されている。さらに、新興市場の成長パターンは、多くの場合、世界経済の状況に大きく左右されるため、FDI の意思決定が一層複雑になる。Jardet et al. (2023) は、グローバルな不確実性が、特に新興国や発展途上国において、FDI の流入に強い影響を与えることを示している。彼らは、多国籍企業がホスト国の国内要因よりもグローバルな経済状況に反応することを明らかにしている。

3.2　為替レートの不確実性

為替レートの不確実性は、様々な経路を通じて FDI の意思決定に影響を与え、多国籍企業にとって課題と機会の両方をもたらす。為替レートと FDI の関係は複雑であるが、主に、レベル効果と変動性効果の両方を通じて作用する。Froot and Stein (1991) は、ホスト国における為替レートの減価が、現地資産を相対的に安価にし、この資産効果を通じて FDI 流入を促進することを示している。ただし、この関係は業種の特性および投資の動機によって異なる。

為替レートの変動性は、異なる種類の FDI に対して異なる影響を及ぼす。Campa (1993) は、為替レートの変動性が将来の投資価値とリターンに対する不確実性を生み出すことで FDI を抑制する可能性があることを示している。一方で、Kogut and Chang (1996) は、これらの影響が業種や企業によって大きく異なり、為替レートの変動性が時にはヘッジ戦略として FDI を促進することもあることを示している。特に、為替レートの変動が現地市場の需要と正の相関を示す場合にその傾向が顕著である（Goldberg and Kolstad, 1995；Cushman, 1985）。

効率志向型 FDI において、為替レートの不確実性は生産コストに関する要因と大きく相互作用する。企業が生産プロセスを国境を越えて分割する場合、為替レートの変動性はコストと収益の両方に影響を与える。Aizenman and Marion (2004) は、垂直的 FDI が通常、中間財の国境を越えたフローを

伴うため、為替レートの不確実性に特に敏感であることを示している。これにより、企業は地理的分散を通じたオペレーショナル・ヘッジなどの高度なヘッジ戦略を展開することが多い。

　為替レートの不確実性の影響は市場の特徴に依存する。新興市場では、為替レート体制が安定していない場合や外国為替市場が未発達である場合、こうした不確実性は大きな課題となる（Wheeler and Mody, 1992）。Reinhart and Reinhart（2009）は、新興市場における為替レートの変動性が資本フローの急激な変動を引き起こし、FDI のタイミングおよび規模に影響を与えることを示している。これらの影響は、世界的な金融ストレスの時期に通貨市場の変動性が高まる際に増幅されることが多い。

　地域的な通貨統合は、為替レートの不確実性が FDI パターンに与える影響を変える可能性がある。通貨同盟内での為替リスクの排除は域内 FDI フローを促進するが、これらの効果はセクターによって異なり、統合の制度的枠組みに依存する。実証研究によれば、ユーロ導入後のヨーロッパ内 FDI パターンに大きな変化が見られたが、その影響は加盟国ごとに異なっていた（Petroulas, 2007）。

3.3　経済政策の不確実性

　経済政策の不確実性は、FDI 決定にとって大きなリスク要因であり、金融、財政、貿易、投資政策に関する不確実性を含む。Baker et al.（2016）は、経済政策の不確実性の新たな測定方法を開発し、それが投資および雇用に、特に越境投資フローに大きな負の影響を与えることを示している。Azzimonti（2018, 2019）は、政党間の対立が FDI フローに与える影響を分析し、これらの影響が政治的要因によって増幅されることを示している。Nguyen and Lee（2021）は、経済政策の不確実性が高い国において FDI の流入が顕著に減少し、また、金融市場が発達しても国内における不確実性が存在する場合には FDI の流入が制約されることを明らかにしている。

　財政政策の不確実性、特に税制の変更や政府支出パターンは、FDI の意思決定に大きな影響を与える。Devereux and Griffith（1998）は、実効平均税率が多国籍企業の立地決定に大きな影響を与えることを示している。低い税率が FDI を引き付ける一方で、Blonigen and Davies（2004）は、二国間租

税条約が FDI フローの形成において重要な役割を果たすことを示している。しかし、Edmiston et al.（2003）は、税制の複雑さと不確実性が税率そのものよりも外国投資に対して抑止的である可能性があることを示し、財政政策の予測可能性が税率の実際の水準と同様に重要であることを示唆している。

　金融政策の不確実性は、金利、インフレ期待、為替レートの動向に対する影響を通じて FDI に影響を与える。Julio and Yook（2016）は、政策の不確実性が越境資本フローにどのように影響を与えるかを調査し、企業がしばしば政策の不確実性が解消されるまで外国投資を遅らせることを示している。金融政策の影響が国境を越えて伝達されることは、世界の金融市場がより統合されるにつれてますます重要になっている。

　貿易政策の不確実性は、FDI 決定にとって重要な懸念である。Handley and Limão（2015）のポルトガルの EC 加盟に関する分析は、貿易政策の不確実性の低下が企業の市場参入および投資決定に多大な影響を与える可能性があることを明らかにしている。貿易政策の不確実性は、市場志向型 FDI のみならず、安定した国境を越えた生産ネットワークに依存する効率志向型の投資にも影響を与える。この不確実性は、貿易緊張の高まりや地域貿易協定の大きな変化の時期に特に深刻化する。

　投資政策の不確実性、すなわち外国投資規制の変更、出資制限、特定セクターに関する規則の変更などは、FDI の意思決定に直接影響を与える。Globerman and Shapiro（2002）は、規制の予測可能性および透明性を含む政策ガバナンスが FDI フローに大きな影響を与えることを示している。投資政策の不確実性と他の形態の経済政策の不確実性の相互作用は、多国籍企業の国際投資決定に複雑な課題をもたらすことがある。

3.4　マクロ経済の安定要因

　マクロ経済の安定は FDI フローの基本的な決定要因であり、多様な形態の不安定性が多国籍企業にとって幅広い課題をもたらす。Schneider and Frey（1985）は、高いインフレ率と大規模な政府赤字が FDI 流入を抑制することを示し、マクロ経済の不安定性が投資決定に根本的に影響を与えることを強調している。Busse and Hefeker（2007）は、政府の安定性、制度の質、およびその他の政治的リスク要因が FDI の流入に与える影響について

包括的に考察している。特に、これらの政治的要因が投資家の意思決定プロセスに及ぼす影響を分析し、その重要性を実証的に示している。この研究は、Schneider and Frey（1985）によって提起されたマクロ経済的要因の役割を補完し、FDI の決定要因をより精緻に理解するための枠組みを提供している。van der Ploeg and Poelhekke（2009）は、マクロ経済条件の変動が投資パターンにどのように影響を与えるかを示し、Reinhart and Rogoff（2009）は、高い政府債務水準が外国投資家にとって追加の不確実性を生むことを強調している。

　インフレの不確実性は、FDI の意思決定に独自の課題をもたらす。その直接的な影響として実質収益に作用するだけではなく、インフレの変動性は長期的な計画および契約設計を複雑にする。この不確実性は、インフレ動向の予測が困難な新興市場で特に顕著である。インフレの不確実性が FDI の種類によって異なる影響を与えることがあり、市場志向型の投資は現地市場で価格を調整する能力を持つため、より高い耐性を示すことが多い。

　経済成長の変動性は、FDI に影響を与えるマクロ経済の不確実性に新たな要素を加える。経済の不安定な時期は一般に FDI を抑制するが、特定の種類の投資にとっては機会をもたらすこともある。Krugman（2000）の「ファイヤーセール FDI」の概念は、経済危機が国内企業の外国による買収を割安な評価額で促進することを示している。1997-1998年のアジア通貨危機に関する研究はこの見解を支持している。Aguiar and Gopinath（2005）やAthukorala（2003）の研究は、危機期間中の FDI が他の形態の投資より比較的安定していたが、その影響はセクターや国によって異なることを示している。

　金融市場の安定は、FDI パターンの形成において重要な役割を果たす。Lipsey（2001）は、FDI フローが金融危機時にポートフォリオ投資よりも高い安定性を示したことを報告し、異なる形態の国際投資が金融市場の不確実性に対して異なる反応を示すことを示している。金融市場の安定と FDI の関係は、通常のリスクとリターンの関係が崩れる世界的な金融ストレスの時期に特に複雑化する。

　マクロ経済の安定性における多様な要因の相互作用は、FDI の意思決定にさらなる複雑さをもたらしている。Athukorala（2003）は、アジア通貨危

機において、複数のマクロ経済要因がどのように相互作用し、FDIパターンに影響を及ぼしたかを詳細に調査している。同研究では、特定の種類のマクロ経済的不安定性がFDIを抑制する一方で、強力な所有権の優位性を持つ企業が不安定な時期を市場参入または拡大の機会と捉えることを示している。

3.5　市場構造と競争の不確実性

　市場構造と競争のダイナミクスは、FDIの意思決定に特有の不確実性を生み出す。産業の集中度、参入障壁、競争の激しさは、企業が国際投資の意思決定にどのようにアプローチするかに影響を与える（Caves, 1971；Porter, 1990）。これらの構造的要因は、様々な不確実性と相互作用し、FDIのタイミングおよび規模に影響をもたらす。

　産業の集中度は、FDIパターンと不確実性に対する反応に大きな影響を与える。Knickerbocker（1973）は、寡占的な反応がFDIの意思決定を駆動し、企業が競争相手に追随して外国市場に進出し、競争力を維持することを示している。この行動は不確実性の影響を増幅し、企業は市場の不確実性だけでなく競争相手の潜在的な反応も考慮する必要がある。Flowers（1976）も、企業が競争力を保護するために防衛的なFDIを行うことが多いことを示している。

　参入障壁と市場ダイナミクスは、潜在的な外国投資家に対して追加の不確実性をもたらす。D'Aveni et al.（2010）は、世界市場における一時的な競争優位性が一層不安定になり、企業が国際投資戦略を継続的に再評価することを余儀なくされていることを強調している。参入障壁と不確実性の相互作用は、特に規模の経済やネットワーク効果を特徴とする産業において複雑化する。

　市場構造の不確実性が制度的要因と結びつくと、これらの課題はさらに深刻化する。Cantwell and Santangelo（2002）は、企業が競争ダイナミクスを管理するのみならず、産業の収束や制度的弱点を克服するための技術的能力を開発する必要があることを論じている。彼らの分析は、企業が技術的および制度的変化に備え、競争環境を再構築するためにFDIを戦略的に活用することを明らかにしている。

3.6 グローバル・バリューチェーンの不確実性

グローバル・バリューチェーン（GVC）の不確実性は、特に効率志向型FDI の意思決定において重要な懸念事項として浮上している。Gereffi et al. (2005) は、グローバル・バリューチェーンのガバナンスが企業に独自のリスクと不確実性のパターンをもたらすことを示している。さらに、Strange and Zucchella (2017) は、デジタル技術の進展がバリューチェーンのガバナンスパターンと構造に根本的な変化をもたらし、多国籍企業にとって新たな機会と同時に新たな不確実性を生み出すことを示している。また、この技術的変革は、企業が国境を越えて活動を協調する方法に影響を及ぼし、効率志向型の投資行動と、それに伴う不確実性のパターンを大きく変容させることを指摘している。これらの不確実性は、FDI の立地のみならず、そのタイミング、規模、組織形態にも影響を与える。

サプライチェーンの混乱は、グローバル・バリューチェーンにおける主要な不確実性の原因となる。Chopra and Sodhi (2004) が指摘するように、国際的な生産ネットワークの複雑化により、これらのネットワークは様々な混乱に対して脆弱になる。最近の世界的な出来事は、バリューチェーン構造に回復力を構築することの重要性を強調している（Verbeke, 2020)。特に、世界貿易における垂直的専門化の進展に伴い、強靭性の確保は極めて重要な課題となっている（Hummels et al., 2001)。

グローバル・バリューチェーンにおける調整コストと複雑さは、FDI に追加の不確実性をもたらす。Foss et al. (2019) は、グローバル・バリューチェーンの構成の変化が多国籍企業の運営効率に与える影響を分析している。調整の不確実性と立地固有の優位性との相互作用は、しばしば企業が国際的な生産ネットワークを再評価する要因となり、自動車産業の研究でも示されている（Sturgeon et al., 2008)。この再評価は、効率と回復力のバランスを取る必要性に直面する中で、専門的なスキルと能力の開発可能性を評価することも伴う（Cantwell and Mudambi, 2005)。

グローバル・バリューチェーンの進化はまた、技術変化とデジタル変革に関連する新たな形態の不確実性をもたらしている。Alcácer et al. (2016) は、デジタル技術が国際的な生産ネットワークの性質を根本的に変えていることを示唆している。これらの変化は、バリューチェーンの構造のみならず、そ

れらを効果的に管理するために企業が必要とする能力にも影響を与えている。グローバル・バリューチェーンにおけるデータフローとデジタル・サービスの重要性の増大は、企業がFDIの意思決定において考慮すべき追加の不確実性をもたらしている。

バリューチェーン統合における地域間の違いは、FDI決定に課題をもたらしている。Baldwin and Lopez-Gonzalez（2015）は、各地域が異なるバリューチェーン統合パターンを示し、複数の地域で事業を展開する企業にとって特有の不確実性を生み出していることを分析している。これらの地域差は、政策変更や技術発展など他の形態の不確実性と相互作用し、企業のグローバル・バリューチェーン戦略を形作る。

3.7　小括

上述の市場および経済の不確実性は、様々な種類のFDIに影響を与える形で相互作用する。特に市場志向型FDIにおいて、市場規模の不確実性は為替レートの変動と結びつき、複雑な意思決定環境を生み出す。経済政策の不確実性は、市場状況や運営コストに対する影響を通じて、不確実性の影響を増幅または緩和する可能性がある。これらの市場および経済の不確実性は、政治的および制度的要因とも関連し、FDIの意思決定に複合的な影響を与える。

４．政治的および制度的不確実性

政治的および制度的不確実性は、FDIの意思決定およびその成果において重要な役割を果たす。ある国で政治的不安定や規制の変更が生じると、外国企業は投資のタイミングを遅らせたり計画を再検討したりすることがある。こうした状況は企業の長期的な投資戦略に大きな影響を及ぼす。政治的および制度的不確実性には、国や地域における経済的相互作用を支配する公式および非公式のルール、規範、構造が含まれる。政治機関、規制枠組み、ガバナンス・システムの安定性、質、ダイナミクスはあらゆる種類のFDIに根本的な影響を与えるが、とりわけ資源志向型および戦略的資産志向型の投資に対する影響が顕著である。

4.1 政治的安定とリスク

　政治的安定は FDI の意思決定における基本的な考慮事項であり、国家の政治システム全体の安定性、暴力の不在、定期的かつ平和的な権力移行、民主的機関の強さなどが含まれる。Alesina and Perotti（1996）は、政治的不安定が将来の政策環境や財産権の保護に関する不確実性を生み、投資にどのように影響するかを示している。政治的に安定した国は、一般に多国籍企業にとってリスクが低く、予測可能な運営条件を提供し、突然の不利な政策変更や社会的不安のリスクを低減する。

　政治リスクには、収用、戦争、テロ、内乱などの政治環境の突然の変化が含まれており、多国籍企業にとって重要な懸念事項である。Kobrin（1979）による国際ビジネスにおける政治リスク評価の基礎的な分析は、これらの不確実性を理解するためのフレームワークを提供している。Henisz（2000）は、制度環境が多国籍企業の投資意思決定に根本的に影響し、特に政策変更に対する政治的制約を通じてその影響を示している。Busse and Hefeker（2007）は、83の発展途上国からのエビデンスを用いて、政府の安定性、内外の紛争、腐敗、民族的緊張、法と秩序、民主的説明責任、官僚制度の質が FDI 流入にどのような影響を与えるかを実証している。150か国を対象にしたグリーンフィールド FDI のデータを分析した Burger et al.（2016）は、制度の質がグリーンフィールド FDI に対して正の効果を持ち、政治リスクが負の効果を持つことを示している。

　政治的安定と FDI の関係は必ずしも単純ではない。Li（2006）は、特に民主主義への体制変化などの特定のタイプの政治的不安定が、長期的には FDI を引き付ける可能性があることを示している。Jensen（2003）は、政策変更に対する強い制約を持つ民主的機関が、政治リスクを低減することで FDI を大幅に引き付けることを示している。これは、制度的なチェックとバランスが政策の安定性を高め、外国投資の意思決定に影響を与えることを示す Ahlquist（2006）の研究によって支持されている。

　選挙および政党の政治的不確実性は FDI の流れに特有のパターンをもたらす。Julio and Yook（2016）は、選挙年に FDI の流れが非選挙年に比べて約12%減少することを示しており、選挙結果を巡る不確実性が一部解消されるまで企業が投資を遅らせることを示唆している。Azzimonti（2018, 2019）

は、政党間の対立が FDI の流れにどのように影響するかを示し、政治的な二極化が追加の不確実性をもたらすことを示している。これらの影響は政治システムおよび制度環境によって異なり、強力な制度が選挙不確実性の負の影響を軽減する可能性がある。

　企業は様々な戦略を通じて政治リスクを管理しようとするが、その有効性は状況によって異なる。一部の企業は政治的なつながりを活用したり、企業の政治活動に従事したりすることで、他の企業は政治的変化に対応するために運営の柔軟性を高めたりすることがある。また、保険を利用して政治的リスクを軽減し、現地パートナーとの提携を通じて現地の政治環境に適応する戦略も一般的である。Oh and Oetzel（2017）は、企業が政治リスクの経験を活用する能力がリスクの種類によって大きく異なることを示しており、暴力的な紛争に対処する経験は、政府関連の紛争に関する経験よりも国境を越えて転用しやすいことを示している。

4.2　規制の不確実性

　規制の不確実性は、法律、規制、およびその施行に関する変化を含み、FDI の意思決定に大きな影響を与える。Kaufmann et al.（2011）は、規制の質を、政府が健全な政策および規制を策定および実施し、民間部門の発展を促進する能力として定義している。North（1990）は、適切に機能する制度が経済的相互作用のための安定した構造を提供することにより不確実性を減少させると強調しているが、これらの制度の有効性は国や地域によって大きく異なる。

　規制の質およびその執行のあり方は、FDI の種類ごとに異なる影響を与える。La Porta et al.（1998）は、法的起源と投資家保護が越境する投資パターンの根本的な形成要因であることを示しており、La Porta et al.（2000）は、強力な投資家保護と効果的な法的執行を特徴とする国レベルのコーポレート・ガバナンスの枠組みが、エージェンシー・リスクを減少させ、投資家の信頼を高めることによって国境を越えた投資に有利な条件を生み出すことを示している。Bénassy-Quéré et al.（2007）は、規制の質を含む制度の質が、税率よりも FDI の流れを決定する上で重要であることが多いと指摘している。規制の質が高い国は、外国市場での運営に伴う取引コストおよび不

確実性を減少させることで、より多くのFDIを引き付ける傾向がある。

　セクター固有の規制の不確実性は、特定のタイプのFDIに課題を生み出す。Oxley（1999）は、戦略的資産志向型FDIに対して知的財産権の保護が弱いことが大きな影響を与え、企業が参入戦略や運営方法を変更することを示している。この影響は産業や制度的な背景によって異なり、特にハイテク産業や知的財産保護に依存する産業で顕著に現れる。

　規制の執行のばらつきは、FDIの意思決定にさらなる不確実性をもたらす。正式な規制が健全であっても、一貫性のない執行は重大な運営上の課題を引き起こし得る。この不確実性は、執行能力が限られていたり変動したりする可能性のある新興市場では特に深刻である。例えば、インドやブラジルなどの新興市場では、地方自治体ごとの規制の一貫性の欠如や執行能力の格差が企業の運営に予測不可能な課題をもたらすことが多い。Khanna et al.（2010）は、こうした制度的な不安定が、不確実な規制環境を乗り越える専門知識を持つ企業にとって機会を生み出し得ると主張しているが、そのような機会を活用するには、例えば制度の変化に迅速に対応する柔軟性や、政治的リスクを評価・緩和するためのリスク管理能力といった特定の能力が必要である。

　規制の不確実性と様々なタイプのFDIとの相互作用は、複雑な投資行動のパターンを生み出す。市場志向型FDIは、国内市場の機会が大きい場合、規制の不確実性に対して強い耐性を示すことがある。対照的に、効率志向型FDIは、予測可能な国境を越えた運営に依存しているため、規制の不確実性に対して敏感であることが多い。資源志向型FDIは、特に規制の枠組みが複雑で変動しやすい採掘産業において、セクター固有の規制上の課題に直面することが多い。

4.3　制度の質と空白

　制度の質はFDIパターンの基本的な決定要因であり、制度的空白（institutional void）は外国投資家に対して課題と機会の両方をもたらす。例えば、法的枠組みの欠如や規制の不透明さといった制度的空白は、企業にとって予測可能性の低下や適応コストの増加といった課題をもたらす一方で、新たな市場機会を提供することもある。法の支配は、特に外国投資家が投資を保護

し、公正に紛争を解決する能力に影響を与える。Gani（2007）は、法の支配を含むガバナンスの質がFDI流入にどのように影響するかを調査し、強力な法的枠組みが外国投資家にとってその国の魅力を大幅に高めることを示している。

　市場を支えるメカニズム（信頼性の高い信用システムや強力な知的財産権保護など）の欠如を特徴とする制度的空白は、新興市場におけるFDIに独自の課題をもたらす。Peng et al.（2008）は、従来の産業ベースと経営資源ベースの見方に加え、新興経済におけるこれらの制度的課題に企業がどのように対応するかを説明する制度ベースの戦略観を提唱している。一部の企業は、受動的な順応から積極的な抵抗まで様々な方策を通じて制度的圧力に戦略的に対応している（Oliver, 1991）。Khanna et al.（2010）は、これらの空白が新興市場の特性を構成し、企業が革新的な市場支援ソリューションを通じて価値を創造できる可能性があると主張している。例えば、Cuervo-Cazurra and Genc（2008）は、新興市場からの企業が弱い制度環境を乗り越える経験を持っているため、他の新興市場への投資において優位性を持つ可能性があると示している。

　Kostova and Zaheer（1999）によって導入された制度的距離の概念は、企業が多様な制度的背景で運営する際に直面する課題を説明するのに役立つ。彼らの複雑な環境における組織的正当性に関する分析は、本国とホスト国の制度の違いが企業の外国市場での正当性の確立と維持にどのように影響するかを明らかにしている。Meyer et al.（2009）は、制度と資源がどのように相互作用して参入戦略に影響を与えるかを示し、企業が制度的条件と自社の能力に基づいてアプローチを適応させることを明らかにしている。

　制度の質の影響は、FDIの種類によって異なる。資源志向型FDIは、資源の立地に依存しているため、困難な制度的環境であっても容易に回避できないという課題を抱えている。Aleksynska and Havrylchyk（2013）は、資源志向型FDIが他の形態のFDIに比べて制度の違いに対する抵抗力が少ないことを示しており、企業が投資先を自由に選べないことがその理由である。この空間的制約は、制度的不確実性を管理する上で追加の複雑さをもたらしている。

　汚職は制度の質を反映する重要な側面であり、FDIパターンに大きな影

響を与える。Habib and Zurawicki（2002）は、汚職が FDI 流入に与える負の影響を示す実証的証拠を提供し、それがコストおよびリスクを増大させ、市場メカニズムを歪めることを示している。Egger and Winner（2005）は、特定の状況では汚職が「助けの手」として機能し、企業が煩雑な規制を回避できるようにする可能性があると示しているが、これは外国投資家にとって追加の不確実性および倫理的課題をもたらす。

4.4　国際関係と地政学的緊張

　国際関係および地政学的緊張は、FDI に関連する不確実性を生み出す要因となっている。Desbordes and Vicard（2009）は、強力な国際的関係およびグローバル・ガバナンス構造への積極的な参加を持つ国が、外国投資家にとってより安定し予測可能なパートナーと見なされる可能性があることを示している。Delios and Henisz（2003）は、企業が政治的に不安定な環境での経験を通じて国際的な政治リスクを管理する能力をどのように発展させるかを示している。

　二国間の政治関係は、投資リスクを補う制度的メカニズムとして機能することがある。Duanmu（2014）は、2003 年から 2010 年の中国のグリーンフィールド FDI を分析し、外交関係が投資リスクを緩和する可能性があることを明らかにしている。特に国有企業にとってこの効果は顕著である。Li et al.（2019）は、国間の外交関係が投資の立地選択に大きく影響することを示しており、ホスト国の制度が外国投資家に対して公平性を欠く場合、その効果は特に顕著である。

　地域統合の取り決めは、政治リスクが FDI に与える影響を修正する可能性がある。超国家的な制度的枠組みを構築することにより、これらの取り決めは一部の政治的不確実性を緩和するのに役立つが、新たな不確実性をもたらす可能性もある。統合された地域では、国境を越えた政治的波及効果が重要性を増し、ある国での政治的動向が他の国の投資条件に大きな影響を与える可能性がある。

　地政学的リスクは、国家間の緊迫、外部紛争、国際同盟の変化、およびその他の地政学的イベントから生じ、国際ビジネス活動および FDI の流れを混乱させる重大な不確実性をもたらす。Caldara and Iacoviello（2022）は、

地政学的リスク指標を開発し、悪影響を及ぼす地政学的イベントおよび関連するリスクが国境を越えた金融フロー、特に FDI に与える実質的な影響を示している。これらの地政学的不確実性は、FDI の意思決定のタイミングおよび立地の両方に影響を与える可能性がある。

4.5 地方制度と地域間の違い

　地方制度の変動は、国内における FDI の立地選択の決定要因として注目を集めている。Meyer and Nguyen（2005）は、地方制度が国内での FDI の立地選択に大きな影響を与える可能性があることを示し、国間だけでなく国内の制度的な違いも考慮する重要性を強調している。Xu and Shenkar（2002）は、制度的距離が多国籍企業の戦略に国家レベルおよび地方レベルの両面で影響を与え、複雑な課題を生み出すことを示している。

　Chan et al.（2010）は、地方制度の影響が外国子会社の業績変動の多くを説明していることを明らかにし、地方レベルの制度的背景の重要性を強調している。これらの影響は産業や参入モードによって異なり、特定のタイプの FDI は地方制度の変動に対してより敏感であることが示されている。Shi et al.（2012）は、特に市場化の度合いなどの地方制度の特性が国際ジョイント・ベンチャーにおけるパートナー選択に影響を与えることを示している。戦略的資産志向型 FDI は地方レベルでの立地選択に独自のパターンを示す。Chung and Alcácer（2002）は、企業の技術志向が地域の知識能力に対する感受性にどのように影響するかを示している。

　地域間の制度競争は、国内における FDI のパターンを形成する上で重要な役割を果たしている。例えば、中国の地方政府が外資系企業を引き付けるために税制や土地供給の優遇措置、労働力の提供、インフラ開発などを通じて競争している。このように、地方政府は様々なインセンティブや政策措置を通じて FDI を誘致するために競争し、企業が対処する必要がある動的な制度環境を作り出している。Lu et al.（2014）は、企業が異なる地域の制度に対する経験がその後の投資意思決定および業績にどのように影響するかを検討し、初期の国際経験が制度的に異なる環境での誤った学習、例えば市場の過小評価や不適切なパートナー選択につながることがあると指摘している。

　地方の制度発展は、外国企業のパートナー選択および参入戦略に大きな影

響を与える。Ma et al.（2013）の研究によって明らかにされているように、産業固有の地域政策は追加の複雑さをもたらす。例えば、中国のハイテク産業の発展を促進するために、地方政府が特定のインセンティブや税制優遇を設けることが挙げられる。こうした政策は特定のセクターの発展を支援するためのインセンティブおよび規制の枠組みを作り出している。また、この制度の多様性により、地域ごとの規制や税制の違い、適応コストの増加などの課題が発生し、外国企業は国家レベルの政治的および制度的要因だけでなく、地域間の制度的な違いにも対応する必要がある。

4.6　小括

政治的および制度的不確実性は、FDIの意思決定を形成する独特の相互作用パターンを生み出す。政治的安定性と制度の質の関係は、企業が異なる市場にどのようにアプローチするかに大きな影響を与え、強固な制度が政治的不確実性の影響を緩和する可能性がある。これらの政治的および制度的要因は、次に検討する資源および環境の不確実性と密接に相互作用する。

5．資源と環境の不確実性

資源と環境に関する不確実性は、FDIの意思決定において重要性が高い要因の一つである。特に資源志向型の投資において顕著であるが、近年ではあらゆる種類のFDIに影響を及ぼすようになっている。これらの不確実性には、資源の利用可能性やアクセスに関する従来の懸念に加え、環境規制、持続可能性の要件、気候変動の影響といった新たな課題が含まれる。特に資源が豊富な開発途上国ではこれらの課題が顕著であり、van der Ploeg and Poelhekke（2009）では、商品価格の変動は、天然資源に大きく依存する国々におけるマクロ経済の不安定性と投資リスクを増大させることが示されている。こうした不確実性を理解することは、環境と持続可能性に対する世界的な関心が高まる中で、その重要性が増している。

5.1　天然資源の利用に関する不確実性

天然資源の利用可能性は、特に資源志向型FDIに対して不確実性をもた

らし、資源の枯渇リスク、探査の不確実性、アクセス権の変動など、複数の
チャネルを通じて現れる。Pindyck（1980）による資源採取の最適化に関す
る先駆的な研究では、資源埋蔵量に関する不確実性が企業に投資のタイミン
グと規模を調整させることが示されており、不確実性が高まると投資が遅
れ、初期の採掘率が減少する。この不確実性は技術的な要因とも相互作用
し、資源志向型 FDI の投資決定だけでなく、採掘技術や処理方法の選択に
も影響を与える。

　実証的な証拠として、天然資源と FDI のパターンの間には複雑な関係が
存在することが示されている。Asiedu（2006）は、アフリカでの FDI 誘致に
おける天然資源の重要な役割を明らかにし、Bokpin et al.（2015）はインフラ
開発が資源と FDI の関係を強化することを示している。一方で、Venables
（2016）や Ross（2015）の研究は、天然資源の存在が投資環境に影響を与えて
開発上の課題をもたらすことを指摘している。これらの課題は、しばしば制
度的要因と相互作用し、資源志向型 FDI に対して独自の不確実性を生み出
す。

　資源の枯渇は、FDI の計画と戦略に課題をもたらす。天然資源の長期的
な利用可能性と品質に関する根本的な不確実性は、投資決定に複雑な影響を
与える。カナダの銅鉱山に関する研究では、企業が資源の利用可能性とコス
トに関する不確実性が部分的に解消されるまで「待機する」戦略を採用する
ことが示されている（Slade, 2001）。この戦略的行動は、不可逆的な投資理論
と一致しており、実証研究でも投資のタイミングと規模が将来の不確実性お
よびより良い情報を待つ価値によって大きく左右されることが確認されてい
る（Harchaoui and Lasserre, 2001）。

　新たな資源の発見は、資源志向型 FDI のグローバルな情勢を急速に変化
させ、投資決定に追加の不確実性をもたらす。Arezki et al.（2017）は、巨大
な石油とガスの発見が国際的な投資フローと経済活動に大きな変化をもたら
すことを示している。こうした発見は投資機会を一変させる可能性を秘めて
いるが、歴史的なパターンでは説明できない非エルゴード的な不確実性も生
じさせるため、企業はこれらの状況で不確実性を管理するための新たな能力
を開発する必要がある（Cantwell et al., 2010）。

　天然資源へのアクセス権も、FDI にとって重要な不確実性の一因である。

資源志向型投資は、企業が立地選択を通じて制度的な困難を回避することができないという特有の状況にある。Kolstad and Wiig (2012) は、中国の資源志向型 FDI が弱い制度を持つ国々を体系的にターゲットにしており、特にホスト国での制度的公平性が低い場合にその傾向が顕著であることを示唆している。この制約により、企業と政府の間の複雑なダイナミクスが生じ、企業は投資先の制度を積極的に形作ると同時にその影響を受けることになる。この相互作用は投資成果に大きな影響を与え、強力な制度が資源部門の FDI の生産性を高める一方で、弱い制度はその利益を妨げる可能性がある (Mehlum et al., 2006)。

技術的不確実性もまた、資源の利用可能性に関する考慮をさらに複雑にする要因である。採掘技術の進展により、かつては経済的に利用不可能であった資源が採取可能になる一方で、代替エネルギー源や材料の技術的進展により、特定の天然資源に対する需要が減少し、資産と投資が取り残される可能性もある。これらの技術的不確実性により、資源志向型 FDI に従事する企業は高度な適応力を求められ、技術的な変革を見据えて投資の長期的な実現可能性を慎重に評価する必要がある。

5.2 環境規制の不確実性

環境規制も FDI の意思決定に特有の不確実性をもたらすが、その影響は産業や立地によって異なる。より厳しい環境規制、気候変動に対する意識の高まり、資源採掘に対する社会的態度の変化は、資源関連の投資の実現可能性と公共からの受容性に大きな影響を与える。Kolk and Pinkse (2008) によると、多国籍企業は環境規制リスクを投資決定にますます考慮するようになり、国際的な投資戦略を大幅に調整している。

国境を越えた環境規制の違いは、多国籍企業に課題をもたらす。企業は異なる法域で複雑かつ一貫性のない規制要件を乗り越えなければならない。Pinkse and Kolk (2012) は、本国とホスト国間の規制の違いが、特に炭素集約型産業における低炭素投資の立地選択に重要な影響を与えることを示している。一部の企業はこれらの規制の違いを戦略的に活用し、異なる制度的環境における環境基準に対する企業の反応が多様であることも示している。

規制の執行に関する不確実性は、環境規制リスクにさらなる複雑さを加え

る。環境規制が形式的には厳格であっても、その実施と執行は地域によっ
て、また時間とともに大きく異なる場合がある。Marcus et al.（2011）は、
環境規制の不確実性が異なるタイプの FDI に対して異なる影響を与えるこ
とを示しており、市場志向型の投資は効率志向型の投資に比べて環境規制の
不確実性に対してより強い回復力を持つ。この違いは、市場志向型の FDI
が規制遵守のコストを現地の消費者に転嫁する能力によるものである。

　将来の環境規制のタイミングと範囲は、長期的な投資にとって重要な不確
実性をもたらす。Kling et al.（2021）は、気候脆弱性が企業の資本コストと
資金調達アクセスに大きな影響を与え、特に環境に敏感な産業でその効果が
顕著であることを示している。この不確実性は、新規の投資決定だけでな
く、既存事業の実現可能性にも影響を与え、資産を取り残すリスクを引き起
こす可能性がある。

5.3　持続可能性の要件

　持続可能性の要件は、ステークホルダーからの圧力の増大と企業の持続可
能性基準の進化により、FDI の決定において重要な不確実性として浮上し
ている。これらの要件には、環境問題だけでなく、より広範な環境・社会・
ガバナンス（ESG）の考慮も含まれている。Marano et al.（2017）は、FDI に
従事する新興市場の多国籍企業が強力な持続可能性の信用を示す圧力に直面
しており、特に制度の質が低い国からの企業ほど国際化に伴い持続可能性報
告に取り組む傾向が強いことを示している。

　ステークホルダーからの圧力は、FDI 戦略に特有の課題をもたらす。
Henisz et al.（2014）は、ステークホルダー関係を管理するための企業外交が
投資の成功に大きな影響を与え、効果的なステークホルダー・エンゲージメ
ントが事業の中断リスクを減少させることを示している。これらのステーク
ホルダー管理戦略の効果は制度的環境によって異なり、企業は多様な持続可
能性の期待に対応するために高度な能力を開発する必要がある。

　企業の持続可能性戦略は、FDI の決定および成果にますます影響を及ぼ
している。Kolk（2016）は、多国籍企業が持続可能性戦略を異なる制度的環
境に適応させながらもグローバルな基準を維持していることを観察してい
る。この適応プロセスは、多様な制度的環境で活動する企業にとって複雑な

課題である。

　持続可能性の要件と競争ダイナミクスの相互作用は、さらなる複雑さを生み出している。Ahmadova et al.（2023）は、企業が国際化を進める際に、当初はこの複雑さが原因で環境パフォーマンスが低下する可能性があるが、適応することにつれて改善されるという U 字型の関係があることを示し、企業の本国の強力な競争力や厳格な環境基準が、このプロセスにおいて重要な役割を果たすことを示唆している。持続可能性への対応がグローバル市場やサプライチェーンへのアクセスに影響を与える中、企業は本国で環境管理体制を整え、環境技術やイノベーションに投資することで、国際的な競争力を維持することが求められる。

　業界固有の持続可能性基準は、さらに別の不確実性をもたらす。Strange and Zucchella（2017）が指摘するように、企業は持続可能性と気候適応のニーズに応じてグローバル・バリューチェーンを修正している。特に資源集約型産業では、環境影響と気候リスクへの厳格な対応が求められ、企業はグローバル供給ネットワークにおける位置づけを戦略的に再考する必要がある。

5.4　気候変動の影響

　気候変動は、多くの産業における FDI の意思決定に影響を与える根本的な不確実性をもたらす。その強度は地理的位置や産業ごとに異なるが、気候変動による物理的リスク（極端な気象イベントや長期的な環境変化など）は、外国投資に対して直接的な運用上の不確実性を生み出している。Kling et al.（2021）は、気候脆弱性が企業の資本コストと資金調達アクセスに大きな影響を与え、特に長期的なインフラ投資や資源志向型 FDI に対してその影響が顕著であることを示している。

　気候変動に関連する移行リスクは、FDI の意思決定にさらなる不確実性をもたらす。これらのリスクは、低炭素経済への移行に伴う政策の変更、技術進展、市場変化から生じる。Pinkse and Kolk（2012）は、企業が異なる法域における気候関連の政策変更を予測し対応する際に大きな不確実性に直面していることを示している。

　気候適応要件も、国際投資に独自の課題をもたらす。企業は現在の気候条

件だけでなく、将来の変化とその事業への影響も考慮しなければならない。Linnenluecke et al.（2012）は、適応要件が業界や地域によって大きく異なり、初期の投資決定や継続的な運営戦略に影響を与えることを示している。適応戦略の効果は異なる制度的環境によって大きく異なり、企業はグローバルな運営基準を維持しつつ、地域特有のアプローチを開発する必要がある。

5.5　資源ナショナリズム

　資源ナショナリズムは、外国投資家にとって特有の不確実性をもたらす政策手段として現れる。Vernon（1971）の消滅的交渉理論は、特に重要な投資が行われた後に多国籍企業とホスト国政府の間で交渉力がどのように変化するかを理解するための枠組みを提供している。Ramamurti and Doh（2004）は、この分析をインフラ投資に拡張し、政策変更が規制されたセクターにおける投資条件を根本的に変える可能性があることを示している。

　資源セクターにおける政府の介入は、国家と企業のより広範な関係パターンを反映している。政策は国家参加の増加、財政体制の変更、輸出制限など多岐にわたる。Luong and Weinthal（2010）は、石油セクターにおける異なる所有構造が制度発展のパターンに影響を与え、長期的な投資条件に影響を与えることを示している。これらの制度的取り決めは、資源志向型 FDI だけでなく、インフラや加工施設への関連投資にも影響を与える。

　現地調達要件やその他の運用制限は、資源ナショナリズムの主要な手段とされる。これらの要件は、資源採掘を超えた産業政策の目標を反映することが多い。Morris et al.（2012）は、資源セクターにおける現地調達政策が国内産業との連携にどのように影響を与え、外国投資家の運用戦略に特有の課題をもたらすかを分析している。これらの政策の効果は環境によって大きく異なり、企業が資源セクターへの投資をどのように組織するかに影響を与える。

　資源ナショナリズムと商品価格の関係は、政策の不確実性に特有の時間的パターンを生み出す。Wilson（2015）は、資源ナショナリズムが商品価格の高騰期に強化される傾向があることを示しており、この関係は制度的要因によって仲介される。これらの周期的パターンは、国家と企業の関係における広範な動向と相互作用し、資源セクターにおける長期的な投資計画に複雑な

課題をもたらす。

5.6　小括

　資源と環境の不確実性は、資源志向型 FDI に特に影響を与えるが、あらゆる国際投資にも影響を及ぼしている。資源ナショナリズムはしばしば環境規制の圧力を強化し、持続可能性の要件は資源アクセスや運用条件に影響を与える可能性がある。企業が資源と環境に関する課題に対してより強靭なアプローチを構築しようとする中で、戦略的および組織的な要因は重要な役割を果たすとともに、FDI の多くの側面にも影響を与える。

6．戦略的および組織的不確実性

　戦略的および組織的不確実性は、FDI の決定およびその結果に深刻な影響を及ぼし、企業が国際戦略を策定し実行する際に直面する、国境を越えた複雑な組織構造の管理上の課題を反映している。これらの不確実性は、競争ダイナミクス、企業戦略の選択、組織適応の必要性、参入モードの決定、そしてデジタル変革に関連する課題に由来する。企業がこうした不確実性をどのように克服するかを理解することは、多様な国際環境において戦略的柔軟性を維持しつつ運用効率を確保する必要性が高まる中で、その重要性が増している。

6.1　競争ダイナミクスの不確実性

　競争ダイナミクスは、企業が複雑な国際競争環境に対処する中で、FDI の意思決定に不確実性を生じさせる。寡占産業において、企業はしばしば競争相手に追随して外国市場に参入し、競争上の地位を維持する。Knicker-bocker（1973）は、FDI パターンにおけるこの寡占的反応を報告し、企業が競争地位を守るために防衛的な投資を行うことを示している。Caves（1971）は、これらの市場参入の決定が、外国市場に対するサービス提供の代替手段間の複雑なトレードオフを反映しており、競争圧力が企業の選択に強い影響を与えることを示している。

　グローバル市場における競争優位性の一時性は、さらなる戦略的不確実性

をもたらす。D'Aveni et al.（2010）は、競争優位性がますます不安定化していることを強調し、企業が国際投資戦略を絶えず再評価する必要があると指摘している。Ghemawat（2007）は、企業が「半グローバル化」の状態で活動しており、様々な距離の次元においてグローバル統合と地域適応をバランスさせる必要があるとしている。このバランスは、競争圧力が地域や市場ごとに異なる進化を遂げる中で特に困難である。

　不確実性下での市場ポジショニングの選択は、コミットメントと柔軟性の間の複雑なトレードオフを反映している。Porter（1990）は、企業の国際競争戦略が産業構造と立地特有の要因の両方を考慮に入れる必要があることを示している。これらのポジショニング戦略の有効性は状況により大きく異なる。Flowers（1976）は、企業が競争上の地位を維持するために防衛的なFDI を行うことが多いことを示しているが、そのような戦略の成功は、企業が新たな市場で戦略的能力を効果的に活用できるかどうかに依存している。

　新興市場発の多国籍企業の存在感の高まりに伴う新たな競争ダイナミクスは、さらなる不確実性を生み出す。例えば、これらの企業がどのようにして既存の市場ルールを破り、独自の競争戦略を展開するかが予測困難である。Ramamurti（2012）は、新興市場企業が独自の競争優位性と国際化戦略を発展させ、国際市場における競争ダイナミクスに関する従来の前提を挑戦していることを示している。これらの企業は、制度的空白や市場の不確実性に対する経験を活用して、他の新興市場で効果的に競争することができ、既存の多国籍企業が直面する新たな競争パターンを生み出している。

　企業の競争への対応は、その戦略的目標および組織的能力に大きく依存する。例えば、市場シェアの拡大を目指す企業は積極的な価格競争や広告キャンペーンを展開し、ブランド認知度を高める戦略を取ることが多い一方で、技術革新を戦略的目標とする企業は研究開発への投資を強化し、特許の取得や製品の差別化を図る傾向がある。このように、異なる戦略的目標が異なる競争対応を導き、その結果が競争環境に影響を及ぼす。市場志向型 FDI は、効率志向型や戦略的資産志向型の投資とは異なる競争アプローチを必要とすることが多い。この違いは、異なるタイプの FDI が国際市場でどのように価値を創造し、それを獲得するかの違いに起因している。企業はまた、競争

の動きが現地の競争相手や他の多国籍企業の反応を引き起こす可能性を考慮する必要があり、この相互作用が投資結果に影響を与える可能性がある。

6.2 不確実性下での企業戦略

　国際ビジネスにおける企業戦略は、不確実性下での企業活動の構成と調整に関する複雑な意思決定を伴う。戦略的ポジショニングと価値創造は、企業が多様な国際市場を切り抜ける上で直面する主要な課題である。Porter（1996）は、持続可能な戦略的ポジションを確立するためには、企業が明確なトレードオフを行い、活動間の相互適合性を確保する必要があることを強調している。国際的な背景では、これらのポジショニングの選択は国ごとの異なる制度的圧力や市場条件に直面する中でさらに複雑化する。

　Bartlett and Ghoshal（1989）は、企業がグローバル統合と地域対応のバランスを取る必要があると論じており、多様な市場および業務における不確実性を踏まえ、このバランスを維持することが特に重要である。市場間のリソース配分は、不確実性下での独自の戦略的課題を提示する。Buckley and Casson（2009）は、不確実性、特に知識移転や契約リスクが企業に活動の内部化を促し、資産保護と取引コストの削減を図る動機となると主張している。この戦略は、外部リスクへの露出を最小限に抑えるための投資分散に関する意思決定にも影響を与える。Rugman and Verbeke（2008）は、企業が異なる制度的環境にまたがってリソースを展開するための特定の能力を開発する必要があることを示し、リソース配分戦略の有効性はFDIのタイプによって大きく異なることも指摘している。企業が異なるリスクとリターンの特性を持つ国際的な投資ポートフォリオを管理する際には、これらの戦略的課題が特に顕著となる。

　戦略的柔軟性は、不確実性を管理するための重要な能力とされている。特に、国際的な市場では制度的環境や経済状況が急速に変化するため、戦略的柔軟性を持つことが不可欠である。例えば、新たな規制の導入や政治的変動に迅速に対応する能力は、多国籍企業が市場での競争優位を維持するために重要である。Kogut and Kulatilaka（1994）は、多国籍企業のネットワークが運用上の柔軟性を提供し、企業が様々な形態の不確実性に対応できるようにすることを示している。しかし、この柔軟性を維持するには、多大な組織的

投資が必要となることが多く、効率目標との間に緊張を生み出す可能性がある。戦略的柔軟性の価値は FDI の種類によって異なり、効率志向型の投資は市場志向型や戦略的資産志向型の投資とは異なるアプローチを必要とすることがある。

　企業は、不確実性の下で制度的圧力に対する様々な戦略的対応を開発する。Oliver (1991) は、制度的圧力に対する受動的な順応から積極的な抵抗までの一連の戦略的対応を特定している。FDI の文脈において、これらの対応は、企業が正当性の要求と運営効率の目標をどのようにバランスさせるかを反映している。異なる戦略的対応の有効性は制度的環境に依存し、企業の政治的能力やステークホルダー・マネジメントのスキルもその有効性を左右する要因となる。

6.3　組織構造と適応

　組織構造は、国際業務における不確実性の重要な要因である。意思決定における中央集権化または分散化の度合い、調整および管理のメカニズム、本社と子会社間の責任の配分のすべては、企業が複雑な国際環境をどのように管理するかに直接的に影響を与える。Bloom et al. (2012) は、国ごとに組織構造が大きく異なることを報告し、高信頼の地域に本社を置く企業は分散化を進める傾向があることを示している。また、本国とホスト国の相互信頼が高まるほど、より分散化が進むことも指摘している。中央集権的な構造はグローバル統合と効率を促進する一方で、分散化された構造は柔軟性と地域対応の利点を提供する可能性がある[1]。

　組織の構造は、その吸収能力（Absorptive capacity）にも大きな影響を与える。吸収能力とは、企業が知識資源を管理するための一連の組織的ルーチンおよびプロセスを指し、Cohen and Levinthal (1990) は、新たな外部情報の

---

1 ）FDI の文脈における構造的な複雑性は、外国事業に割り当てられる役割と自律性の度合いを定義する子会社のミッションに現れる。これらのミッションは単純な市場志向またはリソース志向の役割から、グローバル製品ミッションやセンター・オブ・エクセレンスなど、より複雑な役割に至る（Birkinshaw and Morrison, 1995）。子会社のミッションの進化は、地元のユニットがその能力を発展させミッションを拡大することや、企業戦略やホスト国の状況の変化によりミッションが失われることによって、不確実性を引き起こす可能性がある（Birkinshaw and Hood, 1998）。

価値を認識し、それを同化し、商業的目的に適用する企業の能力としてこれを定義している。吸収能力は単なる個々の従業員の能力の総和ではなく、組織的ルーチン、コミュニケーション構造、企業内の専門知識の分布から生じるものである。この概念に基づき、Zahra and George（2002）は吸収能力を動的な組織能力として再定義し、知識の取得および同化能力（潜在的能力）と知識の変換および活用能力（実現能力）を区別している。不確実性下で企業がどのように組織能力を活用して競争優位性を創造し維持するかを理解するためには、この区別が重要である。

　組織学習プロセスは、国際市場における不確実性に対する企業の適応能力に重大な影響を与える。これらのプロセスは、正式な構造的取り決めだけでなく、文化や社会的ネットワークといった非公式な組織要素にも依存する[2]。Johanson and Vahlne（2009）は、学習プロセスが企業の国際化パターンをどのように形作るかを示しており、経験的知識が外国市場における不確実性の管理において重要な役割を果たしていることを指摘している。Alcácer et al.（2016）は、この理解をデジタル時代にまで拡張し、技術変化が学習プロセスおよび国境を越えた知識移転にどのように影響するかを強調している。組織学習の有効性は、不確実性の種類に応じて異なり、企業は知識の取得と移転に適したアプローチを開発する必要がある。

　戦略的資産志向型 FDI に特に関連するもう 1 つの重要な組織的要因は、イノベーション能力である。Damanpour and Gopalakrishnan（1998）は、環境の安定性と予測可能性が異なる組織構造におけるイノベーション採用の有効性にどのように影響するかを調査している。急速に進化する技術的または競争的環境では、分散化された柔軟な組織構造が迅速な適応を促進することがあるが、この関係は不確実性の種類によって異なる。Cardinal（2001）は、異なる組織的管理が漸進的および急進的イノベーションを強化する可能性を示し、構造的柔軟性に関する従来の仮定に挑戦している。さらに、Iranmanesh et al.（2021）は、組織構造がイノベーション能力を通じて運用パ

---

2 ）Johanson and Vahlne（2009）は、国際化のウプサラ・モデルを発展させ、外部者不利益（Liability of outsidership）を克服する際のネットワーク・ポジションと学習の役割を強調している。この視点は、企業が FDI 活動における不確実性を軽減するためにネットワーク・ポジションをどのように利用するかについての洞察を提供している。

フォーマンスに影響を与え、革新的な文化がそのモデレーターとして機能することを示している。これにより、特にイノベーションが競争優位性の源泉となる知識集約型産業や戦略的資産志向の投資において、イノベーションを支援する組織構造を持つ企業が FDI を追求し、その成果を享受するのに有利であることが示唆される。

コミュニケーションおよび管理メカニズムは、国境を越えた組織的不確実性の管理において重要な役割を果たす。Chen and Huang（2007）は、形式化されていない分散型の構造が社会的相互作用を通じた知識管理を促進することを示している。しかし、これらの構造の有効性は、制度的環境および不確実性の種類によって異なることが多い。企業は、地域の自律性および適応の必要性と、グローバルな調整および管理の要件との間でバランスを取る必要があり、このバランスはデジタル変革が組織設計および適応に新たな課題と機会をもたらしている中で特に重要である。

国際経験は、一般的なものと国別の両方が、FDI の決定およびその成果に影響を与える重要な組織的要因である。本国とホスト国間の文化的距離は、特に人事慣行、リーダーシップ・スタイル、組織文化において、外国事業の管理において重要な不確実性を生じさせる（Hofstede, 2001）。国際経験が豊富な企業は、外国市場におけるこれらの文化的複雑性をよりうまく対処する能力があるとされている（Johanson and Vahlne, 1977）。Delios and Beamish（1999）は、日本企業の外国投資データを用いて、国際経験が豊富な企業ほど外国子会社でより高い所有権を保持する傾向があることを示しており、この経験が外国事業に伴う不確実性の管理に寄与することを示唆している。さらに、Delios and Henisz（2003）は、国際経験により政策不確実性が FDI に与える影響をどのように緩和するかを研究し、国際投資経験が豊富な企業はホスト国の政策不確実性によって抑制されにくいことを示しており、経済的および政治的リスクの管理における学習効果を示している。

しかし、この経験の異なる環境への移転可能性は必ずしも確実ではない。Oh and Oetzel（2017）は、この経験の移転可能性は状況に依存し、企業は非国家の暴力的紛争に対する経験を国境を越えて活用できるが、政府関連の紛争を管理するには国別の経験が必要であると指摘している。また、Zeng et al.（2013）は、文化的に異なる環境で活動する際、初期の国際経験が誤った

学習と有害な意思決定を引き起こす可能性があることを示しており、特に企業が急速に拡大する場合や、多様な文化さらされる経験が限られている場合にこの傾向が顕著である。

　企業統治（コーポレート・ガバナンス）、特に所有構造と取締役会の構成は、FDIの意思決定およびその結果にも影響を与える可能性がある。Jensen and Meckling（1976）によるエージェンシー理論の先駆的研究は、株主と経営者の間の利益相反および企業における契約関係の役割を理解するための基本的な枠組みを提供している。FDIの文脈では、本社と外国子会社の関係において、情報の非対称性および利益の不一致が特に重要な課題となり、これは国際業務の管理において固有の不確実性をもたらすエージェンシー問題を引き起こす。また、各国の企業統治システムの違いが国境を越えた投資にさらなる複雑さをもたらしている（La Porta et al., 2000）。

　実証研究では、企業が企業統治のメカニズムを積極的に導入してFDIの不確実性を管理していることを示している。Driffield et al.（2016）は、ホスト国の金融市場の発展や汚職のレベルといった制度的要因が外国関連会社の所有構造の参入後の変更に影響を与え、これらの効果は関連会社の親会社のセクターおよび成熟度によって緩和されると指摘している。同様に、Rossi and Volpin（2004）は、国境を越えたM&A（合併と買収）が投資家保護の弱い国の企業を対象にすることが多いことを示し、買収者が優れたガバナンス・システムを利用して投資リスクを軽減していることを示唆している。Filatotchev et al.（2007）は、企業が新興市場での不確実性を管理するために、所有構造と参入モードの選択をどのように調整しているかを示し、家族所有や制度的株主がエクイティ・コミットメントのレベルや立地選択に影響を与えていることを示している。

6.4　参入モードの選択

　参入モードの選択は、不確実性下における重要な戦略的意思決定であり、外国市場におけるリスクと機会の管理能力に根本的な影響を与える。Brouthers and Hennart（2007）は、取引コストの考慮が制度的要因と相互作用し、モードの選択に影響を及ぼすことを示しており、異なる参入モードが異なる種類の不確実性を管理する能力を提供することを指摘している。

Meyer et al.（2009）は、制度的背景がこれらの選択に大きく影響することを示しており、企業は制度条件および自社のリソースと能力に基づいて参入戦略を適応させている。

　ジョイント・ベンチャーのダイナミクスは、独自の不確実性管理の課題を提示する。企業がジョイント・ベンチャーを選択する場合、内部のパートナー・シップ不確実性と外部の市場不確実性の両方を対処する必要がある。Brouthers and Brouthers（2003）は、サービス業と製造業の企業が取引コスト変数および環境不確実性に対する反応の違いにより、参入モードの選択に体系的な違いがあることを示している。Hennart and Slangen（2015）は、企業が経験を積むにつれて、また制度条件が変化するにつれて、参入モードの意思決定がどのように進化するかを示している。

　買収とグリーンフィールド投資の選択は、不確実性下での複雑なトレードオフを反映している。Slangen and Hennart（2008）は、多国籍企業が文化的に遠い国では一般にグリーンフィールド投資を好むが、この嗜好は企業が国際経験に乏しい場合や子会社に大きなマーケティング自律性を付与する予定がある場合には弱まることを示している。Filatotchev et al.（2007）は、所有構造と取締役会の構成が企業の国際投資におけるリスクテイク行動に影響を与え、参入モードの選択およびその後のパフォーマンスに影響を与えることを示している。

　パートナー・シップの不確実性は、初期のモード選択を超えて、継続的な関係管理にまで影響する。Luo（2007）は、環境の不安定性がパートナーの機会主義的行動を増加させる可能性があることを示しており、特に情報の検証が困難で法律の施行が弱い新興市場において顕著である。これらの不確実性は、企業がパートナーの選択と関係管理のための高度な能力を開発する必要があり、アプローチの有効性は制度的環境によって異なることが多い。

　参入後の適応は、市場条件の変化に応じて企業がどのように業務を調整するかに関するさらなる戦略的課題を生み出す。Benito et al.（2009）は、企業が環境条件の変化および組織学習に応じて参入モードを変更することが多いことを示している。これらの適応は、企業が地元市場に対する理解を深め、異なる種類の不確実性を管理する能力を進化させていくプロセスを反映している。

6.5 デジタル変革とイノベーション

　デジタル変革（DX：デジタル・トランスフォーメーション）は、企業の国際業務に根本的な不確実性をもたらす一方で、新たな価値創造の機会を生み出している。Banalieva and Dhanaraj（2019）は、デジタル技術が内在化の意思決定にどのように影響するかを検討し、従来の国際化理論がデジタル・ビジネスモデルに対応するために修正を必要とすることを示している。これらの変化は、運用戦略だけでなく、不確実性管理に対する企業のアプローチにも影響を与えており、Eden（2016）は、デジタル化が多国籍企業の性質およびその投資意思決定を根本的に変革することを示している。

　技術採用に関する不確実性は、異なる制度的背景にわたって独自の課題をもたらす。Stallkamp and Schotter（2021）は、デジタル・プラットフォーム企業が国際展開をどのように行うかを分析し、これらの企業がしばしば輸出とFDIを組み合わせたハイブリッドな参入モードを採用することを示唆している。Autio et al.（2021）は、デジタル技術が新たな国際化の形態を可能にしていることを示しているが、その有効性は制度的背景および産業セクターによって大きく異なることも指摘している。

　国境を越えたイノベーション管理は、デジタル時代において特有の課題を提示する。Alcácer et al.（2016）は、デジタル化がイノベーション活動の空間的組織に与える影響を示し、国境を越えた新たな知識フローと協働のパターンを生み出していることを示している。Verbeke（2020）は、グローバルな混乱がデジタル変革を加速させる一方で、国際業務に新たな不確実性をもたらすことを強調している。

　デジタル能力の開発には、地域適応とグローバル統合の新たなバランスを求める必要がある。Strange and Zucchella（2017）は、インダストリー4.0（第4次産業革命）がグローバル・バリューチェーンおよび国際ビジネス戦略にどのように影響するかを検討しており、技術変化のタイミングと方向に関する大きな不確実性のある中で、企業が新技術への必要な投資を行いながら戦略的柔軟性を維持することが重要であると指摘している。

　プラットフォーム戦略は、国際業務において新たな形態の不確実性を導入している。Chen et al.（2019）は、デジタル・プラットフォーム企業が国際市場をどのように切り抜けるかを分析し、ネットワーク効果およびデジタル

能力が独自の国際化パターンを生み出すことを示している。

6.6　小括

　戦略的不確実性と組織的不確実性は相互に作用し、企業が国際業務を効果的に管理する能力に直接的に影響を与える。競争ダイナミクスは、しばしば組織構造の選択に影響を与え、デジタル変革は戦略的柔軟性に新たな要求をもたらしている。

7．知識と学習の不確実性

　知識と学習の不確実性は、FDI において重要な課題であり、特に戦略的資産志向型の投資に大きな影響を与える。例えば、特定の地域における技術アクセスの難易度や、現地パートナーとの知識共有の困難さなどが具体的な要因として挙げられる。さらに、この不確実性はすべての種類の国際業務にも広く影響を及ぼしており、知識移転、イノベーション・プロセス、学習能力、デジタル変革に関する課題を含んでいる。企業がこうした不確実性をどのように管理するかを理解することは、知識資源がグローバル経済における競争優位の中心となるにつれて、その重要性が増している。

7.1　知識移転の課題

　国境を越えた知識移転は、FDI のパターンおよび成果に影響を与える根本的な不確実性を含んでいる。多国籍企業は、新しい市場での技術的優位を活用するため、あるいはホスト国に存在する先進技術にアクセスするために FDI を行うことが多い（Cantwell, 1989；Cantwell and Santangelo, 1999）。Kogut and Zander（1993）は、企業が内部または外部知識移転メカニズムを選択する際、知識の複雑性および伝達の容易さが重要な要因であることを示している。知識があまりコード化されておらず、伝達が難しい場合、企業は完全子会社内での移転を通じて、その移転を内部化する傾向がある。

　暗黙知と明示知の区別は、特に国際的な知識移転において課題を引き起こす。例えば、現地工場での生産プロセスにおいて、暗黙知である職人的な技能を効率的に伝えるが容易ではなく知識の定着に時間がかかる。Szulanski

（1996）は、知識移転の主要な障壁として、吸収能力の不足、因果関係の不明確さ、知識源と受け手間の困難な関係を挙げている。これらの障壁は、文化的および制度的差異が知識移転プロセスに複雑さを加える国際的環境で顕著となる。

　子会社の知識移転における役割は大きく進化しており、それに伴い知識フローの管理に新たな不確実性が生じている。Gupta and Govindarajan（2000）は、知識フローが子会社の役割やその環境によって異なることを示している。Ambos et al.（2006）は、子会社から本社への逆知識移転が特有の課題に直面し、その成功は子会社の状況と本社の知識処理能力の両方に依存することを示している。Mudambi and Navarra（2004）は、子会社の知識集約度が増加すると、その子会社が社内において交渉力を得る一方で、効率的な移転を損なう可能性のあるレントシーキング行動を引き起こすことがあると指摘している。

　文化的および制度的な障壁は、国際的な知識移転の成功に大きな影響を与える。Kostova and Zaheer（1999）は、制度的距離が企業の組織的実践を効果的に移転する能力を妨げることを示している。Inkpen and Tsang（2005）は、関係の質やネットワーク構造を含む社会資本が、異なるネットワークタイプ間での知識移転を促進する上で重要な役割を果たすことを示している。

　駐在員派遣は、知識移転における不確実性を管理するための重要な手段であるが、その効果は様々な要素から影響を受ける。Harzing et al.（2016）は、駐在員が一般的に機能別の知識移転を促進する一方で、その効果は管理機能や知識フローの方向によって異なることを報告している。これらの変動は、スタッフ配置の決定および知識管理戦略におけるさらなる不確実性を生み出す。従来の駐在員の役割を超えた国際的な派遣の進化により、短期派遣、通勤配置、バーチャル派遣などが登場し、それぞれが採用、トレーニング、および管理などの課題を提起する（Collings et al., 2007）。

7.2　イノベーション環境の不確実性

　イノベーションを支える環境の多様性は、国際的活動を行う企業に課題をもたらしている。高い研究開発（R&D）支出、強固な知的財産（IP）保護、活発な研究コミュニティを特徴とする国のイノベーション・システムは、そ

の研究インフラおよび能力を通じて戦略的資産志向型の FDI を引き付ける。これらの要素は、異なる制度的環境で知識をアクセス、統合、保護する際に企業にとって大きな不確実性をもたらす。

イノベーション環境へのアクセスにおける立地選択は、不確実性の下での複雑なトレードオフを伴う。例えば、企業は技術的に進んだ地域に拠点を置くことで高度な知識にアクセスできる一方で、その地域での競争が激化しコストが増加するリスクがある。また、知的財産保護が弱い地域に進出する場合、技術スピルオーバーのリスクが高まる一方で、コスト削減や現地での協力関係の構築といったメリットも享受できる。Chung and Alcácer（2002）は、戦略的資産志向型 FDI が地域のイノベーション環境の違いを反映し、技術的リーダーが先進的な知識クラスターにおいて特有の投資パターンを示すことを明らかにしている。Almeida and Phene（2004）は、子会社のイノベーション・パフォーマンスがホスト国の技術的多様性と現地企業との知識リンクの強さによって向上することを示しているが、これらの利益を実現するには大きな不確実性が伴う。

技術的変化とイノベーション・プロセスに内在する不確実性は、FDI の意思決定に根本的な影響を及ぼす。Rosenberg（1996）は、歴史的事例を通じて、成功したイノベーションがしばしば原始的な形で現れ、その最も価値のある応用が予期しない領域で見つかることを示している。Christensen（1997）は、成熟企業が強力な資源を持ちながらも破壊的技術（Disruptive technology）を活用できないことが多いことを強調している。これらの技術革新は当初、主流市場での性能は劣るものの、新規または低価格市場において独自の価値（単純性、利便性、低価格など）を創出する。そして、そのニッチ市場での継続的な改良を通じて、最終的には主流市場の競争構造を根本的に変革する可能性を有している。この予測不可能性は、初期の FDI 決定だけでなく、その長期的な実行可能性にも影響を与える。

R&D の立地決定は、知識源へのアクセスと知的財産の保護とのバランスを取る際に特有の課題を伴う。実証研究では、知的財産保護の弱さが R&D 投資を阻むという従来の認識に反して、より微妙なパターンを示している。Zhao（2006）は、知的財産保護が脆弱な国において R&D を行う企業は、新技術の応用範囲を自社内に限定することで、その技術をより強力に内部化す

る傾向があることを示している。Belderbos et al.（2013）は、技術的リーダー企業が本国に強力な知的財産保護がある場合、より強いホームバイアスを示すことを明らかにしている。さらに、Berry（2006）は、非支配的な市場シェアを持つ企業、特に技術的リーダーシップを有する企業が外国でのR&D投資を行う可能性が高いことを示している。

知識のスピルオーバー・リスクは、国境を越えたイノベーション活動の管理に追加の複雑さをもたらしている。Alcácer and Chung（2007）は、技術的に進んだ企業が学術機関の近くに位置する一方で、スピルオーバー・リスクを最小限に抑えるために産業イノベーション活動の活発な地域を避けることを示している。一方で、技術的に遅れた企業は積極的に産業イノベーションが活発な地域を求める。これらのパターンは、企業の技術的立場が知識のアクセスと保護のトレードオフの管理にどのように影響するかを反映している。

ホスト国のイノベーション環境に関与する効果は、企業と現地の知識源との間の認知的距離によって形成される。Nooteboom et al.（2007）は、認知的距離とイノベーション・パフォーマンスの間に逆U字型の関係が存在することを示している。ある程度の距離は新たな組み合わせの機会を提供するが、距離が大きすぎると相互理解と効果的な協力が困難となる。この効果は特に探索的イノベーションに対して重要であり、ホスト国が適度な認知的距離を提供する場合、企業にとって革新的イノベーションを追求する上で最も魅力的である可能性がある。

組織構造とホスト国の環境特性との整合性は、現地のイノベーション・システムから利益を得る企業の能力に大きく影響する。Damanpour and Gopalakrishnan（1998）は、急速に進化する技術環境において、分散化され柔軟な構造が迅速な適応とイノベーションの採用を可能にすることを示している。Cantwell and Mudambi（2005）は、一部の子会社が好条件の下で知識創出の役割に進化することを示しているが、この進化には成功と資源要件に関する重大な不確実性が伴う。この構造的条件依存性は、イノベーション環境を重視したFDIの意思決定にさらなる不確実性をもたらす。

7.3 学習機会

　国際ビジネス環境は、外国投資家に多様な学習機会を提供し、それも特有の不確実性を生み出している。これらの学習機会は市場や制度的環境によって大きく異なり、技術的知識から市場の専門知識、運用能力に至るまで幅広い。これらの学習機会の価値およびアクセス可能性に関する不確実性は、特に戦略的資産志向型 FDI の意思決定に深い影響を及ぼす。

　文化的および制度的な違いは、学習機会へのアクセスにおいて重大な不確実性を生じさせる。Reus and Lamont（2009）は、文化的距離が組織ユニット間の理解とコミュニケーションを妨げる一方で、強力な統合能力を持つ企業にとっては貴重な学習機会を提供することを示している。これらの機会へのアクセスの有効性は、環境条件および組織特性によって大きく異なる。Barkema and Drogendijk（2007）は、企業が文化的に遠い環境に対して段階的に拡大するか、あるいは大きな一歩を踏み出す可能性があることを示しているが、大きすぎる一歩は効果的な探求と学習を制限する可能性がある。

　ホスト国の環境における知識リザーバーは、外国投資家にとって機会と課題の両方を提供する。地域の知識クラスター、産業エコシステム、および専門的能力は潜在的な学習利益を提供するが、その価値およびアクセス可能性は事前には不確実である。Johanson and Vahlne（2009）は、外国市場からの経験知識が企業の学習機会を認識し活用する能力を形成することを示している。しかし、地域の知識アクセスと学習利益の関係は単純ではない。前節で述べたように、Zeng et al.（2013）は、文化的に異なる環境で活動する場合、早期の国際経験が誤った学習につながる可能性があり、特に企業が多様な文化に接触する機会が限られている場合に顕著であることを示している。

　学習機会の時間につれての変化は、さらなる不確実性を生み出す。Delios and Henisz（2003）は、蓄積された国際経験が一般に企業の外国環境での適応能力を向上させるが、学習の移転可能性は具体的な状況によって大きく異なることを示している。Oh and Oetzel（2017）は、暴力的な紛争などの特定の不確実性に関する経験が、他の課題（例えば政府関係）に関する経験よりも国境を越えて移転しやすいことを報告し、学習機会の価値の複雑な性質を強調している。

　企業の吸収能力は、潜在的な学習利益を実現する上で重要な役割を果た

す。この吸収能力には、組織の文化、技術的能力、マネジメントの支援、および従業員の学習意欲などが含まれる。例えば、オープンで協力的な組織文化は、外部からの知識を受け入れやすくし、技術的能力が高い企業は新しい技術や情報を効果的に活用できる。また、マネジメントの支援は従業員に対する教育訓練への投資を促し、学習機会を最大限に活用することが可能となる。Zahra and George（2002）は、国際業務において知識を獲得し同化する能力（潜在的能力）と知識を変革し活用する能力（実現能力）を区別している。これらの能力の開発には、特定の組織的取り組みと投資が必要であり、学習機会へのアクセスにおいて追加のトレードオフを生み出している。Teece et al.（1997）は、動的能力が企業に多様な国際的環境で学習機会をよりよく感知し活用する能力を与えることを示しているが、これらの能力の有効性は異なる学習環境によって大きく異なる。

　異なる制度的環境における知識統合は特有の課題を含んでいる。Yayavaram and Ahuja（2008）は、異なる知識クラスター間にある程度の結びつきを維持する組織的知識構造が、知識の利用と適応の両方に最も効果的であることを示している。Teece（2014）は、多国籍企業が多様な知識源を統合しながらグローバル業務全体で戦略的一貫性を維持するための能力を開発する必要があると指摘している。これらの統合努力の成功は、利用可能な学習機会の性質と企業の知識吸収および利用のための組織構造の両方に大きく依存している。

7.4　技術採用

　国際業務全体での新技術の採用と運用は、多国籍企業に不確実性をもたらしている。Eden（2016）は、デジタル技術が多国籍企業の性質と投資意思決定を根本的に変化させることを示している。Alcácer et al.（2016）は、デジタル化がイノベーション活動の空間的組織に影響を与え、国境を越えた知識フローとコラボレーションの新しいパターンを生み出していることを示している。これらの変化は、企業戦略のみならず、企業が様々な形式の不確実性を管理する方法にも影響を及ぼしている。

　技術選択の意思決定は、市場間で異なる技術基準および能力に直面する際に課題を生じさせる。Verbeke（2020）は、グローバルな混乱が技術採用を

加速させる一方で、国際業務に新たな不確実性をもたらすことを示している。Benner and Tushman（2015）は、デジタル・トランスフォーメーションが既存の能力の活用と新しい技術的機会の探求のバランスを取る上で、組織的課題を引き起こすことを強調している。

　国境を越えた互換性の問題は、技術採用の意思決定において追加の複雑さを生み出す。Strange and Zucchella（2017）は、インダストリー4.0技術がグローバル・バリューチェーンおよび国際ビジネス戦略に与える影響を調査している。Sturgeon et al.（2008）は、グローバル産業における技術的変化が、企業にバリューチェーンの再構成および組織構造の適応を求めることを示している。

　技術の運用における課題は、制度的環境によって異なることが多い。Autio et al.（2021）は、デジタル技術が国際化の新しい形態を可能にする一方で、その有効性は制度的環境および産業セクターによって大きく異なることを示している。Vadana et al.（2019）は、企業が国際化の過程でデジタル能力を開発する方法を分析し、成功するためには技術的準備および組織適応能力の両方が必要であることを示している。

7.5　デジタル知識フロー

　デジタル変革は、国際業務全体での知識フローのあり方を根本的に変えた。例えば、クラウド技術の導入により、企業は国境を越えた迅速なデータ共有が可能となり、バーチャル・チームの連携が容易になった。また、人工知能（AI）の活用により、意思決定プロセスが効率化され、顧客データの分析能力が向上している。Banalieva and Dhanaraj（2019）は、デジタル技術が内部化意思決定に与える影響を調査し、従来の国際化理論がデジタルビジネスモデルを考慮するために修正が必要であることを示している。Brouthers et al.（2016）は、デジタル企業がバーチャル・インターフェースおよびデジタル能力を活用し、外国市場に進出しサービスを提供する独自の国際化アプローチを開発することをさらに示している。

　バーチャル・チームの管理は、国際的な知識共有に特有の課題を伴う。Chen et al.（2019）は、デジタル能力が国際業務に与える影響を分析し、ネットワーク効果およびデジタル能力が国際化の特有のパターンを形成する

ことを示している。Coviello et al.（2017）は、デジタル・コンテキストが従来の国際化プロセスを変革し、仮想環境における知識フローを理解するための新たな理論的枠組みが必要であることを強調している。

デジタル・プラットフォームは、国際的な知識共有のための重要なメカニズムとしてますます機能している。Stallkamp and Schotter（2021）は、デジタル・プラットフォーム企業が国際的に拡大する方法を分析し、これらの企業が伝統的およびデジタル要素をブレンドしたハイブリッド・アプローチを採用することが多いことを示している。Singh and Kundu（2002）は、デジタル・ネットワークが国境を越えた新たな形態の知識創造および移転を可能にするが、これらのネットワークの有効性は異なる制度的環境によって異なることを示している。

国境を越えたデータフローは、国際的知識管理において新たな不確実性をもたらしている。企業は、市場間で異なるデータ保護規制およびデジタル・インフラ能力に対応する必要がある。デジタル知識共有メカニズムの有効性は、企業がデジタル知識フローを管理しながら現地の要件に対応する必要がある。

7.6　小括

知識と学習の不確実性は、特に戦略的資産志向型 FDI において特有の相互作用パターンを生み出している。イノベーション環境の不確実性は、知識移転の課題と複合的に作用し、デジタル・トランスフォーメーションは学習機会および知識統合能力の両方に影響を与えている。これらの相互作用は、国際ビジネスにおける不確実性の複雑な性質を浮き彫りにし、様々な種類の不確実性が FDI の意思決定および成果にどのように影響を与えるかについて、より統合的理解を促している。

8．総括と展望

FDI の意思決定は、多様な不確実性が複雑に相互作用することによって形作られる。これまでの議論では、市場および経済的不確実性、政治および制度的不確実性、資源および環境的不確実性、戦略および組織の不確実性、

さらに知識および学習に関する不確実性が、どのように FDI に影響を与えるかを個別に分析してきた。本節では、これらの知見を統合し、異なる不確実性間の相互作用パターンを検討し、今後の研究方向を提示する。

8.1 相互作用の主要パターン

FDI の意思決定およびその結果に影響を与える異なるタイプの不確実性の相互作用には、いくつかの基本的なパターンが存在する。これらのパターンは、単なる不確実性の相乗効果にとどまらず、特定の FDI の種類や制度的背景に応じてその相互作用がどのように異なるかを反映している。これらの相互作用パターンを解明することは、国際ビジネス理論の進展と実際の意思決定において極めて重要である。

制度的不確実性と市場不確実性の相互作用は、地域や市場の特性に応じて異なるパターンを示す。例えば、弱い制度と高い市場変動性が組み合わさる場合、FDI に対する影響は単純な加算的効果を超えた複雑な結果を生み出すことがある。新興市場においては、制度的な脆弱さが市場の不確実性と相互作用し、独自の課題を引き起こす（Khanna et al., 2010）。一方、政治的制約は市場不確実性が投資パターンに与える影響を緩和し、政治制度の強さが市場変動の FDI 意思決定への影響の度合いを決定する（Henisz, 2000）。

為替レートの不確実性と市場需要の不確実性もまた、制度的環境によって異なる形で相互作用する。為替レートの変動が FDI に与える影響は、為替の動きと現地市場需要の相関性に依存する（Goldberg and Kolstad, 1995）。さらに、制度の質が低い環境では、政策の不確実性が市場や為替レートの変動と重なり、複雑さが増す（Baker et al., 2016）。政治的移行期においては、制度的不確実性と市場不確実性の相互作用が特に顕著であり、独特の投資行動パターンを生む（Julio and Yook, 2016）。

資源・環境・制度の結びつきも、FDI に重要な影響を与える相互作用パターンを示している。資源ナショナリズムはコモディティ価格が高騰する時期に強まる傾向があり、制度の質と相互作用することで循環的な不確実性パターンを生じさせる（Wilson, 2015）。この相互作用は、資源目的の FDI のみならず、環境規制の不確実性を通じて他の国際投資にも影響を及ぼす。環境政策の不確実性は市場の変革圧力と相互作用し、長期的な投資意思決定に複

雑な課題をもたらす（Pinkse and Kolk, 2012）。また、資源不確実性と制度の質の関係は、政治体制の違いによって異なる。資源ナショナリズムが収奪リスクに与える影響は、制度的制約によって変化し、独自の投資リスクパターンを生み出す（Jensen and Johnston, 2011）。

　組織と知識の相互作用も、FDI の結果を形作る重要なパターンである。組織構造と知識移転能力の関係は、制度によって異なるパターンを示す（Kogut and Zander, 1993）。知識移転を促進する組織構造の効果は、現地のイノベーション環境によって異なり（Meyer et al., 2009）、子会社の役割は、組織および知識関連の不確実性の組み合わせにより異なる進化を遂げる（Cantwell and Mudambi, 2005）。

　デジタル変革は、国際ビジネスにおける不確実性の相互作用の構造を根本的に変える。Banalieva and Dhanaraj（2019）は、デジタル・プラットフォームが新たな内部化の優位性を生み出し、国際ビジネスにおける不確実性管理の従来の理解を刷新することを示している。彼らの研究は、デジタル能力が制度および市場不確実性とどのように相互作用するかを明らかにし、既存理論では説明しきれない新たなパターンを提示している。Chen et al.（2019）は、デジタル・ネットワーク効果が国際的な拡大パターンを生み出し、市場および組織の不確実性に新たな組み合わせをもたらす様子を示している。

　デジタル能力と従来の不確実性の源泉との相互作用は、FDI の意思決定に新たなパターンを生じさせる。Stallkamp and Schotter（2021）は、デジタル・プラットフォーム企業が従来の多国籍企業と比較して、異なる不確実性の組み合わせにどのように対応するかを明らかにしている。これらのパターンは、制度的背景によって体系的に異なり、デジタル能力と現地市場の特徴との複雑な相互作用を現している。

8.2　課題と今後の研究方向

　多様な不確実性間の相互作用パターンは、研究および実務において重要な課題を提起している。これらの課題は、不確実性下での FDI の理解を深化させるためのいくつかの有望な研究方向を示唆している。

　デジタル変革の影響は、今後の研究における重要なフロンティアである。Autio et al.（2021）は、デジタル化が国際ビジネス活動の性質を根本的に変

革し、不確実性管理に新たな研究の機会を提供することを示している。彼らの研究は、デジタル技術が不確実性の相互作用にどのように影響を与えるかを調査する方向性を提示している。特にデジタル・プラットフォームの国際拡大戦略に関する研究は、不確実性相互作用の新たなパターンを理解するための肥沃な土壌を提供する。

　気候変動に伴う不確実性も、今後の FDI 研究において極めて重要なテーマである。気候変動による規制、経済的影響、および市場の変動が、企業の投資判断に直接影響を与えるため、これらの不確実性は FDI のパターンを大きく変える可能性がある。気候関連の課題は、確率と結果の両方が未知である状況を含み、それらの経済的影響について十分に理解されていない（Pindyck, 2013）。この深い不確実性により、投資決定プロセスが根本的に複雑化する（Haas et al., 2023）。企業は、規制の不確実性に対応するために、排出削減および適応といった多様な戦略を立てているが（Engau and Hoffmann, 2011）、気候政策の不確実性が汚染集約型セクターへの投資を大幅に減少させることが示唆されている（Berestycki et al., 2022）。これは、これらのセクターが規制強化により高いコストを伴う可能性が高く、将来の収益性に対するリスクが増大するためである。一方、気候政策の不確実性は新エネルギーやハイテク分野における企業の技術革新を特に促進する可能性がある（Liu et al., 2024）。この不確実性は、企業に迅速な適応と新たな技術開発を迫り、競争優位性を確保するためのイノベーションを促進する要因となることが多い。こうした影響の多様性は、気候関連の不確実性を脅威としてだけでなく、機会としても捉える企業の存在を示唆し、新たな研究の方向性を提示している。今後の研究においては、不確実性が FDI のパターンに与える影響を体系的に解明することが重要である。また、気候不確実性に対する多国籍企業の対応が、産業特性や制度的背景に応じてどのように変容するかを詳細に検討することが必要とされる。

　方法論の革新もまた、重要な研究方向である。特に自然言語処理および深層学習を活用した人工知能の進展は、複雑な不確実性の相互作用を測定・分析するための新たな手段を提供している。Hoberg and Moon（2017, 2019）は、企業の開示文書に対するテキスト分析が、企業が不確実性をどのように認識し、対処しているかを解明するための有効な手段であることを示してい

る。さらに、最近の研究では、AI 駆動の言語モデルを用いて、政治、気候、技術に関連するリスクに対する企業固有の対応を明らかにし、不確実性分析の従来の手法を大幅に強化している（Kim et al., 2023；Sung et al., 2023；Colesanti Senni et al., 2024）。これらの AI 技術の応用により、これまで定量化が困難であった不確実性の側面を捉え、複雑な状況下での企業の意思決定プロセスに関する理解を深めることが期待される。

8.3　結び

不確実性下での FDI の研究は、投資意思決定およびその結果に根本的な影響を及ぼす不確実性の相互作用パターンを明らかにしている。デジタル変革と持続可能性の視点は、既存の枠組みでは捉えきれない新たな不確実性の組み合わせを生み出している。これらの進化し続けるパターンは、研究における方法論的革新と、不確実性分析におけるより高度なアプローチの必要性を示唆している。不確実性の相互作用を理解および管理する能力は、国際投資のパターンの進化とその経済的影響に大きな影響を与えるであろう。

参考文献

Aguiar, M., and Gopinath, G. (2005) "Fire-sale foreign direct investment and liquidity crises." *Review of Economics and Statistics*, 87(3): 439-452.

Aizenman, J., and Marion, N. (2004) "The merits of horizontal versus vertical FDI in the presence of uncertainty." *Journal of International Economics*, 62(1): 125-148.

Ahlquist, J. S. (2006) "Economic policy, institutions, and capital flows: Portfolio and direct investment flows in developing countries." *International Studies Quarterly*, 50 (3): 681-704.

Ahmadova, G., Bueno García, M., Delgado-Márquez, B., and Pedauga, L. (2023) "Firm- and Country-Specific Advantages: Towards a Better Understanding of MNEs' Environmental Performance in the International Arena." *Organization & Environment*, 36 (3): 468-497.

Alcácer, J., and Chung, W. (2007) "Location strategies and knowledge spillovers." *Management Science*, 53(5): 760-776.

Alcácer, J., Cantwell, J., and Piscitello, L. (2016) "Internationalization in the information age: A new era for places, firms, and international business networks?" *Journal of International Business Studies*, 47(5): 499-512.

Aleksynska, M., and Havrylchyk, O. (2013) "FDI from the south: The role of institutional distance and natural resources." *European Journal of Political Economy*, 29: 38-53.

Alesina, A., and Perotti, R. (1996) "Income distribution, political instability, and investment." *European Economic Review*, 40(6): 1203-1228.

Alfaro, L., and Charlton, A. (2009) "Intra-industry foreign direct investment." *American Economic Review*, 99(5): 2096-2119.

Almeida, P., and Phene, A. (2004) "Subsidiaries and knowledge creation: The influence of the MNC and host country on innovation." *Strategic Management Journal*, 25(8-9): 847-864.

Ambos, T. C., Ambos, B., and Schlegelmilch, B. B. (2006) "Learning from foreign subsidiaries: An empirical investigation of headquarters' benefits from reverse knowledge transfers." *International Business Review*, 15(3): 294-312.

Antràs, P., and Yeaple, S. R. (2014) "Multinational firms and the structure of international trade." In G. Gopinath, E. Helpman, and K. Rogoff (Eds.), *Handbook of international economics* (Vol. 4, pp. 55-130). Amsterdam, Netherlands: Elsevier.

Arezki, R., Ramey, V. A., and Sheng, L. (2017) "News shocks in open economies: Evidence from giant oil discoveries." *The Quarterly Journal of Economics*, 132(1): 103-155.

Asiedu, E. (2006) "Foreign direct investment in Africa: The role of natural resources, market size, government policy, institutions and political instability." *The World Economy*, 29(1): 63-77.

Athukorala, P. C. (2003) "Foreign direct investment in crisis and recovery: Lessons from the 1997-98 Asian crisis." *Australian Economic History Review*, 43(2): 197-213.

Autio, E., Mudambi, R., and Yoo, Y. (2021) "Digitalization and globalization in a turbulent world : Centrifugal and centripetal fofrces." *Global Strategy Journal*, 11(1): 3-16.

Azzimonti, M. (2018) "Partisan conflict and private investment." *Journal of Monetary Economics*, 93: 114-131.

Azzimonti, M. (2019) "Does partisan conflict deter FDI inflows to the US?" *Journal of International Economics*, 120: 162-178.

Baker, S. R., Bloom, N., and Davis, S. J. (2016) "Measuring economic policy uncertainty." *The Quarterly Journal of Economics*, 131(4): 1593-1636.

Baldwin, R., and Lopez-Gonzalez, J. (2015) "Supply-chain trade: A portrait of global patterns and several testable hypotheses." *The World Economy*, 38(11): 1682-1721.

Baldwin, R., and Okubo, T. (2014) "Networked FDI: Sales and sourcing patterns of Japanese foreign affiliates." *The World Economy*, 37(8): 1051-1080.

Banalieva, E. R., and Dhanaraj, C. (2019) "Internalization theory for the digital economy." *Journal of International Business Studies*, 50(8): 1372-1387.

Barkema, H. G., and Drogendijk, R. (2007) "Internationalising in small, incremental or larger steps?" *Journal of International Business Studies*, 38(7): 1132-1148.

Bartlett, C. A., and Ghoshal, S. (1989) "Managing across borders: The transnational solution." *Harvard Business School Press*.

Belderbos, R., Leten, B., and Suzuki, S. (2013) "How global is R&D? Firm-level determinants of home-country bias in R&D." *Journal of International Business Studies*, 44(8): 765-786.

Benito, G. R., Petersen, B., and Welch, L. S. (2009) "Towards more realistic conceptualisations of foreign operation modes." *Journal of International Business Studies*, 40 (9): 1455-1470.

Benner, M. J., and Tushman, M. L. (2015) "Reflections on the 2013 Decade Award—Exploitation, exploration, and process management: The productivity dilemma revisited" ten years later." *Academy of Management Review*, 40(4): 497-514.

Bénassy-Quéré, A., Coupet, M., and Mayer, T. (2007) "Institutional determinants of foreign direct investment." *The World Economy*, 30(5): 764-782.

Berestycki, C., Carattini, S., Dechezleprêtre, A., and Kruse, T. (2022) "Measuring and assessing the effects of climate policy uncertainty." *OECD Economics Department Working Papers*, (1724).

Berry, H. (2006) "Leaders, laggards, and the pursuit of foreign knowledge." *Strategic Management Journal*, 27(2): 151-168.

Birkinshaw, J., and Hood, N. (1998) "Multinational subsidiary evolution: Capability and charter change in foreign-owned subsidiary companies." *Academy of Management Review*, 23(4): 773-795.

Birkinshaw, J., and Morrison, A. J. (1995) "Configurations of strategy and structure in subsidiaries of multinational corporations." *Journal of International Business Studies*, 26 (4): 729-753.

Blonigen, B. A., and Davies, R. B. (2004) "The effects of bilateral tax treaties on US FDI activity." *International Tax and Public Finance*, 11(5): 601-622.

Blonigen, B. A., and Piger, J. (2014) "Determinants of foreign direct investment." *Canadian Journal of Economics*, 47(3): 775-812.

Bloom, N., Bond, S., and Van Reenen, J. (2007) "Uncertainty and investment dynamics."

The Review of Economic Studies, 74(2): 391-415.

Bloom, N., Sadun, R., and Van Reenen, J. (2012) "The organization of firms across countries." *The Quarterly Journal of Economics*, 127(4): 1663-1705.

Blomström, M., and Kokko, A. (1997) "Regional integration and foreign direct investment." *World Bank Policy Research Working Paper*, No. 1750.

Bokpin, G. A., Mensah, L., and Asamoah, M. E. (2015) "Foreign direct investment and natural resources in Africa." *Journal of Economic Studies*, 42(4): 608-621.

Brouthers, K. D., and Brouthers, L. E. (2003) "Why service and manufacturing entry mode choices differ: The influence of transaction cost factors, risk and trust." *Journal of Management Studies*, 40(5): 1179-1204.

Brouthers, K. D., and Hennart, J. F. (2007) "Boundaries of the firm: Insights from international entry mode research." *Journal of Management*, 33(3): 395-425.

Brouthers, K. D., Geisser, K. D., and Rothlauf, F. (2016) "Explaining the internationalization of ibusiness firms." *Journal of International Business Studies*, 47(5): 513-534.

Buckley, P. J., and Casson, M. C. (1976) "The future of the multinational enterprise." Macmillan.

Buckley, P. J., and Casson, M. C. (2009) "The internalisation theory of the multinational enterprise: A review of the progress of a research agenda after 30 years." *Journal of International Business Studies*, 40(9): 1563-1580.

Burger, M. J., Ianchovichina, E., and Rijkers, B. (2016) "Risky business: Political instability and sectoral greenfield foreign direct investment in the Arab world." *The World Bank Economic Review*, 30(2): 306-331.

Busse, M., and Hefeker, C. (2007) "Political risk, institutions and foreign direct investment." *European Journal of Political Economy*, 23(2): 397-415.

Caldara, D., and Iacoviello, M. (2022) "Measuring geopolitical risk." *American Economic Review*, 112(4): 1194-1225.

Campa, J. M. (1993) "Entry by foreign firms in the United States under exchange rate uncertainty." *The Review of Economics and Statistics*, 75(4): 614-622.

Cantwell, J. (1989) "Technological innovation and multinational corporations." Oxford: Basil Blackwell.

Cantwell, J., and Mudambi, R. (2005) "MNE competence-creating subsidiary mandates." *Strategic Management Journal*, 26(12): 1109-1128.

Cantwell, J., and Santangelo, G. D. (1999) "The frontier of international technology networks: sourcing abroad the most highly tacit capabilities." *Information Economics and Policy*, 11(1): 101-123.

Cantwell, J., and Santangelo, G. D. (2002) "The new geography of corporate research in information and communications technology (ICT)." *Journal of Evolutionary Economics*, 12(1-2): 163-197.

Cantwell, J., Dunning, J. H., and Lundan, S. M. (2010) "An evolutionary approach to understanding international business activity: The co-evolution of MNEs and the institutional environment." *Journal of International Business Studies*, 41(4): 567-586.

Cardinal, L. B. (2001) "Technological innovation in the pharmaceutical industry: The use of organizational control in managing research and development." *Organization Science*, 12(1): 19-36.

Caves, R. E. (1971) "International corporations: The industrial economics of foreign investment." *Economica*, 38(149): 1-27.

Cavallari, L., and d'Addona, S. (2013) "Nominal and real volatility as determinants of FDI." *Applied Economics*, 45(18): 2603-2610.

Chan, C. M., Makino, S., and Isobe, T. (2010) "Does subnational region matter? Foreign affiliate performance in the United States and China." *Strategic Management Journal*, 31(11): 1226-1243.

Chakrabarti, A. (2001) "The determinants of foreign direct investment: Sensitivity analyses of cross-country regressions." *Kyklos*, 54(1): 89-114.

Chen, C. J., and Huang, J. W. (2007) "How organizational climate and structure affect knowledge management—The social interaction perspective." *International Journal of Information Management*, 27(2): 104-118.

Chen, L., Shaheer, N., Yi, J., and Li, S. (2019) "The international penetration of ibusiness firms: Network effects, liabilities of outsidership and country clout." *Journal of International Business Studies*, 50(2): 172-192.

Chopra, S., and Sodhi, M. S. (2004) "Managing risk to avoid supply-chain breakdown." *MIT Sloan Management Review*, 46(1): 53-61.

Christensen, C. M. (1997) "The innovator's dilemma: When new technologies cause great firms to fail. MA:" *Harvard Business School Press*.

Chung, W., and Alcácer, J. (2002) "Knowledge seeking and location choice of foreign direct investment in the United States." *Management Science*, 48(12): 1534-1554.

Cohen, W. M., and Levinthal, D. A. (1990) "Absorptive capacity: A new perspective on learning and innovation." *Administrative Science Quarterly*, 35(1): 128-152.

Colesanti Senni, C., Dalla Via, N., and Pizzi, S. (2024) "Using AI to assess the decision-usefulness of corporates' nature-related disclosures." *SSRN Electronic Journal*.

Collings, D. G., Scullion, H., and Morley, M. J. (2007) "Changing patterns of global staffing in the multinational enterprise: Challenges to the conventional expatriate assignment and emerging alternatives." *Journal of World Business*, 42(2): 198-213.

Coviello, N., Kano, L., and Liesch, P. W. (2017) "Adapting the Uppsala model to a modern world: Macro-context and microfoundations." *Journal of International Business Studies*, 48(9): 1151-1164.

Cuervo-Cazurra, A., and Genc, M. (2008) "Transforming disadvantages into advantages: Developing-country MNEs in the least developed countries." *Journal of International Business Studies*, 39(6): 957-979.

Cushman, D. O. (1985) "Real exchange rate risk, expectations, and the level of direct investment." *The Review of Economics and Statistics*, 67(2): 297-308.

D'Aveni, R. A., Dagnino, G. B., and Smith, K. G. (2010) "The age of temporary advantage." *Strategic Management Journal*, 31(13): 1371-1385.

Damanpour, F., and Gopalakrishnan, S. (1998) "Theories of organizational structure and innovation adoption: The role of environmental change." *Journal of Engineering and Technology Management*, 15(1): 1-24.

Delios, A., and Beamish, P. W. (1999) "Ownership strategy of Japanese firms: Transactional, institutional, and experience influences." *Strategic Management Journal*, 20 (10): 915-933.

Delios, A., and Henisz, W. J. (2003) "Political hazards, experience, and sequential entry strategies: The international expansion of Japanese firms, 1980-1998." *Strategic Management Journal*, 24(11): 1153-1164.

Desbordes, R., and Vicard, V. (2009) "Foreign direct investment and bilateral investment treaties: An international political perspective." *Journal of Comparative Economics*, 37 (3): 372-386.

Devereux, M. P., and Griffith, R. (1998) "Taxes and the location of production: Evidence from a panel of US multinationals." *Journal of Public Economics*, 68(3): 335-367.

Driffield, N., Mickiewicz, T., and Temouri, Y. (2016) "Ownership control of foreign affiliates: A property rights theory perspective." *Journal of World Business*, 51 (6): 965-976.

Duanmu, J. L. (2014) "State-owned MNCs and host country expropriation risk: The role of home state soft power and economic gunboat diplomacy." *Journal of International Business Studies*, 45(8): 1044-1060.

Dunning, J. H. (1988) "The eclectic paradigm of international production: A restatement and some possible extensions." *Journal of International Business Studies*, 19(1): 1-31.

Dunning, J. H., and Lundan, S. M. (2008) *Multinational enterprises and the global economy*

(2nd ed.). Cheltenham: Edward Elgar Publishing.

Eden, L. (2016) "Multinationals and foreign investment policies in a digital world. The E15 Initiative," International Centre for Trade and Sustainable Development and World Economic Forum.

Eden, L., and Dai, L. (2010) "Rethinking the O in Dunning's OLI/eclectic paradigm." *Multinational Business Review*, 18(2): 13-34.

Edmiston, K., Mudd, S., and Valev, N. (2003) "Tax structures and FDI: The deterrent effects of complexity and uncertainty." *Fiscal Studies*, 24(3): 341-359.

Egger, P., and Winner, H. (2005) "Evidence on corruption as an incentive for foreign direct investment." *European Journal of Political Economy*, 21(4): 932-952.

Ekholm, K., Forslid, R., and Markusen, J. R. (2007) "Export-platform foreign direct investment." *Journal of the European Economic Association*, 5(4): 776-795.

Engau, C., and Hoffmann, V. H. (2011) "Corporate response strategies to regulatory uncertainty: Evidence from uncertainty about post-Kyoto regulation." *Policy Sciences*, 44 (1): 53-80.

Filatotchev, I., Strange, R., Piesse, J., and Lien, Y. C. (2007) "FDI by firms from newly industrialised economies in emerging markets: Corporate governance, entry mode and location." *Journal of International Business Studies*, 38(4): 556-572.

Flowers, E. B. (1976) "Oligopolistic reactions in European and Canadian direct investment in the United States." *Journal of International Business Studies*, 7(2): 43-55.

Foss, N. J., Mudambi, R., and Murtinu, S. (2019) "Taxing the multinational enterprise: On the forced redesign of global value chains and other inefficiencies." *Journal of International Business Studies*, 50(9): 1644-1655.

Froot, K. A., and Stein, J. C. (1991) "Exchange rates and foreign direct investment: An imperfect capital markets approach." *The Quarterly Journal of Economics*, 106 (4): 1191-1217.

Gani, A. (2007) "Governance and foreign direct investment links: Evidence from panel data estimations." *Applied Economics Letters*, 14(10): 753-756.

Gereffi, G., Humphrey, J., and Sturgeon, T. (2005) "The governance of global value chains." *Review of International Political Economy*, 12(1): 78-104.

Ghemawat, P. (2007) "Redefining global strategy: Crossing borders in a world where differences still matter." Boston: Harvard Business Publishing.

Globerman, S., and Shapiro, D. (2002) "Global foreign direct investment flows: The role of governance infrastructure." *World Development*, 30(11): 1899-1919.

Goldberg, L. S., and Kolstad, C. D. (1995) "Foreign direct investment, exchange rate variability and demand uncertainty." *International Economic Review*, 36(4): 855-873.

Grant, R. M. (1996) "Toward a knowledge-based theory of the firm." *Strategic Management Journal*, 17(S2): 109-122.

Gupta, A. K., and Govindarajan, V. (2000) "Knowledge flows within multinational corporations." *Strategic Management Journal*, 21(4): 473-496.

Haas, C., Jahns, H., Kempa, K., and Moslener, U. (2023) "Deep uncertainty and the transition to a low-carbon economy." *Energy Research & Social Science*, 100, 103060.

Habib, M., and Zurawicki, L. (2002) "Corruption and foreign direct investment." *Journal of International Business Studies*, 33(2): 291-307.

Handley, K., and Limão, N. (2015) "Trade and investment under policy uncertainty: Theory and firm evidence." *American Economic Journal: Economic Policy*, 7 (4): 189-222.

Harchaoui, T. M., and Lasserre, P. (2001) "Testing the option value theory of irreversible investment." *International Economic Review*, 42(1): 141-166.

Harzing, A. W., Pudelko, M., and Reiche, B. S. (2016) "The bridging role of expatriates and inpatriates in knowledge transfer in multinational corporations." *Human Resource Management*, 55(4): 679-695.

Helpman, E. (1984) "A simple theory of international trade with multinational corporations." *Journal of Political Economy*, 92(3): 451-471.

Helpman, E. (2006) "Trade, FDI, and the organization of firms." *Journal of Economic Literature*, 44(3): 589-630.

Henisz, W. J. (2000) "The institutional environment for multinational investment." *Journal of Law, Economics, and Organization*, 16(2): 334-364.

Henisz, W. J., Dorobantu, S., and Nartey, L. J. (2014) "Spinning gold: The financial returns to stakeholder engagement." *Strategic Management Journal*, 35(12): 1727-1748.

Hennart, J. F. (1982) "A theory of multinational enterprise." Ann Arbor: University of Michigan Press.

Hennart, J. F., and Slangen, A. H. L. (2015) "Yes, we really do need more entry mode studies! A commentary on Shaver." *Journal of International Business Studies*, 46 (1): 114-122.

Hoberg, G., and Moon, S. K. (2017) "Offshore activities and financial vs operational hedging." *Journal of Financial Economics*, 125(2): 217-244.

Hoberg, G., and Moon, S. K. (2019) "The offshoring return premium." *Management Science*, 65(6): 2876-2899.

Hofstede, G. (2001) "Culture's consequences: Comparing values, behaviors, institutions and organizations across nations" (2nd ed.). CA: Sage publications.

Hummels, D., Ishii, J., and Yi, K. M. (2001) "The nature and growth of vertical specialization in world trade." *Journal of International Economics*, 54(1): 75-96.

Inkpen, A. C., and Tsang, E. W. (2005) "Social capital, networks, and knowledge transfer." *Academy of Management Review*, 30(1): 146-165.

Iranmanesh, M., Kumar, K. M., Foroughi, B., and Kim, K. (2021) "The impacts of organizational structure on operational performance through innovation capability: Innovative culture as moderator." *Review of Managerial Science*, 15(7): 1885-1911.

Jardet, C., Jude, C., and Chinn, M. (2023) "Foreign direct investment under uncertainty: Evidence from a large panel of countries." *Review of International Economics*, 31(3): 854-885.

Jensen, N. M. (2003) "Democratic governance and multinational corporations: Political regimes and inflows of foreign direct investment." *International Organization*, 57(3): 587-616.

Jensen, N. M., and Johnston, N. P. (2011) "Political risk, reputation, and the resource curse." *Comparative Political Studies*, 44(6): 662-688.

Jensen, M. C., and Meckling, W. H. (1976) "Theory of the firm: Managerial behavior, agency costs and ownership structure." *Journal of Financial Economics*, 3(4): 305-360.

Johanson, J., and Vahlne, J. E. (1977) "The internationalization process of the firm—a model of knowledge development and increasing foreign market commitments." *Journal of International Business Studies*, 8(1): 23-32.

Johanson, J., and Vahlne, J. E. (2009) "The Uppsala internationalization process model revisited: From liability of foreignness to liability of outsidership." *Journal of International Business Studies*, 40(9): 1411-1431.

Julio, B., and Yook, Y. (2016) "Policy uncertainty, irreversibility, and cross-border flows of capital." *Journal of International Economics*, 103: 13-26.

Kaufmann, D., Kraay, A., and Mastruzzi, M. (2011) "The worldwide governance indicators: Methodology and analytical issues." *Hague Journal on the Rule of Law*, 3(2): 220-246.

Khanna, T., Palepu, K. G., and Bullock, R. (2010) "Winning in emerging markets: A road map for strategy and execution." Boston: Harvard Business Press.

Kim, A. G., Muhn, M., and Nikolaev, V. V. (2023) "From transcripts to insights: Uncovering corporate risks using generative AI." *Chicago Booth Research Paper* No. 23-19.

Knickerbocker, F. T. (1973) "Oligopolistic reaction and multinational enterprise." Cambridge: Harvard University Press.

Kling, G., Volz, U., Murinde, V., and Ayas, S. (2021) "The impact of climate vulnerability on firms' cost of capital and access to finance." *World Development*, 137: 105131.

Kobrin, S. J. (1979) "Political risk: A review and reconsideration." *Journal of International Business Studies*, 10(1): 67-80.

Kolk, A. (2016) "The social responsibility of international business: From ethics and the environment to CSR and sustainable development." *Journal of World Business*, 51(1): 23-34.

Kolk, A., and Pinkse, J. (2008) "A perspective on multinational enterprises and climate change: Learning from "an inconvenient truth"?" *Journal of International Business Studies*, 39(8): 1359-1378.

Kogut, B., and Chang, S. J. (1996) "Platform investments and volatile exchange rates: Direct investment in the US by Japanese electronic companies." *The Review of Economics and Statistics*, 78(2): 221-231.

Kogut, B., and Kulatilaka, N. (1994) "Operating flexibility, global manufacturing, and the option value of a multinational network." *Management Science*, 40(1): 123-139.

Kogut, B., and Zander, U. (1993) "Knowledge of the firm and the evolutionary theory of the multinational corporation." *Journal of International Business Studies*, 24(4): 625-645.

Kolstad, I., and Wiig, A. (2012) "What determines Chinese outward FDI?" *Journal of World Business*, 47(1): 26-34.

Kostova, T., and Zaheer, S. (1999) "Organizational legitimacy under conditions of complexity: The case of the multinational enterprise." *Academy of Management Review*, 24(1): 64-81.

Krugman, P. (2000) Fire-sale FDI. In S. Edwards (Ed.), "Capital flows and the emerging economies: Theory, evidence, and controversies" (pp. 43-58). University of Chicago Press.

La Porta, R., Lopez-de-Silanes, F., Shleifer, A., and Vishny, R. W. (1998) "Law and finance." *Journal of Political Economy*, 106(6): 1113-1155.

La Porta, R., Lopez-de-Silanes, F., Shleifer, A., and Vishny, R. (2000) "Investor protection and corporate governance." *Journal of Financial Economics*, 58(1-2): 3-27.

Liesch, P. W., Welch, L. S., and Buckley, P. J. (2011) "Risk and uncertainty in internationalisation and international entrepreneurship studies." *Management International Review*, 51 (6): 851-873.

Linnenluecke, M. K., Griffiths, A., and Winn, M. I. (2012) "Extreme weather events and the critical importance of anticipatory adaptation and organizational resilience in responding to impacts." *Business Strategy and the Environment*, 21(1): 17-32.

Lipsey, R. E. (2001) "Foreign direct investment in three financial crises." *NBER Working Paper* No. 8084.

Li, J., Meyer, K. E., Zhang, H., and Ding, Y. (2018) "Diplomatic and corporate networks: Bridges to foreign locations." *Journal of International Business Studies*, 49(6): 659-683.

Li, Q. (2006) "Democracy, autocracy, and tax incentives to foreign direct investors: A cross-national analysis." *Journal of Politics*, 68(1): 62-74.

Liu, Y., Chen, L., Cao, Z., and Wen, F. (2024) "Uncertainty breeds opportunities: Assessing climate policy uncertainty and its impact on corporate innovation." *International Review of Financial Analysis*, 96(A): 103560.

Lu, J., Liu, X., Wright, M., and Filatotchev, I. (2014) "International experience and FDI location choices of Chinese firms: The moderating effects of home country government support and host country institutions." *Journal of International Business Studies*, 45(4): 428-449.

Luong, P. J., and Weinthal, E. (2010) "Oil is not a curse: Ownership structure and institutions in Soviet successor states." New York: Cambridge University Press.

Luo, Y. (2007) "Are joint venture partners more opportunistic in a more volatile environment?" *Strategic Management Journal*, 28(1): 39-60.

Ma, X., Tong, T. W., and Fitza, M. (2013) "How much does subnational region matter to foreign subsidiary performance? Evidence from Fortune Global 500 corporations' investment in China." *Journal of International Business Studies*, 44(1): 66-87.

Marano, V., Tashman, P., and Kostova, T. (2017) "Escaping the iron cage: Liabilities of origin and CSR reporting of emerging market multinational enterprises." *Journal of International Business Studies*, 48(3): 386-408.

Marcus, A., Aragon-Correa, J. A., and Pinkse, J. (2011) "Firms, regulatory uncertainty, and the natural environment." *California Management Review*, 54(1): 5-16.

Markusen, J. R. (1984) "Multinationals, multi-plant economies, and the gains from trade." *Journal of International Economics*, 16(3-4): 205-226.

Markusen, J. R. (2002) "Multinational firms and the theory of international trade." Cambridge, MA: MIT Press.

Mehlum, H., Moene, K., and Torvik, R. (2006) "Institutions and the resource curse." *The Economic Journal*, 116(508): 1-20.

Meyer, K. E., and Nguyen, H. V. (2005) "Foreign investment strategies and sub-national institutions in emerging markets: Evidence from Vietnam." *Journal of Management Studies*, 42(1): 63-93.

Meyer, K. E., Estrin, S., Bhaumik, S. K., and Peng, M. W. (2009) "Institutions, resources, and entry strategies in emerging economies." *Strategic Management Journal*, 30(1): 61-80.

Miller, K. D. (1992) "A framework for integrated risk management in international business." *Journal of International Business Studies*, 23(2): 311-331.

Morris, M., Kaplinsky, R., and Kaplan, D. (2012) ""One thing leads to another" —Commodities, linkages and industrial development." *Resources Policy*, 37(4): 408-416.

Mudambi, R., and Navarra, P. (2004) "Is knowledge power? Knowledge flows, subsidiary power and rent-seeking within MNCs." *Journal of International Business Studies*, 35(5): 385-406.

Nguyen, C. P., and Lee, G. S. (2021) "Uncertainty, financial development, and FDI inflows: Global evidence." *Economic Modelling*, 99: 105473.

North, D. C. (1990) "Institutions, institutional change and economic performance." Cambridge: Cambridge University Press.

Nooteboom, B., Van Haverbeke, W., Duysters, G., Gilsing, V., and van den Oord, A. (2007) "Optimal cognitive distance and absorptive capacity." *Research Policy*, 36 (7): 1016-1034.

Oh, C. H., and Oetzel, J. (2017) "Once bitten twice shy? Experience managing violent conflict risk and MNC subsidiary-level investment and expansion." *Strategic Management Journal*, 38(3): 714-731.

Oliver, C. (1991) "Strategic responses to institutional processes." *Academy of Management Review*, 16(1): 145-179.

Oxley, J. E. (1999) "Institutional environment and the mechanisms of governance: The impact of intellectual property protection on the structure of inter-firm alliances." *Journal of Economic Behavior & Organization*, 38(3): 283-309.

Peng, M. W., Wang, D. Y., and Jiang, Y. (2008) "An institution-based view of international business strategy: A focus on emerging economies." *Journal of International Business Studies*, 39(5): 920-936.

Petroulas, P. (2007) "The effect of the euro on foreign direct investment." *European Economic Review*, 51(6): 1468-1491.

Pindyck, R. S. (1980) "Uncertainty and exhaustible resource markets." *Journal of Political Economy*, 88(6): 1203-1225.

Pindyck, R. S. (2013) "Climate change policy: What do the models tell us?" *Journal of Economic Literature*, 51(3): 860-872.

Pinkse, J., and Kolk, A. (2012) "Multinational enterprises and climate change: Exploring institutional failures and embeddedness." *Journal of International Business Studies*, 43 (3): 332-341.

van der Ploeg, F., and Poelhekke, S. (2009) "Volatility and the natural resource curse." *Oxford Economic Papers*, 61(4): 727-760.

Porter, M. E. (1990) "The competitive advantage of nations." *Harvard Business Review*, 68(2): 73-93.

Porter, M. E. (1996) "What is strategy?" *Harvard Business Review*, 74(6): 61-78.

Ramamurti, R. (2012) "What is really different about emerging market multinationals?" *Global Strategy Journal*, 2(1): 41-47.

Ramamurti, R., and Doh, J. P. (2004) "Rethinking foreign infrastructure investment in developing countries." *Journal of World Business*, 39(2): 151-167.

Reus, T. H., and Lamont, B. T. (2009) "The double-edged sword of cultural distance in international acquisitions." *Journal of International Business Studies*, 40(8): 1298-1316.

Reinhart, C. M., and Reinhart, V. R. (2009) "Capital flow bonanzas: An encompassing view of the past and present." NBER International Seminar on Macroeconomics, 2008: 9-62.

Reinhart, C. M., and Rogoff, K. S. (2009) "This time is different: Eight centuries of financial folly." Princeton, New Jersey: Princeton University Press.

Rosenberg, N. (1996) "Uncertainty and technological change." In R. Landau, T. Taylor, and G. Wright (Eds.), "The Mosaic of Economic Growth" (pp. 334-353). Stanford: Stanford University Press.

Rossi, S., and Volpin, P. F. (2004) "Cross-country determinants of mergers and acquisitions." *Journal of Financial Economics*, 74(2): 277-304.

Rugman, A. M. (1981) "Inside the multinationals: The economics of internal markets." New York: Columbia University Press.

Rugman, A. M., and Verbeke, A. (2008) "Internalization theory and its impact on the field of international business." In J. J. Boddewyn (Ed.), "International business scholarship: AIB fellows on the first 50 years and beyond (Research in Global Strategic Management, Vol. 14," pp. 155-174). Leeds: Emerald Group Publishing Limited.

Ross, M. L. (2015) "What have we learned about the resource curse?" *Annual Review of Political Science*, 18: 239-259.

Schneider, F., and Frey, B. S. (1985) "Economic and political determinants of foreign direct investment." *World Development*, 13(2): 161-175.

Schwens, C., Zapkau, F. B., Bierwerth, M., Isidor, R., Knight, G., and Kabst, R. (2018) "International entrepreneurship: A meta-analysis on the internationalization and performance relationship." *Entrepreneurship Theory and Practice*, 42(5): 734-768.

Shi, W. S., Sun, S. L., and Peng, M. W. (2012) "Sub-national institutional contingencies, network positions, and IJV partner selection." *Journal of Management Studies*, 49(7):

1221-1245.

Slade, M. E. (2001) "Valuing managerial flexibility: An application of real-option theory to mining investments." *Journal of Environmental Economics and Management*, 41(2): 193-233.

Slangen, A. H. L., and Hennart, J. F. (2008) "Do multinationals really prefer to enter culturally distant countries through greenfields rather than through acquisitions? The role of parent experience and subsidiary autonomy." *Journal of International Business Studies*, 39(3): 472-490.

Singh, N., and Kundu, S. (2002) "Explaining the growth of e-commerce corporations (ECCs) : An extension and application of the eclectic paradigm." *Journal of International Business Studies*, 33(4): 679-697.

Stallkamp, M., and Schotter, A. P. (2021) "Platforms without borders? The international strategies of digital platform firms." *Global Strategy Journal*, 11(1): 58-80.

Strange, R., and Zucchella, A. (2017) "Industry 4.0, global value chains and international business." *Multinational Business Review*, 25(3): 174-184.

Sturgeon, T., Van Biesebroeck, J., and Gereffi, G. (2008) "Value chains, networks and clusters: Reframing the global automotive industry." *Journal of Economic Geography*, 8(3): 297-321.

Sung, J., Heo, W., Byun, Y., and Kim, Y. (2023) "Large language models for semantic monitoring of corporate disclosures: A case study on Korea's top 50 KOSPI companies." arXiv preprint arXiv:2309.00208.

Szulanski, G. (1996) "Exploring internal stickiness: Impediments to the transfer of best practice within the firm." *Strategic Management Journal*, 17(S2): 27-43.

Teece, D. J. (2014) "A dynamic capabilities-based entrepreneurial theory of the multinational enterprise." *Journal of International Business Studies*, 45(1): 8-37.

Teece, D. J., Pisano, G., and Shuen, A. (1997) "Dynamic capabilities and strategic management." *Strategic Management Journal*, 18(7): 509-533.

Trigeorgis, L., and Reuer, J. J. (2017) "Real options theory in strategic management." *Strategic Management Journal*, 38(1): 42-63.

Vadana, I. I., Torkkeli, L., Kuivalainen, O., and Saarenketo, S. (2019) "Digitalization of companies in international entrepreneurship and marketing." *International Marketing Review*, 36(6): 957-979.

te Velde, D. W., and Bezemer, D. (2006) "Regional integration and foreign direct investment in developing countries." *Transnational Corporations*, 15(2): 41-70.

Venables, A. J. (2016) "Using natural resources for development: Why has it proven so difficult?" *Journal of Economic Perspectives*, 30(1): 161-184.

Verbeke, A. (2020) "Will the COVID-19 pandemic really change the governance of global value chains?" *British Journal of Management*, 31(3): 444-446.

Vernon, R. (1971) "Sovereignty at bay: The multinational spread of U.S. enterprises." New York: Basic Books.

Wheeler, D., and Mody, A. (1992) "International investment location decisions: The case of US firms." *Journal of International Economics*, 33 (1-2): 57-76.

Wilson, J. D. (2015) "Understanding resource nationalism: Economic dynamics and political institutions." *Contemporary Politics*, 21(4): 399-416.

Xu, D., and Shenkar, O. (2002) "Institutional distance and the multinational enterprise." *Academy of Management Review*, 27(4): 608-618.

Yayavaram, S., and Ahuja, G. (2008) "Decomposability in knowledge structures and its impact on the usefulness of inventions and knowledge base malleability." *Administrative Science Quarterly*, 53(2): 333-362.

Yeaple, S. R. (2003) "The complex integration strategies of multinationals and cross country dependencies in the structure of foreign direct investment." *Journal of International Economics*, 60(2): 293-314.

Zahra, S. A., and George, G. (2002) "Absorptive capacity: A review, reconceptualization, and extension." *Academy of Management Review*, 27(2): 185-203.

Zeng, Y., Shenkar, O., Lee, S. H., and Song, S. (2013) "Cultural differences, MNE learning abilities, and the effect of experience on subsidiary mortality in a dissimilar culture: Evidence from Korean MNEs." *Journal of International Business Studies*, 44(1): 42-65.

Zhao, M. (2006) "Conducting R&D in countries with weak intellectual property rights protection." *Management Science*, 52(8): 1185-1199.

第 2 章

不確実性と対外直接投資

マクロデータを用いた分析

法政大学経済学部　ブー・トウン・カイ

1．はじめに

　本章では、マクロレベルにおいて投資先の国における不確実性がその国への対外直接投資（以下ではこれを FDI と呼ぶ）にどのように影響するかを実証的に分析する。

　経済には不確実性がつきものである。経済主体は直面する不確実性の下で意思決定を行い、経済活動を展開しなければならないのが一般的である。そのため、不確実性に変化が発生すると、その影響が経済活動に及ぶだろうと直観的にも推測できる。様々な経済活動のなかでも、特に不確実性の役割が重要となるのが投資である。なぜならば、投資の収益は現在から将来にわたるもので、将来には不確実性が伴うからである。

　経済学では不確実性の経済への影響が古くから認識され、研究されてきた[1]。とりわけ投資に関する研究が蓄積されている。理論の文献では、不確

1）J. M. ケインズが1936年の著作『雇用・利子および貨幣の一般理論』で、不確実な状況下における投資家の心理や行動様式についてアニマル・スピリッツ（animal spirits）と特徴づけたという話はよく知られているであろう。

実性が投資を減少させることは十分に理解されている（例えば、Bernanke（1983）、Baldwin and Krugman（1989）、Dixit（1989, 1992）、Caballero（1991）、Stokey（2016）などが挙げられる）。これを説明する多くのモデルは、投資（ここでは物理的資本への投資を指す）が完全または部分的に不可逆的であり、換言すれば、投資には埋没費用（sunk cost）が伴う、という前提に基づいている。この不可逆性を考慮すると、投資プロジェクトの将来のリターンに対する不確実性が高まると、投資家（または企業）は現在の投資を延期し、将来的により多くの情報が得られるのを待つインセンティブを持つ。新しい情報は、より良い意思決定の可能性を高めるからである。

実証の文献では、企業レベルまたは産業レベルで不確実性が FDI に与える影響が研究されてきた。例えば、Russ（2007）は、為替レートの不確実性が多国籍企業（MNEs）の FDI に与える影響を分析している。Handley and Limão（2015）は、貿易政策の不確実性が輸出投資に与える影響を、ポルトガルの欧州共同体加盟を事例として分析しており、その際に特恵貿易協定（PTAs）に焦点を当て、関税の削減がどの程度信頼できるか、逆転の確率がどれぐらいあるかを不確実性の指標として用いている。Julio and Yook（2016）は、米国企業の FDI に対する政策の不確実性の影響を研究しており、政策の不確実性を FDI 受入国での選挙のタイミングを用いて定義している。Chen et al.（2016）は、尖閣諸島／魚釣島に関する2012年の紛争前後における日本の多国籍企業の FDI に対する政策の不確実性の影響を評価している。Inada and Jinji（2020）は、日本の多国籍企業の FDI に対する政策の不確実性の影響を分析しており、政策の不確実性を日本と22か国との間の国際投資協定に関する情報を活用して測定している。これらの実証研究は、理論研究の結果と整合的に、不確実性が FDI に対してマイナスの影響を及ぼすという結果を報告している。

しかしながら、上述の実証文献にはマクロレベルの研究がほとんどない[2]。特に、筆者が知る限り、個別の国を事例として分析するのではなく、

2）この文献群において数少ない研究の1つとして Baker et al.（2016）があり、米国におけるマクロ変数（投資を含む）に対する政策の不確実性の影響を分析している。しかしながら、FDI はこの研究の対象ではない。

様々な側面で異質性を有する多数の国を含むデータを使用した研究は存在しない。そのため、不確実性がマクロレベルで FDI に与える影響に関するエビデンスは極めて限られている。本章の主要な狙いは、このギャップを埋めることである。

　マクロレベルにおける不確実性の FDI への影響に関心を払うべき理由はいくつかある。第一に、既存の研究によってミクロレベルで発見された不確実性の FDI に対する影響が、マクロレベルでも観察されるとは限らない。なぜならば、企業レベルや産業レベルでの影響は、マクロ変数を変化させるには小さすぎるか、これらの影響が互いに相殺し合ってマクロ経済には無関係になる可能性があるからである。第二に、FDI に加えて、我々は他のマクロ変数、特に GDP への影響にも関心がある。不確実性は、FDI を通じてGDP に影響を及ぼす可能性がある。FDI は GDP に影響を与えると考えられているからである。事実、多くの発展途上国では対内 FDI を促進する主な目的の 1 つが、FDI を通じて経済成長を高めることである。この点について、ブー（2022）は、東南アジア諸国のデータを用いて、FDI が GDP にプラスの効果をもたらすエビデンスを提示している。

　上述の研究課題に取り組むため、本章では約30年にわたる75か国のパネルデータ・セットを用いる。また、不確実性の指標として、近年先行研究（Ahir et al. 2022）によって開発された不確実性指数を使用する。研究手法としては、ベクトル自己回帰（VAR：Vector Autoregressive）と呼ばれる時系列計量経済学のモデルを採用する。この手法には、不確実性の内生的な部分をコントロールし、FDI と GDP に対する不確実性の動学的な影響を捉えることができるという利点がある。

　本章の構成は以下の通りである。第 2 節では、本研究の実証分析の手法を説明する。第 3 節では、本研究で用いたデータおよび VAR モデルの推定について述べる。第 4 節では、実証分析の結果を報告する。最後の節では結論を述べる。

2. 実証分析手法

　時系列データを用いて、マクロレベルにおける不確実性の FDI への影響

を分析するために、以下のような、FDI、実質国内総生産（GDP）、および不確実性指数（UI）を内生変数とする構造型ベクトル自己回帰モデルを考える。

$$y_t = B_0 + Ay_t + B_1 y_{t-1} + ... + B_p y_{t-p} + \epsilon_t \tag{1}$$

ただし、t は時間、$y_t \equiv (FDI_t, GDP_t, UI_t)'$ はの内生変数ベクトル、B_0 は 3×1 の定数項ベクトル、$B_i (i = 1, ..., p)$ は 3×3 の係数行列、p はラグの次数、$\epsilon_t \equiv (\epsilon_{FDI, t}, \epsilon_{GDP, t}, \epsilon_{UI, t})'$ は外生的な構造ショックからなるベクトルである。A は、内生変数間の同時点 t の関係を表す 3×3 の係数行列であり、その対角要素がゼロである。なお、ϵ_t の平均がゼロ、共分散がゼロ、分散が 1 と基準化する。

(1)において、各内生変数 FDI_t, GDP_t, UI_t は自身のラグや、他の内生変数の同時点の値とラグに依存する形になっていることに注意しよう。これにより、内生変数間の動学的な相互依存関係を捉えることができる。

本研究の目的からすると、不確実性ショック $\epsilon_{UI, t}$ の FDI_t や GDP_t に対する効果を分析する必要がある。そのためには、(1)の構造型モデルを推定し、このショックを求める必要がある。しかし、(1)では両辺に同時点 t の変数が含まれているため、この構造型モデルを最小二乗法（OLS）で直接に推定するとバイアスが発生してしまう、ということはよく知られている。そこで、(1)を次の誘導型モデルに変換する。

$$y_t = \widetilde{B}_0 + \widetilde{B}_1 y_{t-1} + ... + \widetilde{B}_p y_{t-p} + u_t \tag{2}$$

ただし、$\widetilde{B}_i \equiv D^{-1} B_i (i = 0, ..., p)$, $u_t \equiv D^{-1} \epsilon_t$, $D \equiv I - A$, $I \equiv 3 \times 3$ の単位行列である。なお、u_t は 3×1 の誤差項ベクトルである。(2)は、右辺に定数項やラグ変数といった先決変数しか入っていないので、OLS を用いて推定可能である。

推定される(2)の誘導型モデルから不確実性ショック $\epsilon_{UI, t}$ を識別するためには、このショックに対応する行列 D の第 3 列（これを d_3 とおく）を識別する必要がある。その手続きは次の通りである。

まず、行列 D は(2)の誤差項 u_t の分散共分散行列 Σ_u と次のような関係を持つことに注目しよう。

$$\Sigma_u \equiv E(u_t u_t') = E(D\epsilon_t \epsilon_t' D') = DE(\epsilon_t \epsilon_t')D' = DD' \tag{3}$$

ただし、(3)の導出において、上記の構造ショックベクトルに関する仮定より、その分散共分散行列 Σ_ϵ が単位行列 I であるという結果が利用されていることに注意されたい。

(2)の誘導型モデルの推定結果から Σ_u が得られるが、(3)の関係を満たす行列 D は無数に存在するため、この関係だけでは d_3 を特定することはできない。そこで、本研究では、次のようなゼロ制約を課す。すなわち、不確実性ショック $\epsilon_{UI,t}$ が発生する最初の時点においては FDI_t と GDP_t に与える効果がゼロであり、言い換えれば、このショックの FDI_t と GDP_t への効果が表れるのに少なくとも 1 期以上かかる、という制約である。

このゼロ制約の下では、d_3 は Σ_u のコレスキー分解（Cholesky decomposition）となる下三角行列の第 3 列に等しいことを示すことができる。なお、識別された d_3 と(2)の誘導型モデルの推定結果を使用すると、構造ショックに対するインパルス応答関数を求め、不確実性ショック $\epsilon_{UI,t}$ の各内生変数への効果を算出することが可能となる。

上述のゼロ制約は、一定の妥当性を持つと考えられる。その理由は次の通りである。後述のように、本研究では四半期データを使用するので、1 期は 1 四半期である。この 1 期の長さと、FDI_t と GDP_t のような実物マクロ変数が不確実性ショックに対して調整するのに時間を要するということを併せて考えると、不確実性ショックが発生する最初の時点におけるこの 2 つの変数の反応は小さく[3]、ゼロと見なしても決して非現実的ではないといえる。

3. データと VAR モデルの推定

本研究では1993〜2021年における世界主要75か国を含むパネルデータ・セットを使用した。データの時系列のダイメンションについては頻度が四半期である。また、横断面のダイメンションについては、データセットに含ま

3）この点に関連して、第 3 節で見るデータにおける VAR モデルの各内生変数の同時点の相関係数がほぼゼロに近い（表2-1）ということにも注意しよう。

表 2 - 1　FDI、GDP、GDP 成長率、および不確実性指数に関する記述統計

	FDI	GDP	GDP成長率	不確実性指数
平均値	4.42	11.03	0.74	0.20
中央値	2.59	11.08	0.79	0.14
最大値	402.75	15.37	24.60	2.04
最小値	-190.48	7.35	-28.42	0.00
標準偏差	11.59	1.66	2.28	0.20
データ数	6890	6890	6890	6890

相関係数

	FDI	GDP	GDP成長率	不確実性指数
FDI	1.000			
GDP	-0.077	1.000		
GDP成長率	-0.002	-0.037	1.000	
不確実性指数	-0.052	0.055	-0.049	1.000

注：FDI と GDP のデータは、それぞれ FDI 対 GDP 比率（パーセント）、実質 GDP の自然対数値
　　である。GDP 成長率のデータは実質 GDP の成長率（パーセント）である。
出所：IMF の Balance of Payments and International Investment Position データベース、世界銀行
　　の Global Economic Monitor データベース、および Ahir et al.（2022）のデータをもとに筆者作
　　成。

れる国の詳細が表 2 - 2 で示されている。

　本データセットは、前節で述べた VAR モデルの 3 つの内生変数のデータ
から構成されている。このうち、FDI と実質 GDP のデータは、それぞれ国
際通貨基金（IMF）の Balance of Payments and International Investment
Position データベースと世界銀行の Global Economic Monitor（GEM）デー
タベースから入手した。また、GEM データから名目 GDP のデータも収集し、
FDI のデータと合わせて FDI の対 GDP の比率を算出し、推定に用いた。こ
の指標を使用する理由については、後に述べる。

　本研究の中心的な変数である不確実性指数については、Ahir et al.（2022）
により作成・公表されている World Uncertainty Index（WUI：世界不確実性
指数）のデータを使用した。WUI は、Economist Intelligence Unit が定期的
に作成する国別レポートをもとにしており、そのレポートにおいて「不確実
性」という言葉（またはその変形や類似した意味を持つ言葉）が使用された頻度

表2-2　パネルデータ・セットに含まれる国の一覧表

No.	国名	No.	国名	No.	国名
1	アイルランド	26	コロンビア	51	フィンランド
2	アルゼンチン	27	サウジアラビア	52	ブラジル
3	アルバニア	28	ジョージア	53	フランス
4	イギリス	29	シンガポール	54	ブルガリア
5	イスラエル	30	スイス	55	米国
6	イタリア	31	スウェーデン	56	ベトナム
7	インド	32	スペイン	57	ベラルーシ
8	インドネシア	33	スリランカ	58	ペルー
9	ウクライナ	34	スロバキア	59	ベルギー
10	ウルグアイ	35	スロベニア	60	ポーランド
11	エクアドル	36	タイ	61	ボスニア・ヘルツェゴビナ
12	エジプト	37	チェコ	62	ボリビア
13	エルサルバドル	38	チリ	63	ポルトガル
14	オーストラリア	39	中国	64	香港
15	オーストリア	40	デンマーク	65	ホンジュラス
16	オランダ	41	ドイツ	66	マレーシア
17	ガーナ	42	トルコ	67	南アフリカ
18	カザフスタン	43	ナイジェリア	68	メキシコ
19	カナダ	44	ニカラグア	69	モロッコ
20	韓国	45	ニュージーランド	70	モンゴル
21	ギリシャ	46	日本	71	ヨルダン
22	グアテマラ	47	ノルウェー	72	ラトビア
23	クウェート	48	パラグアイ	73	リトアニア
24	クロアチア	49	ハンガリー	74	ルーマニア
25	コスタリカ	50	フィリピン	75	ロシア

注：パネルデータ・セットについては、本章の第3節参照。
出所：IMFのデータをもとに筆者作成。

を数えることで算出されている。WUIのデータは、1950年代から現在までの世界レベルおよび国別（143か国）レベルにおける四半期データである。このデータは、時期や国を比較できるように標準化されている（例えば、「不確実性」という言葉（またはその変形や類似した意味を持つ言葉）の千語あたりの頻度を算出するなど）。本研究において、このようなWUIのデータが利用可能に

なったことによって、マクロレベルにおける不確実性の FDI に対する影響を多くの国のデータを用いて分析することが可能になった点に言及しておきたい。

入手したデータを次のように加工した。実質 GDP については、自然対数値を求め、その値に100を掛けた[4]。FDI についても、通常ならば同じ処理を行うが、国際収支（balance of payments）の FDI データには負の値が含まれているため、自然対数変換が適用できない[5]。そこで、本研究では、上述のように FDI 対 GDP 比率（パーセント表示）という指標を算出し、それを FDI の代用変数として使用した。

各変数の記述統計は表 2 - 1 に示されている。この表から、FDI が GDP よりも変動性がかなり高いことが確認できる。そのため、FDI 対 GDP 比率と FDI がほぼ同じような動きをしている。したがって、前者を後者の代用変数として利用できると考えられる。また、同表から、同時点における各変数の間の相関係数がゼロに近いこともわかる。

以上で述べたデータを用いて前節で説明した(2)の誘導型モデルの推定を行った。その際に、四半期データであることを踏まえてラグの次数 p を 4 に設定した。推定は、国ごとの時系列データを用いた VAR モデル、およびパネルデータ・セット全体を用いたパネル VAR モデルという 2 つのケースに分けて実施した。なお、パネル VAR モデルには国固定効果（country-fixed effects）を含めた。

4. 実証分析結果

本節では第 2 節で説明した実証分析モデルの推定結果を述べる。その際に、いくつかの国の時系列データを用いた VAR モデルと、すべての国デー

4）この変換により、後に図 2 - 1 と図 2 - 2 で示される GDP の変化の数値はパーセントという解釈になる。

5）これは、ミクロデータを用いた研究と異なる点である。なお、（対内）FDI が負になるのは、非居住者が保有した当該国の資産を売却する（いわゆる負の投資）という場合に対応する。実際の国際収支の FDI データを見ると、国や時期によっては負の値が多く存在し、決して珍しいものではない。

タを含むパネルデータ・セットを用いたパネル VAR モデル、という 2 つの
ケースに分けて結果を見ていく。

4.1 国ごとの時系列データを用いた推定結果

　ここでは国ごとの時系列データを用いた VAR モデルの推定結果を説明す
る。分析事例として中国、タイ、メキシコ、南アフリカの 4 か国を取り上げ
る。図 2-1 は各国における不確実性ショックの効果を示している。この図
では不確実性ショックに対する各変数の反応について、その中央値（実線）
とともに68%の誤差バンド（点線）が示されている。4 か国のグラフにおけ
る「不確実性ショックに対する不確実性の反応」で見られるように、不確実
性ショックは不確実性そのものを第 1 期から増加させ、その効果は約 1 年か
ら 1 年半程度続くものの、次第に小さくなっていく。

　しかし、不確実性ショックに対する FDI と GDP の反応には、各国の間で
かなり異なる結果が観察されている。FDI の反応については、タイでは第
4 期から有意に減少し、その効果はその後も複数期にわたって継続する。こ
の結果は理論と整合的である。また、メキシコと南アフリカでも FDI は一
時的に有意に減少するが、その効果は持続的ではない。一方、中国のケース
では FDI はむしろ（第 3 期から）有意に増加するという結果になっている。
GDP の反応についても、各国間の違いが見受けられている。メキシコと南
アフリカにおいては GDP が持続的に減少するのに対し、中国とタイでは
GDP がむしろ増加する。この後者の結果は、理論と異なるものである。

　以上の国ごとの VAR モデルの推定結果をまとめると、不確実性ショック
が FDI と GDP に与える効果は各国の間に違いがあり、必ずしも理論と整合
的ではないケースも存在する。

4.2 パネルデータを用いた推定結果

　ここでは75か国を対象としたパネルデータ・セットを用いた VAR モデル
の推定結果（図 2-2）を説明する。このパネル VAR モデルの推定において
国固定効果がコントロールされた点に留意されたい。

　図 2-2 において、不確実性ショックに対して FDI と GDP は理論と整合
的な反応を示している。具体的には、両変数とも不確実性ショックが発生し

図2-1　国ごとの時系列データを用いて推定した VAR モデルにおける構造ショックの効果
【中国】

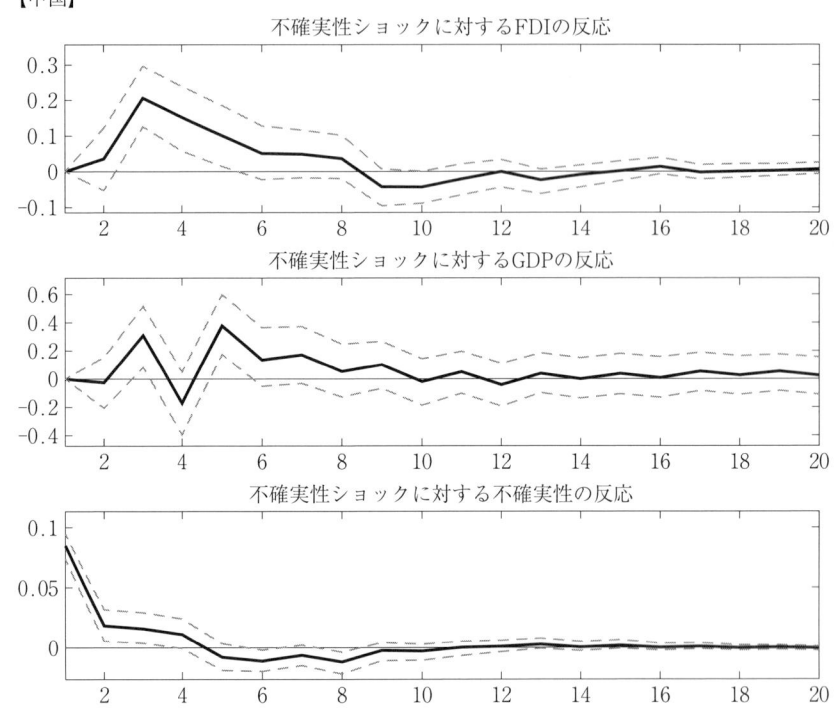

不確実性ショックに対するFDIの反応

不確実性ショックに対するGDPの反応

不確実性ショックに対する不確実性の反応

注：FDI と GDP のデータは、それぞれ FDI 対 GDP 比率（パーセント）、実質 GDP の自然対数値
　　×100である。不確実性ショックは、不確実性指数を1標準偏差増加させるように設定してい
　　る。各グラフにおいて横軸がショック発生後の経過四半期数を示し、縦軸が当該変数の変化率
　　（パーセント）を示す。実線が中央値を、点線が68％の誤差バンドを示す。誤差バンドはブー
　　トストラップ法を用いて算出した。
出所：第2節と第3節で述べた VAR モデルとデータを用いた推定結果をもとに筆者作成。（以下同）

た第1期から有意に減少し、その反応はかなり持続的である。FDI への効
果は次第に消滅していくが、GDP への効果は5年後においてもなお有意に
負のままである。各変数の減少幅が最大となるタイミングについては、FDI
は第3期、GDP は第4期である。このような FDI の減少と GDP の中長期
的な減少の結果は、第1節で述べた「不確実性は FDI への影響を通じて
GDP に影響を与え得る」という可能性を示唆している。なお、不確実性
ショックが GDP に対してマイナスの効果をもたらすことは、Ahir et al.

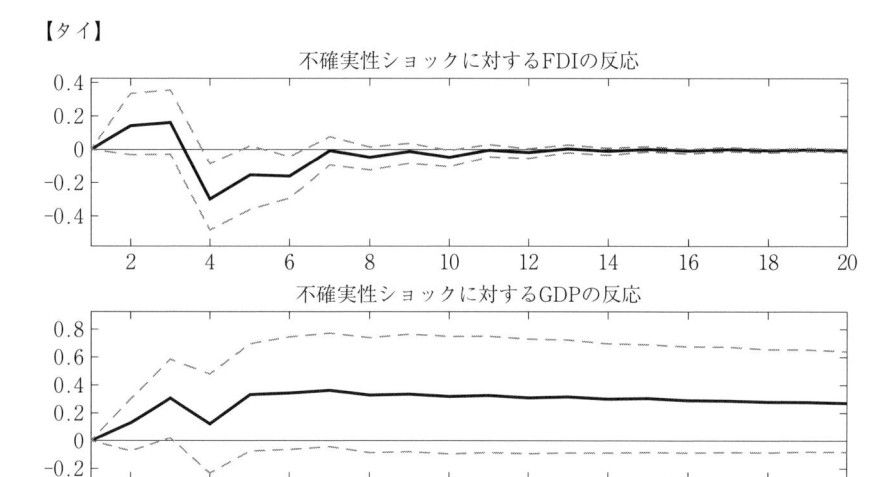

【タイ】

不確実性ショックに対するFDIの反応

不確実性ショックに対するGDPの反応

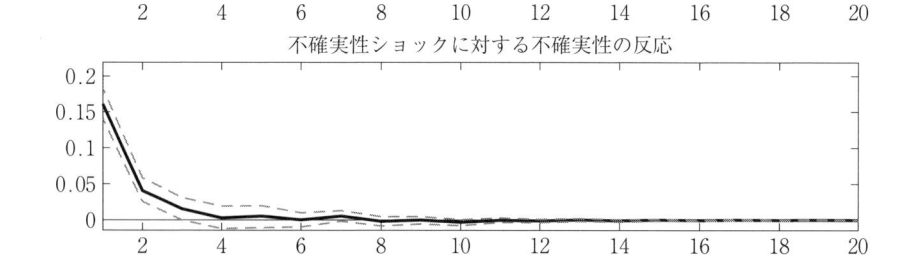

不確実性ショックに対する不確実性の反応

（2022）でも報告されている。一方、マクロレベルにおける FDI へのマイナスの効果を発見したのは、筆者が知る限り本研究が初めてである。

　図 2－2 の結果に基づき、FDI と GDP に対する不確実性ショックの効果を定量的に評価することも可能である。そのためには、まずここでは不確実性ショックが不確実性を 1 標準偏差増加させるものであることに留意しよう。図 2－2 における各変数の反応の中央値の結果より、この不確実性ショックに対して、FDI は最大で0.12％減少し、GDP は最大で0.18％減少する。これらの数値は、表 2－1 で示されたデータセットにおける FDI の標準偏差（11.6％）と GDP 成長率の標準偏差（2.3％）に換算すると、それぞれ0.01 FDI の標準偏差と0.08 GDP 成長率の標準偏差に相当し、かなり小さいものであるといえる。

【メキシコ】

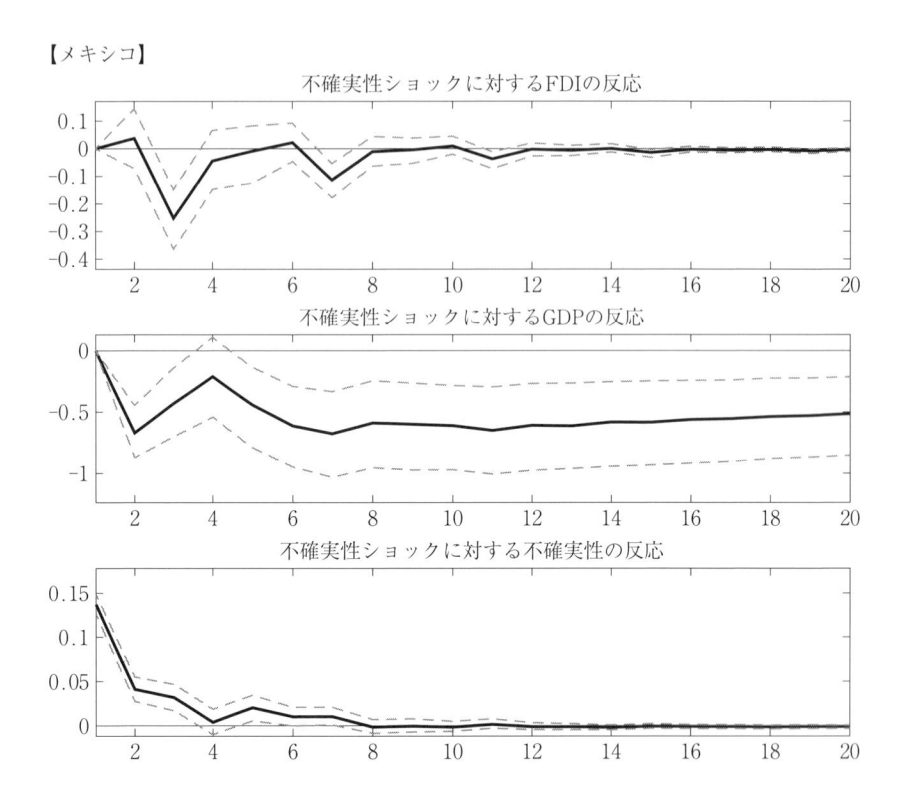

不確実性ショックに対するFDIの反応

不確実性ショックに対するGDPの反応

不確実性ショックに対する不確実性の反応

5．結びに代えて

　不確実性の経済への影響は、経済学において興味深く重要な研究テーマである。不確実性が特に顕著な影響を及ぼし得る経済活動の1つが投資である。投資における不確実性については、これまで理論的にも実証的にも研究が進められてきた。不確実性と対外直接投資（FDI）に関する既存の実証文献では、主に企業や産業といったミクロレベルにおける不確実性の影響を分析しており、マクロレベルの分析はかなり不足しているというのが現状である。

　マクロレベルの分析を行う意味合いの1つは、ミクロとマクロとでは異なるメカニズムが存在し、ミクロレベルで不確実性のFDIへの影響があった

【南アフリカ】

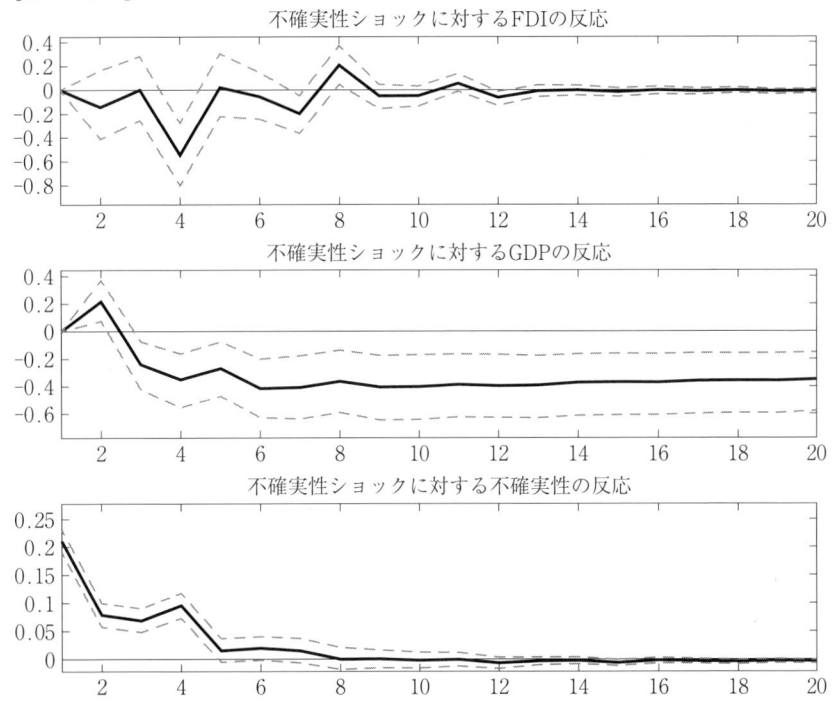

としても、必ずしもマクロレベルでもそのような影響があるとは限らないということである。加えて、不確実性の影響について我々はFDIに対する影響にのみならず、GDPのような主要マクロ経済変数への影響にも関心を持つ。というのも、ブー（2022）で論じられているように、FDIは需要・供給の両面からGDPにプラスの効果をもたらす可能性があり、これが多くの発展途上国が現実で積極的に採用されているFDI促進政策の主な論拠でもある。

　本章では以上の問題意識の下で、世界主要75か国からなるパネルデータ・セットを用いて、不確実性のFDIとGDPへの影響を分析した。分析手法としては、不確実性の内生性問題に対処し、不確実性の動学的影響を捉えることが可能であるベクトル自己回帰（VAR）モデルを採用した。

　本章の主な分析結果は次の通りである。国別の時系列データを用いた

図2-2　世界主要75か国からなるパネルデータを用いて推定したVARモデルにおける
　　　構造ショックの効果

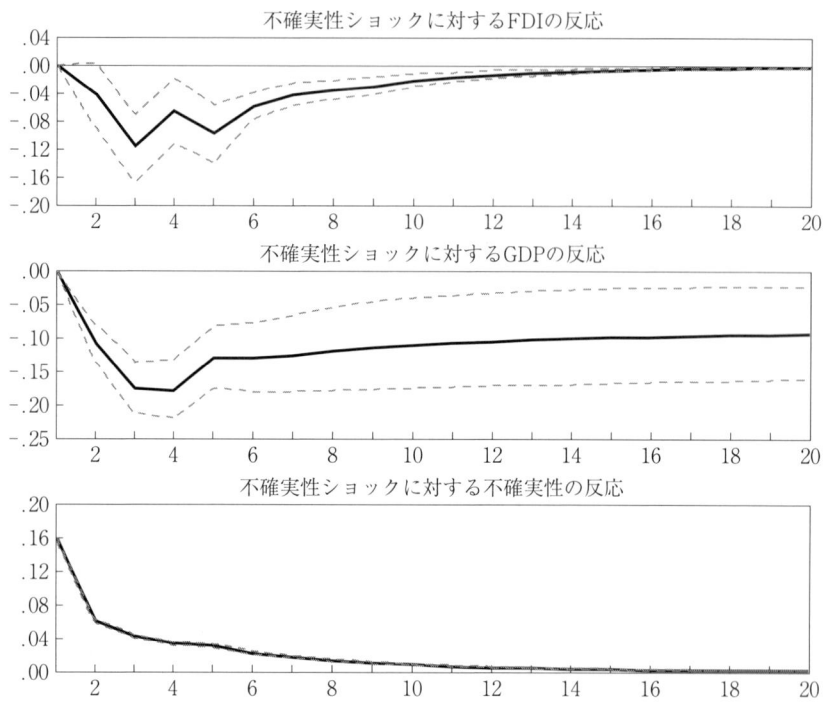

VARモデルの下では、不確実性の影響が国によって大きく異なり、理論と整合的なケースとそうでないケースが混在していることが示された。しかし、すべての国を含むパネルデータ・セットを用い、かつ国固定効果をコントロールしたパネルVARモデルの下では、理論と整合的に、不確実性がFDIとGDPに対しマイナスの影響を与えることが示された。さらに、GDPへの影響はFDIへの影響よりも持続的である。また、定量的には、不確実性を1標準偏差増大させる不確実性ショックは、最大でFDIを0.01標準偏差、GDP成長率を0.08標準偏差減少させる。このように、マクロレベルにおいても不確実性はFDIに負の影響を及ぼすということが認められるが、定量的にはその影響はかなり小さいと結論づけられる。

参考文献

Ahir, Hites, Nicholas Bloom, and Davide Furceri（2022）"The World Uncertainty Index," *NBER Working Paper* No. 29763.

Baker, Scott R., Nicholas Bloom, and Steven J. Davis（2016）"Measuring Economic Policy Uncertainty," https://www.policyuncertainty.com/media/EPU_BBD_Mar2016.pdf より入手可能。

Baldwin, Richard and Paul Krugman（1989）"Persistent Trade Effects of Large Exchange Rate Shocks," *Quarterly Journal of Economics,* 104(4): 635-654.

Bernanke, Ben S.（1983）"Irreversibility, Uncertainty, and Cyclical Investment," *Quarterly Journal of Economics,* 98(1): 85-106.

Caballero, Ricardo J.（1991）"On the Sign of the Investment-Uncertainty Relationship," *American Economic Review,* 81(1): 279-288.

Chen, Cheng, Tatsuro Senga, Chang Sun, and Hongyong Zhang（2016）"Policy Uncertainty and Foreign Direct Investment: Evidence from the China-Japan islands dispute," *The Research Institute of Economy,* Trade and Industry（RIETI）Discussion Paper Series 16-E-090.

Dixit, Avinash（1989）"Entry and Exit Decisions under Uncertainty," *Journal of Political Economy,* 97(3): 620-638.

Dixit, Avinash（1992）"Investment and Hysteresis," *Journal of Economic Perspectives,* 6(1): 107-132.

Handley, Kyle and Nuno Limão（2015）"Trade and Investment under Policy Uncertainty: Theory and Firm Evidence," *American Economic Journal: Economic Policy,* 7(4): 189-222.

Inada, Mitsuo and Naoto Jinji（2020）"To What Degree does Policy Uncertainty Affect Foreign Direct Investment? Micro-evidence from Japan's International Investment Agreements," *The Research Institute of Economy,* Trade and Industry（RIETI）Discussion Paper Series 20-E-022.

Julio, Brandon and Youngsuk Yook（2016 JIE）"Policy uncertainty, irreversibility, and cross-border flows of capital," *Journal of International Economics,* 103: 13-26.

Russ, Katheryn Niles（2007）"The endogeneity of the exchange rate as a determinant of FDI: A model of entry and multinational firms," *Journal of International Economics,* 71: 344-372.

Stokey, Nancy L.（2016）"Wait-and-see: Investment options under policy uncertainty," *Review of Economic Dynamics,* 21: 246-265.

ブー・トゥン・カイ（2022）「東アジアにおける FDI と輸出、GDP の関係―ベトナムの

ケースを中心に」、植村仁一編『マクロ計量モデルの活用』第3章、アジア経済研究所

経済予測のばらつき指標の作成とその特徴

ESP フォーキャスト調査・パネルデータに基づく分析

東京科学大学工学院　森田　裕史／日本経済研究センター　松尾　朋紀

1. はじめに

　経済の不確実性が高い状況下では、現在から先行きにかけての景気動向について コンセンサスが取りにくく、経済主体の意思決定は困難となり、経済活動が停滞する可能性がある。例えば、先行きに対する不確実性が高くなったコロナ禍では、企業の意思決定が困難となり設備投資が停滞し、家計も予備的な貯蓄を増やしたため消費が落ち込んだ。

　このように、不確実性の変化がマクロ経済変動に与える影響は無視できないため、その推移を定量的に把握することは重要である。ただし、不確実性を直接目に見える形で計測することは難しい。そこで本章は、民間エコノミストを対象として日本経済の先行きを調査した ESP フォーキャスト調査を利用して、不確実性に関する新しい指標（ばらつき指標）を構築し、この指標と主要な経済変数との関係性について考察した。具体的には、実質 GDP 成長率、コアインフレ率、および失業率に対する調査回答者（フォーキャスター）間の事前予測のばらつきの大きさを不確実性と定義し、それらの不確実性指標の特徴、さらには、不確実性の高まりが設備投資、耐久財消費、および、銀行の貸出スタンスといったマクロ経済変数に及ぼす影響を分析し

た。指標の構築に当たっては、どの経済変数を対象とした予測か、あるいは何期先の予測か、という観点に応じて複数通りの計算を行っている。

不確実性は、それを計測する画一的な手法が存在しないため、篠原ら（2020）がレビューしているように、どのような不確実性に注目するかに応じていくつかの手法や指標が提案されている。まず、本章に最も類似するのは、本章と同様に民間エコノミストへの調査を利用した Scotti（2016）のエコノミック・サプライズ指標（ES 指標）である。ES 指標は、主要経済変数に関しての予測誤差から定義され、エコノミストによる事前予測の中央値と事後的に公表される実績値の乖離の大きさを利用して算出されている。したがって、実体経済において先行きが見通しにくく、事前の平均的な期待値と事後の実現値の乖離が大きいような状況が不確実性と定義されている。なお、この指標は特に景気後退期に上昇する傾向があることが報告されている。いつ景気後退期に突入し、それがどの程度の景気後退で、いつ後退を脱するかという部分に不確実性が存在しているためと解釈される。同様に、Bachman et al.（2013）は製造業企業を対象とした生産動向に関する調査を利用して不確実性を定量化している。具体的には、各企業の事前の生産計画と事後の生産実績の乖離の大きさから、不確実性指標を構築した。

Scotti（2016）や Bachman et al.（2013）が実体経済に内在する不確実性を定量化したのに対し、金融市場が直面する不確実性であるインプライド・ボラティリティも広く注目されている。インプライド・ボラティリティは、実際に取引されている株式等のオプション価格から将来の変動率（ボラティリティ）を予測したもので、例えば重要な経済変数が大きく推移したり政情不安が起きたりすると、株価の変動が予想されインプライド・ボラティリティは大きくなる。米国のシカゴオプション取引所が S&P500 を対象に作成する VIX 指数や、日経平均オプションをもとに算出される日経 VI が具体的な指標として著名である。

これらの他には、Baker et al.（2016）で提案された経済政策不確実性指数（EPU 指数）がある。これは財政・規制・金融政策に対する不確実性に言及した新聞記事の掲載頻度に着目して算出された指数である。日本経済に関しても、Saxegaard et al.（2022）が Baker et al.（2016）の手法を踏襲して、日本の政策不確実性指標を作成・公表している。

本章のばらつき指標は、実体経済の直面する不確実性を民間エコノミスト調査から定量化した点でScotti（2016）と類似するものの、次の点で独自の特徴を持っている。まず、Scotti（2016）が事前予測と実績値の乖離を不確実性と呼んでいるのに対し、本章は事前予測のばらつきの大きさを不確実性と呼んでいる。すなわち、前者の不確実性が事前に予想のできない"Surprise"に注目しているのに対し、本章は将来に関する確率分布の大きさに注目している。さらに、本章は日本にフォーカスした予測調査であるESPフォーキャスト調査を利用した初めての研究である。

　分析の結果、本章のばらつき指標は次のような特徴を持つことがわかった。まず、どの経済変数から算出される指標も景気後退期の終盤から直後にかけて大きくなる傾向が見られた。次に、経済変数別には、失業率に由来する指標とGDPに由来する指標との間に高い相関が見られた一方、コアインフレ率から算出される指標はやや独立した動きをしていた。ただし、失業率由来の指標は相対的に小さな値だった。最後に、ベクトル自己回帰（VAR：Vector Autoregressive）モデルを用いた分析の結果、本章の指標の高まりが設備投資や貸出スタンスを有意に押し下げることがわかった。

　本章の構成は以下の通りである。第2節では指標構築の前提となるESPフォーキャスト調査について概説する。第3節では具体的な指標の構築方法を紹介し、その特徴の統計的な確認や他の不確実性との比較を行う。第4節ではVAR分析を踏まえて本章の指標の変動がマクロ経済変数に及ぼす影響を検証し、第5節でまとめと今後の研究への展望を述べる。

2．ESP フォーキャスト調査

　ESPフォーキャスト調査は、日本経済の将来予測を行っている民間エコノミスト約40名を対象に毎月実施されている調査である。内閣府が所管していた経済企画協会が2004年4月から開始したもので、2012年4月からは日本経済研究センターに引き継がれている。調査事項は日本経済の主要な指標の予測値や総合景気判断等で、この集計結果から、今後の経済動向や景気の持続性などについてのコンセンサスを明らかにする目的がある。

　調査は年度予測（当該年度から最大2年度先まで）と四半期予測（当該四半期

から最大2年度先の最終四半期まで）から成る。前者は25項目を尋ねており、主な構成要素は支出側 GDP とそのコンポーネント（11項目）であり、物価・金融関連（5項目）がそれに続く。一方四半期予測では、実質 GDP とその主要なコンポーネント、コアインフレ率、失業率、鉱工業生産指数に加えて株価や為替など金融指標が調査されている。

　調査の回答期限は毎月10日ごろ、結果は同月15日前後に公表される。したがって、回答者は毎月末に発表される指標を見た後に調査票を記入することとなる。ただし、15日前後に公表されることが多い一次 QE などは見ることができない。

3．予測値のばらつきに基づく不確実性の指標化

3.1　ばらつき指標の作成方法

　本章では、時点 t における変数 i の h 期先予測値のばらつき（disagreement）を、

$$d_{thi} = \sqrt{\frac{1}{N} \sum_{j=1}^{N} (F_{j,\,thi} - \bar{F}_{thi})^2}$$

(1)

と定義し、これを不確実性指数とする。ここで、$F_{j,thi}$ はフォーキャスター j の時点 t における h 期先の変数 i の予測値、$\bar{F}_{thi}$ は時点 t の h 期先の変数 i の予測値の平均値、N は時点 t において h 期先の予測値を報告したフォーキャスターの人数を表している[1]。つまり、フォーキャスター間の予測値の標準偏差をばらつき指標としている。今回利用可能な2004年4月から2020年3月までのすべての期間で予測値のデータが公表されていた実質 GDP 成長率（前期比年率%）、コアインフレ率（生鮮食品を除く消費者物価指数の前年同月比、%）、完全失業率（%）の3つの変数について、(1)式に基づいてばらつき指標を作成した。

---

1 ）予測値を報告するフォーキャスターの人数は時点 t、予測期間 h、および、変数 i にごとに異なりうるため N_{thi} と表記するのが正しいが、ここでは単純に N と表記している。

データ上で公表されている予測対象四半期は各時点で異なっており、時点 t を基準として1四半期前 ($h = -1$) から8四半期先 ($h = 8$) となっている。例えば、実質 GDP 成長率については、3月、6月、9月、12月以外の調査月時点ではまだ1四半期前の GDP 統計が公表されていないため、フォーキャスターは t 期時点から見れば過去の値となる1四半期前 ($h = -1$) の実質 GDP 成長率の予測値も報告している。さらに、すべての調査月時点でその時点が含まれる四半期の実績値は公表されていないため、ナウキャスト (Nowcast) と呼ばれる足元 ($h = 0$) の経済変数の予測値も毎月報告されている。一方で、フォーキャスターは各月の調査で来年度末までの予測値を答えることになっているため、1月から3月までの調査では最大の8四半期先 ($h = 8$) まで、10月から12月の調査では最小となる5期先 ($h = 5$) までの予測値を答えている。したがって、すべての期間で利用可能な予測対象四半期は0期先 ($h = 0$) から5期先 ($h = 5$) であり、このうち完全に先の経済を予測する1期先から5期先までの予測と予測時点で部分的にはいくつかの情報が利用可能なナウキャストでは性質が異なると考えられるため、本章では1期先から5期先予測までのばらつきについてその特徴を確認する。

3.2　ばらつき指標の特性

　まず、(a)実質 GDP 成長率、(b)コアインフレ率、(c)完全失業率の予測値のばらつきについて、それらの時系列方向の動向を確認する。図3-1は、それぞれの変数について2004年4月から2020年3月までの各時点における1四半期先 ($h = 1$) から5四半期先 ($h = 5$) までの予測のばらつきを図示している。図中の灰色部分は、内閣府経済社会総合研究所が公表している景気基準日付に基づく景気後退期である。

　いずれの経済変数についても不確実性の高い時期と景気後退は必ずしも対応しない。景気後退局面においては、その悪化幅に対する見方のばらつきは存在し得るものの、指標の方向性についてはエコノミスト間で同意が取れているのだろう。むしろ、景気後退期直後に不確実性が高まる傾向にある。足元で景気後退を脱却しているかどうか、エコノミスト間で判断が割れることと対応した動きと見られる。

　経済変数間でばらつきの大小を比較すると、実質 GDP 成長率で最も高

図3-1　ばらつき指標の時系列データ

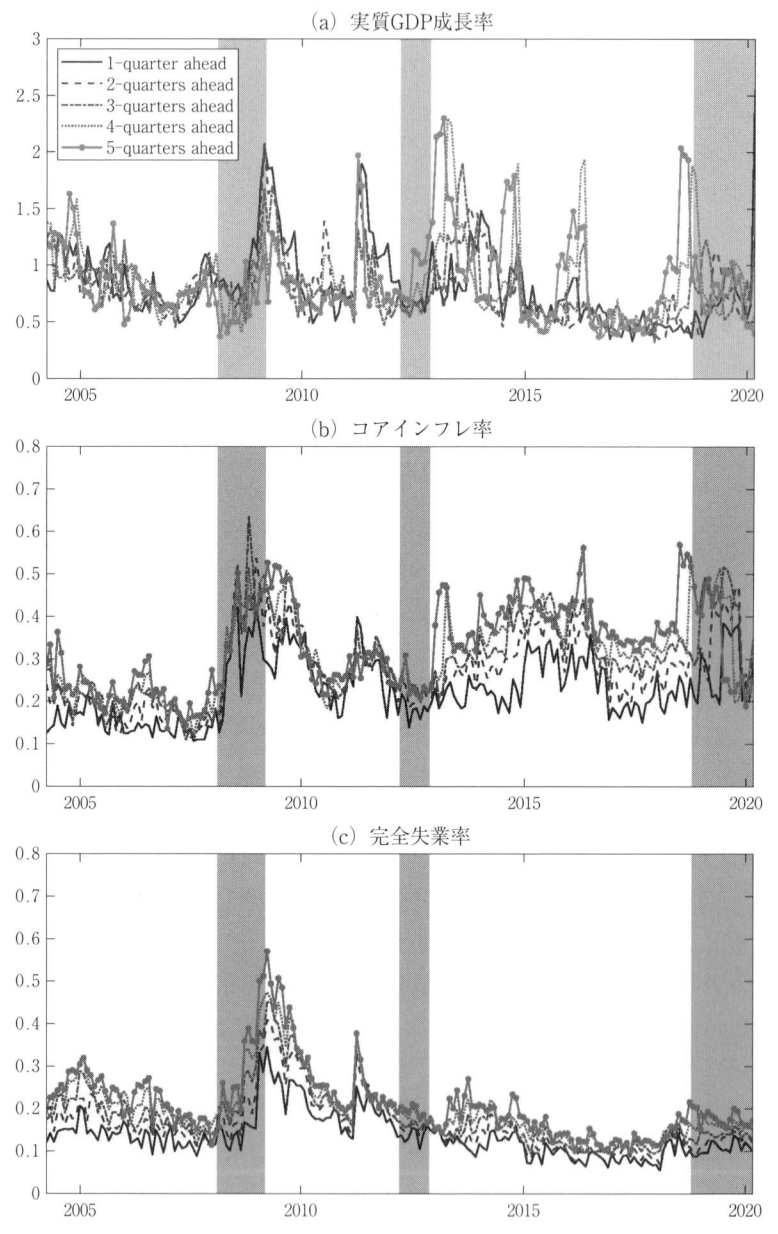

注：灰色部分は景気後退期を表している。

く、次いでコアインフレ率、失業率となる。日本では、失業率の実績値が
ESP フォーキャスト調査開始以降低位安定で推移しており、このことが予
測値のばらつきにくさにつながっている。コアインフレ率については、予測
の作成作業の特性を踏まえた解釈が可能である。コアインフレ率の予測は、
実体経済の需給を踏まえて作成される部分に加えて、政策効果やエネルギー
価格といった外生要因についての、統計作成基準に基づいた機械的な計算か
ら作成される部分が存在する。前者についてはエコノミスト間でばらつきが
存在し得る一方、後者についてはばらつきが相対的に小さくなり、コアイン
フレ率全体で見た時のばらつきが抑制されたと考えられる。

　なお、いずれの経済変数についても、より先の期の予測でばらつきが大き
い。実際に、各変数の予測期間ごとの予測のばらつきの相関関係について確
認する。表3-1は同一変数の予測期間ごとの予測のばらつきの相関関係を
示しており、先の期になるほど相関係数が小さくなる結果は直感的である。
ただし、指標自体の変動が小さい失業率は、先の期であっても相関係数が小
さくなりにくい。

　表3-2では変数間の予測値のばらつきの相関関係を予測対象期間ごとに
整理している。実質 GDP 成長率と失業率の間のばらつきの相関関係は、他
の組み合わせと比べて大きい。一般に GDP は景気と順相関、失業率は逆相
関であるとされるため、エコノミストが予測値を作成するにあたっても、両
者は逆相関で連動するよう設計されるとみられる。したがって、景気に対す
る大きな見方のばらつきを通して、両者のばらつきを生んでいる。一方コア
インフレ率については実質 GDP 成長率や失業率からは独立している。コア
インフレ率の予測では作成過程で考慮される外生要因が他の指標より多いた
め、景気と連動しない部分が予測値に一定程度含まれていると考えられる。

　最後に、予測対象期間ごとの予測のばらつきにどのような特徴があるかを
検証するために以下の式を推計する。

$$d_{thi} = \rho_2 H_2 + \rho_3 H_3 + \rho_4 H_4 + \rho_5 H_5 + \sum_{t=2}^{T} \delta_t + \sum_{i=2}^{3} \gamma_i + c + \varepsilon_{thi}, \qquad (2)$$

ここで、左辺の d_{thi} は(1)式と同様に時点 t における変数 i の h 期先予測値の
ばらつきを、右辺の H_j は j 期先予測の場合に 1 を取るダミー変数（$j = 2, \cdots, 5$）、
δ_t は時点ダミー（$t = 2, \cdots, T$）、γ_i は各変数の固定効果ダミー（$i = 2,3$）を表

表 3 - 1　同一変数内の予測期間ごとの相関係数

(a) GDP	$h=1$	$h=2$	$h=3$	$h=4$	$h=5$
$h=1$	1				
$h=2$	0.75	1			
$h=3$	0.53	0.69	1		
$h=4$	0.28	0.35	0.59	1	
$h=5$	0.20	0.22	0.27	0.61	1
(b) コアインフレ率	$h=1$	$h=2$	$h=3$	$h=4$	$h=5$
$h=1$	1				
$h=2$	0.89	1			
$h=3$	0.81	0.90	1		
$h=4$	0.67	0.78	0.88	1	
$h=5$	0.53	0.65	0.72	0.86	1
(c) 完全失業率	$h=1$	$h=2$	$h=3$	$h=4$	$h=5$
$h=1$	1				
$h=2$	0.96	1			
$h=3$	0.93	0.97	1		
$h=4$	0.90	0.94	0.98	1	
$h=5$	0.86	0.90	0.94	0.97	1

している。したがって、H_j の係数 ρ_j は時点と変数固有の影響をコントロールした上で、各予測対象期間における平均的なばらつきが1期先予測のばらつきと比較してどれだけ大きいかを表している。

　表 3 - 3 では、すべての変数をプールした場合（①）、および、変数ごと（②〜④）の推計結果を示している。

　プールドデータの推計結果の通り、予測期が先になるほど、1期先予測と比べて予測のばらつきが大きくなる。この点はコアインフレ率や失業率についても同様だ。ただし、実質 GDP 成長率については、どの程度先の期であるかに関わらず予測のばらつきに有意な差が見られない。この結果には2つの解釈が考えられる。まず、GDP 予測のばらつきは、様々な情報を駆使してもなお見方が割れることから発生するのみならず、先行きの景気動向に対

表3-2　変数間の予測値のばらつきの相関関係

$h=1$	GDP	コアインフレ率	完全失業率
GDP	1		
コアインフレ率	0.25	1	
完全失業率	0.59	0.26	1

$h=2$	GDP	コアインフレ率	完全失業率
GDP	1		
コアインフレ率	0.12	1	
完全失業率	0.60	0.22	1

$h=3$	GDP	コアインフレ率	完全失業率
GDP	1		
コアインフレ率	0.03	1	
完全失業率	0.41	0.15	1

$h=4$	GDP	コアインフレ率	完全失業率
GDP	1		
コアインフレ率	0.15	1	
完全失業率	0.21	0.10	1

$h=5$	GDP	コアインフレ率	完全失業率
GDP	1		
コアインフレ率	0.23	1	
完全失業率	0.12	0.13	1

して強気か弱気かという態度にエコノミスト間で差があることからも生じ得る。後者のような予測期間を通して埋まらない差の存在が、この結果を生んでいる可能性がある。また、GDP は複数のコンポーネントから構成されている。したがって、コンポーネント単位で存在するばらつきが GDP への集計時に部分的に打ち消しあい、全体としての傾向が見えなくなっている可能性も指摘できる。

表3-3 予測対象期間ごとの予測のばらつきに関する推計結果

	① プールドデータ	② GDP	③ コアインフレ率	④ 完全失業率
$H2$	0.014 (0.011)	-0.030 (0.026)	0.046*** (0.005)	0.025*** (0.002)
$H3$	0.031*** (0.011)	-0.023 (0.026)	0.073*** (0.005)	0.044*** (0.002)
$H4$	0.055*** (0.011)	0.014 (0.026)	0.087*** (0.005)	0.062*** (0.002)
$H5$	0.075*** (0.011)	0.047* (0.026)	0.101*** (0.005)	0.078*** (0.002)
$Adj.R^2$	0.744	0.547	0.833	0.935
$Obs.$	2880	960	960	960

注：***は1％水準、*は10％水準で有意であることを示す。

3.3 その他の不確実性指標との関係

表3-4では、本章のばらつき指標と、その他の代表的な不確実性指標との関係性を示している。

EPU指標はコアインフレ率との相関関係が最も高い。コアインフレ率の予測は、補助金政策や税率変更といった政策がどのような内容でいつから実施されるかに関する見通しによってばらつく側面がある。一方EPU指標も、やはり政策の実施内容や時期に関する不確実性を捉えている。この共通点が両者の相関性を高めている。

日経VIについては、実質GDP成長率、コアインフレ率、および失業率で相関係数に大きな差は見られない。日経VIは金融市場に存在する不確実性に注目しているのに対し、本章のばらつき指標は実体経済の直面する不確実性に焦点を当てている。この特性の違いはいずれの経済変数に対しても存在しており、結果として変数間では差が見られない。

最後に、ES指標は実質GDP成長率や失業率の予測のばらつきとの相関関係が大きい。ES指標は予測のばらつきを利用した不確実性指標であり、基本的な性質は本章で計算する不確実性指標と似ている。ただし、Scotti (2016) で提示されている日本のES指標算出のバックデータには、GDPと失業率がリストアップされている一方、コアインフレ率は含まれない。この

表3-4　その他の不確実性指標との相関関係

(a) EPU指標	GDP	コアインフレ率	完全失業率
$h = 1$	0.182	0.450	0.175
$h = 2$	0.102	0.452	0.149
$h = 3$	−0.005	0.434	0.100
$h = 4$	−0.010	0.382	0.081
$h = 5$	−0.061	0.247	0.079

(b) 日経VI	GDP	コアインフレ率	完全失業率
$h = 1$	0.330	0.336	0.273
$h = 2$	0.321	0.349	0.286
$h = 3$	0.235	0.334	0.311
$h = 4$	0.148	0.290	0.351
$h = 5$	−0.023	0.211	0.362

(c) ES指標	GDP	コアインフレ率	完全失業率
$h = 1$	0.462	0.115	0.391
$h = 2$	0.326	0.061	0.406
$h = 3$	0.218	0.003	0.379
$h = 4$	0.182	−0.062	0.343
$h = 5$	0.241	−0.027	0.329

違いが、相関係数の大きさの違いを生んでいるとみられる。

4．VAR分析

　本節では、ベクトル自己回帰（VAR：Vector Autoregressive）モデルを用いて、予測値のばらつきから作成した指標の変動がマクロ経済変数に及ぼす影響を検証する。同様の VAR 分析をいくつかの不確実性指標を対象にして行った篠原ら（2020）の結果と比較が行えるように、彼らに倣い表3-5に示す3つの定式化の下で VAR モデルを推計し、①設備投資、②耐久財消費、③銀行の貸出スタンスへの影響を確認する。これら3つの変数の反応によって、不確実性の高まりが経済に影響を与える①リアルオプション・チャ

表 3-5　VAR モデルに含める変数

モデル①	モデル②	モデル③
不確実性指標	不確実性指標	不確実性指標
鉱工業生産指数	鉱工業生産指数	鉱工業生産指数
設備投資	耐久財消費	株価（TOPIX）
株価（TOPIX）	株価（TOPIX）	貸出態度判断DI
名目賃金	名目賃金	名目賃金
GDPデフレータ	GDPデフレータ	GDPデフレータ
コールレート	コールレート	コールレート
M2	M2	M2

ネル、②予備的貯蓄チャネル、③金融摩擦チャネルの３つの経路の存在をそれぞれ確認する。理論モデルに基づけば、不確実性の高まりは設備投資と耐久財消費を低下させて、銀行の貸出スタンスを厳格化させると考えられている[2]。

　VAR 分析のサンプル期間は2004年第２四半期から2019年第４四半期までで、サンプル期間の開始時期は ESP フォーキャスト調査のデータが2004年４月から公表されていることによるものであり、終了時期は新型コロナウイルス・パンデミックの直前までとしている。新型コロナウイルス・パンデミック時の不確実性の高まりも分析対象とするのが望ましいが、今回利用できる ESP フォーキャスト調査のデータが2020年３月までしかなく１四半期分しか追加できないため、新型コロナウイルス・パンデミックの期間はあえて推計に含めないことにした。また、VAR モデルに含めるいくつかの変数は四半期データでしか公表されていないため、月次で利用可能なデータも四半期で平均を取って分析に使用している。

　不確実性指標について、本章ではこれまで見てきたように実質 GDP 成長率、コアインフレ率、完全失業率の３変数の１期先から５期先までの予測値のばらつき、すなわち、合計15個のばらつき指標の時系列データを構築した。VAR 分析では、これらの情報をすべて利用するために、15個の系列に対して主成分分析を行い、そこで得られた第一主成分を不確実性指標として

　2）３つのチャネルに関する詳しい説明は、篠原ら（2020）を参照のこと。

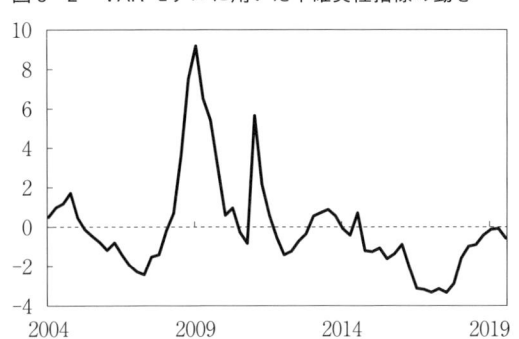

図3-2　VAR モデルに用いた不確実性指標の動き

VAR モデルに含めている。推計に利用した不確実性指標の動きは図3-2で示している。また、実際の推計では表3-5に示した変数のうちで、不確実性指標、コールレート、貸出態度判断 DI 以外は対数値を取り、VAR モデルに含めている[3]。

　不確実性ショックの識別は、篠原ら（2020）と同様に、表3-5の順番で変数を並べた上で、コレスキー分解を行った。したがって、不確実性指標は最も外生的な変数であると想定している。さらに、サンプルサイズが63と小さいため、VAR モデルのラグの次数は2に設定した。

　図3-3は不確実性ショックに対する設備投資、耐久財消費、貸出スタンスのインパルス応答関数を表している。不確実性ショックは、設備投資や貸出スタンスを有意に押し下げる。耐久財消費については、押し下げ方向に影響するものの統計的な有意性はない。これらの結果を篠原ら（2020）と比較すると、いずれの反応も篠原ら（2020）において株式ボラティリティ指標を用いた場合と近い形状になっていることがわかる。株式ボラティリティ指標と本章の不確実性指標では、注目する先が金融市場か実体経済かで違いはあるものの、ばらつきの大きさを捉えている点が共通している。株式ボラティリティ指標の高い状況は、予想される先行きの相場変動の幅がプラスマイナス双方に大きいことを意味するため、金融市場参加者の間で先行きの見方に大きなばらつきが存在する状況と解釈できる。同様に、本章の不確実性指標

3）VAR モデルに含める変数の出所については補論 A にまとめている。

図3-3　不確実性ショックに対するインパルス応答関数

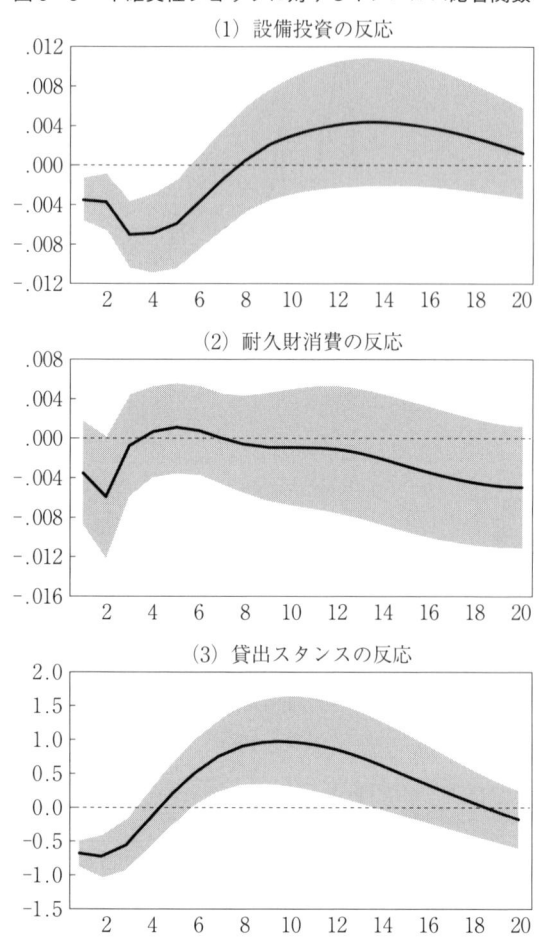

(1) 設備投資の反応

(2) 耐久財消費の反応

(3) 貸出スタンスの反応

は実体経済に関するエコノミスト間の予測のばらつきを利用したものであった。この共通点が、ショックに対するインパルス応答の結果の類似を生んだ可能性がある。

5．結論

　本章では、日本経済を対象とした民間エコノミスト調査である ESP

フォーキャスト調査を利用して、不確実性を測る新たな指標を構築した。本章の指標は、次のような特徴を持つ。まず、フォーキャスター間の事前予測のばらつきの大きさを不確実性と定義しており、足元の景気動向や将来に関するコンセンサスの取りにくさを不確実性として捉えている。次に、どの経済変数を対象とした予測か、あるいは何期先の予測か、という観点に応じて複数通りの指標を計算したが、そのいずれも景気後退期の終盤から直後にかけて大きくなる傾向が見られた。足元で景気後退期を脱却しているかどうか、フォーキャスター間で判断が割れることと対応した動きと見られる。最後に、VAR 分析から本章の指標から定量化される不確実性ショックは、設備投資や貸出スタンスを有意に押し下げることが確認された。

不確実性については、本章で焦点を当てた予測のばらつきが大きい状況に加えて、ES 指標のように事前の期待値と事後の実現値の乖離が大きいような状況、あるいは事前予想が時間の経過とともに大きくアップデートされるような状況からも定義可能である。これらの状況は、いずれも ESP フォーキャスト調査のようなサーベイ調査から定量化可能であるため、その比較を通して、不確実性がマクロ経済に及ぼす影響とその経路について、研究を進めることができるかもしれない。

また、不確実性の利用方法についても今後の研究が期待される。特に ES 指標のような不確実性は、事前予測を事後的な実績値で評価している観点から、景気変動に対して「前もって」有益な情報を得られる可能性は低い。不確実性指数の特性に応じた景気分析上の使用法について整理をすることは、景気分析上も有益と考えられる。

参考文献

篠原武史・奥田達志・中島上智（2020）「マクロ経済に関する不確実性指標の特性について」『日本銀行ワーキングペーパーシリーズ』No.20-J-7

Bachmann, R., Elstner, S., and Sims, E.（2013）"Uncertainty and Economic Activity: Evidence from Business Survey Data," *American Economic Journal: Macroeconomics*, 5 (2): 217-249.

Baker, S., Bloom, N., and Davis, S.（2016）"Measuring Economic Policy Uncertainty," *The Quarterly Journal of Economics*, 131（4）: 1593-1636.

Saxegaard, E. C. A., Davis, S. J., Ito, A., and Miake, N.（2022）"Policy Uncertainty in Japan," *Journal of the Japanese and International Economies*, 64: 101192.

Scotti, C.（2016）"Surprise and uncertainty indexes: Real-time aggregation of real-activity macro-surprises," *Journal of Monetary Economics*, 82: 1-19.

補論A　データの出所

　VAR 分析で使用したデータの詳細は、補論表 3 – 1 の通りである。

補論表 3 − 1　VAR 分析に使用したデータ

系列名	原データの単位	原データの更新頻度	VAR分析時のデータ処理方法	出典
不確実性指標	本文中に記載の通り			
鉱工業生産指数	指数、季調値、2015年＝100	月次	対数変換	経済産業省『鉱工業指数』
設備投資	原系列、10億円	四半期	対数変換	財務省『法人企業統計』
株価（TOPIX）	指数、原系列、1968年1月4日＝100	日時	対数変換	東京証券取引所
名目賃金	指数、原系列、2020年＝100	月次	対数変換	厚生労働省『毎月勤労統計』
GDPデフレータ	指数、季調値、2015年＝100	四半期	対数変換	内閣府『四半期別GDP速報』
コールレート	原系列、％	日時		日本銀行
M2	原系列、10億円	月次	対数変換	日本銀行

第4章

不確実性の下での生産とグローバル・ソーシング

横浜国立大学大学院国際社会科学研究院　陳　雨婷／法政大学経済学部　倪　彬

1．はじめに

　多国籍企業が支配するグローバル・ソーシングは、ここ数十年の国際貿易を大きく変えた。このようなトレンドの特徴の1つは、供給源の多様化である。新興国の台頭により、グローバル・ソーシングはより多様化し、企業は世界中の幅広いサプライヤーから製品やサービスを調達するようになった。これにより、多国籍関連企業の本社やホスト国への依存度が低下している。1970年から2009年にかけて、国際的なフラグメンテーションが約10％増加したことがわかっている（Johnson and Noguera, 2012）。

　一方で、グローバル・バリューチェーンは脆弱である可能性もある。例えば、ある地域で自然災害が発生すると、グローバル・バリューチェーンを通じて他国の企業に波及し、商品やサービスの流れに影響を与える可能性がある（Hayakawa et al. 2015）。貿易−生産の連鎖を通じたショックの波及効果は、ここ10年で経済学者の注目を集めている。貿易や海外投資の拡大はボラティリティの拡大を高めるのか（Giovanni et al. 2014）、生産の専門化を促進するのか（Imbs and Mejean, 2015）について議論が行われている。

　先行研究では、グローバル・バリューチェーンを通じた需給ショックの波

及効果に関する試算については明確にされてきたが、ショックそのものの異なる発生源や、ショックの異なる側面がグローバルな生産連関を通じてどのように伝達されるかを検討したものはほとんどない。本章は、2011年3月11日に発生した東北地方太平洋沖地震（東日本大震災）を自然実験として用いた、このギャップを埋める研究である。地震の結果として、まず、日本の被災地および被災地以外の地域の建物や生産設備が直接的に破壊されること（生産性ショック）、次にショック前の被災地との産業連関によって、日本の他地域への生産要素供給が阻害されること（サプライチェーン・ショック）が考えられる。先行研究とは異なり、我々はこれら2つの側面を区別し、それぞれが多国籍企業のバリューチェーンを通じ、国境を越えてどのように伝達されるかを探る。

本章では、連続処置効果（continuous treatment effect）に対応する差の差分析（DID）を用いて、生産性とサプライチェーンのショックが外資系企業の調達決定に与える影響を推計する。1995年から2019年までの日系企業の本社-子会社レベルのデータを用いている。その結果、生産性ショックは日本からの輸入を直接的に減少させ、（特に他国からの調達に依存する）海外子会社にとっては他国からの輸入も減少させることがわかった。一方で、国内サプライチェーン・ショックは、平均的に海外からの調達を増加させ、（特に、日本の輸入に依存している子会社において）日本からの輸入を減少させることがわかった。

この結果はグローバル・ソーシングに対する示唆を与えるものである。まず、1つのショックが様々なタイプの（外生的な）余波をもたらし、それが海外の子会社の調達決定に異なる影響を与える可能性があることがわかった。次に、この結果は、東北地方からの輸入と他国からの輸入が代替関係にあることを示しており、子会社が本社からのネガティブなショックを相殺するために調達パターンを多様化していることを示唆する。最後に、日本や他国からの調達への依存度の違いが、本社からのショックに対する子会社の反応に影響を与える可能性があることが示された。一般的には、より依存度の高い子会社ほど、生産性ショックや本社のサプライチェーンの混乱の影響を強く受けることがわかった。

本章は、サプライチェーンのレジリエンスに関する最近の文献に関連して

いる。このテーマは広く議論されてきた。例えば、Khanna et al.（2022）はインド企業間の取引データを用いて、企業がより複雑な製品を購入している場合やサプライヤーが少ないほど、COVID-19のロックダウン中に生産リンクを切断する可能性が低くなることを見出している。さらに、Grossman et al.（2021）は、特定の条件下では、生産多角化のために企業に補助金を与えることが、社会的最適を達成すると提案している。

本章はまた、自然災害と企業の生産ネットワークに関する研究分野にも適合している。近年、この分野は注目度が高まっている。例えば、Ito et al.（2016）は、2011年の東日本大震災が多国籍企業、特に製造業のオフショアリングを増加させることを見出している。さらに、Boehm et al.（2019）は、米国の多国籍企業のデータセットを用いて、東日本大震災後に輸入がほぼ1対1で減少したことを見出している。この論文では、投入要素間の補完性を強調している。最後に、Carvalho et al.（2020）は、サプライチェーンを通じた自然災害の増幅効果を明らかにし、それが直接および間接的なサプライヤーに影響を与えることを示している。

本章の残りの部分は以下のように構成されている。第2節では、推計の背景、データ、実証的方法について述べる。第3節では推計結果を示す。第4節は結論である。

2．実証戦略

本節では、2011年の東日本大震災を題材に、差の差分析（DID）の枠組みを用いて、海外子会社の調達意思決定の弾力性を推計するための基本的な実証アプローチを概説する。まず、東日本大震災について、地震の規模や影響の分布について説明し、そのショックの詳細を述べる。その後、本社-子会社レベルの実証分析の枠組みを概説する。

2.1 背景

2011年3月11日、マグニチュード9.0-9.1（Mw）の東北地方太平洋沖地震（東日本大震災）が発生した。この地震は、現在までのところ、史上最も大きな地震の1つであり、日本に壊滅的なダメージを与えた。死者・行方不明者

図 4 - 1　地震の規模（マグニチュード）の分布

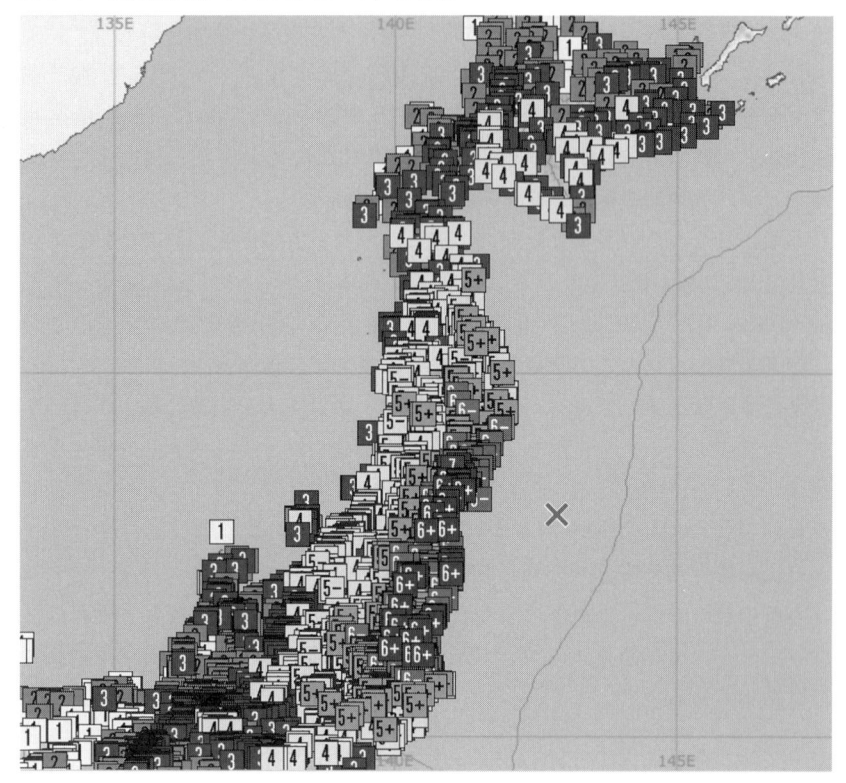

出典：気象庁

は約2万人と推定され、物的資本の破壊も甚大であった。その被害と犠牲者のほとんどは、海岸沿いの村々を破壊した津波によりもたらされた。この地震は、日本の東北地方と東日本に影響を与え、特に福島県、岩手県、宮城県が最も大きな被害を受けた。図4-1は、日本各地における震度の分布を示している[1]。

　図4-2および図4-3は、この地震による建物被害と人的被害の大きさ示している。ここでは、建物被害について、各県の総面積（平方キロメートル）に対する被害棟数の割合で示す。この測定では、被災建物数は全壊建物数と

1）詳細は https://www.data.jma.go.jp を参照。

図4-2　建物被害の分布

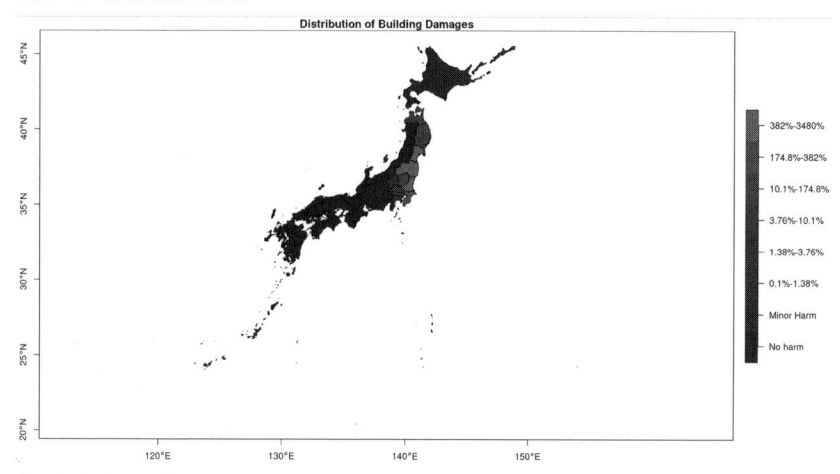

注：建物被害の分布。建物被害は、都道府県の総面積に対する破壊された建物の数の割合で計算
　　されている。
出典：総務省消防庁統計より筆者計算。

図4-3　人的被害の分布

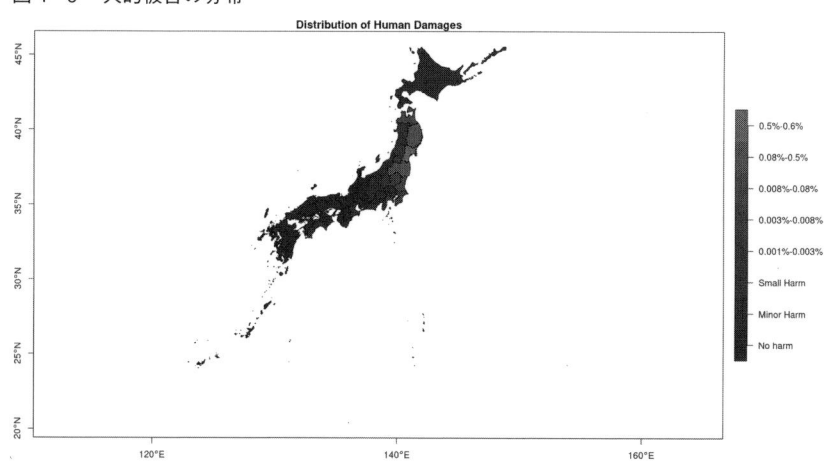

注：人的被害の分布。各都道府県人口に対する被災者数（死者、行方不明者、負傷者数）の比率で
　　計算される。
出典：総務省消防庁統計より筆者計算。

半壊建物数の合計として計算されている。人的被害については、各県の総人口に対する県内の被災者数の比率で測定されている。被災者数は、死者数、行方不明者数、負傷者数の合計として計算されている（総務省消防庁）。

　地震は、明らかに東北地方の沿岸部に大きな経済的影響をもたらした。図4−2および図4−3が示すように、建物および人的被害が最も大きかったのは宮城県である。そのほかに、被害を受けた県として、福島県と岩手県があげられる[2]。破壊的な被害は、東から西に向かって減少している。注目すべきは、東京都、神奈川県、千葉県、埼玉県という、日本の経済の中心の1つである首都圏にも被害が及んだことである。このように、東日本大震災は日本の経済活動に大きな負の影響をもたらした。

　東日本大震災は、国境を越えた外生的な生産・供給ショックの波及効果を検証するための手段を提供する。空間的に異なる被害の程度は、異なる県に所在する本社企業が、どの程度被害を受けたかについて、連続的な測定を可能にする。そのため、それは生産性ショックを連続的に表すよい代理変数となる。このショックの指標は、先行研究で用いられている、企業や地域が被害を受けたかどうかを示すダミー変数とは異なることに注意されたい。我々は、以下の理由から連続的な処置変数を用いている。まず第一に、図4−1や図4−2に示したように、被害は東北地方にとどまらず、東京都や東日本の他の地域にも及んでいるため、対照群を適切に捕捉することが難しい可能性がある。このため、地震によるショックへの被ばく度を連続的な尺度で測定する方が、適切だと考えられるからである。第二に、我々の関心事と外生的地震ショックとの間に、より明確な因果関係を構築できる可能性があるためである（Callaway et al. 2021）。

2.2　データ

　分析の核となるのは、2つの制限付き企業レベル・データセットである。この2つのデータセットは、いずれも日本の経済産業省（METI）から提供されている。これらのデータセットには共通の企業識別変数が含まれているため、これらを統合することでより包括的なデータセットに統合することが

2）白い色の都道府県は、被害なしまたは軽微な被害を意味する。

できる。これらのデータセットは、日本企業をミクロレベルで研究する上で極めて重要である（Ito et al. 2016）。

最初のデータセットは、日本の企業レベルの財務データセットである。このデータは、経済産業省が収集した「企業活動基本調査（BSJBSA）」によるものである。この調査は、日本の企業情報を統計的に収集したもので、全部で100以上の変数が含まれている。企業の貸借対照表や損益計算書に記載されているほとんどのデータが含まれている。調査対象業種は、鉱業、製造業、卸売業、小売業などであり、調査の対象となる企業は、従業員50人以上、払込資本金または投資資金が3,000万円以上の企業であるこの調査は日本の企業の80％をカバーしている。

BSJBSA の利点の1つは、企業の所在地に関する情報が含まれていることである。これは、企業がどの程度地震ショックにさらされているかに関心がある我々にとって大変重要である。加えて、企業の全国的な分布についても検証することができる。

上記のデータを補完するために、日本の多国籍企業のデータセットを使用する。このデータは「海外事業活動基本調査（BSOBA）」であり、同じく経済産業省から提供されている。BSOBA には、日本企業の海外子会社の統計が記録されている。このデータセットに含まれる子会社レベルの情報として、総収入とその収入源、総仕入とその仕入先、輸出およびその輸出先、輸入およびその供給源が含まれている。データセットには100以上の変数が含まれ、製造業およびサービス業をカバーしている。重要な点として、このデータセットは子会社の所在国と日本の本社企業の名前 /ID も報告されている。BSJBSA と BSOBA はどちらも経済産業省から提供されているため、共通の企業 ID 番号を持っており、この共通の企業 ID を使用することで、2つのデータセットを正確に統合することができる。

子会社レベルのデータセットには、子会社が存在する国に関する情報が含まれているため、日本の多国籍企業の海外におけるパフォーマンスに関するいくつかの定型的事実を検証することができる。これらの定型的事実は図4-4、図4-5、図4-6にまとめられている。まず、日系海外子会社のホスト国トップは中国であり、次いで米国である。それ以外に、東南アジア諸国も人気のある受入国である。次に、多国籍企業の数は東京都が最も多く、

図4-4　多国籍企業の日本における分布

図4-4　多国籍企業の日本における分布

Number of Multinational Companies
1250
1000
750
500
250

出典：経済産業省「海外事業活動基本調査（BSOBA）」および「企業活動基本調査（BSJBSA）」

大阪府、愛知県と続く。これら2つは日本の重要な経済圏である。最後に、平均収入では、宮城県と福島県が上位にランクされているようだが、この2つの県は東京都に比べると子会社の数が少ない。

　私たちが関心を持つ主な指標は、海外子会社の調達決定である。特に、海外子会社の調達決定が、本社からのショックにどのように反応するかを見てみたい。震災が本社企業にもたらしたショックは2つある。1つは、本社所在地の建物および人的被害が本社の生産性に負のショックをもたらすことである。この本社でのマイナスのショックは、バリューチェーンを通じて子会社にある程度伝わる。一方、地震は日本国内の異なるセクター間や拠点間の産業連関を破壊する（Carvalho et al. 2020）。例えば、東京都にある企業が宮城県のサプライヤーに大きく依存している場合がある。その企業は、東京都にある他の企業よりも、地震によるサプライチェーン・ショックの影響を大きく受ける可能性がある。

図4-5　海外活動の都道府県別分布

注：海外活動の分布。都道府県内の企業が所有する海外子会社の総数で測定。
出典：経済産業省「海外事業活動基本調査（BSOBA）」および「企業活動基本調査（BSJBSA）」

　業種間や地域間の連関の崩壊は、多国籍企業のバリューチェーンに影響を与える可能性があるため、我々は、東北地方との事前の経済的・産業的な連関が、震災後の企業にどのような影響を与えるかを明らかにしたい。この点に関して、都道府県間の産業連関に関するデータを使用する。このデータセットは経済産業省によって作成され、地域間および業種間の産業連関を記録している。したがって、産業連関表から、m 地域の i 産業が n 地域の j 産業に寄与する値を得ることができる。ただし、この都道府県間の産業連関表には欠点があり、正確な都道府県がわからないことがある[3]。すなわち、地域が複数の都道府県で定義されており、地域は9つに分かれている。このよ

3）詳細は https://www.meti.go.jp/english/statistics/tyo/tiikiio/index.html を参照。

図4-6　海外子会社の世界分布

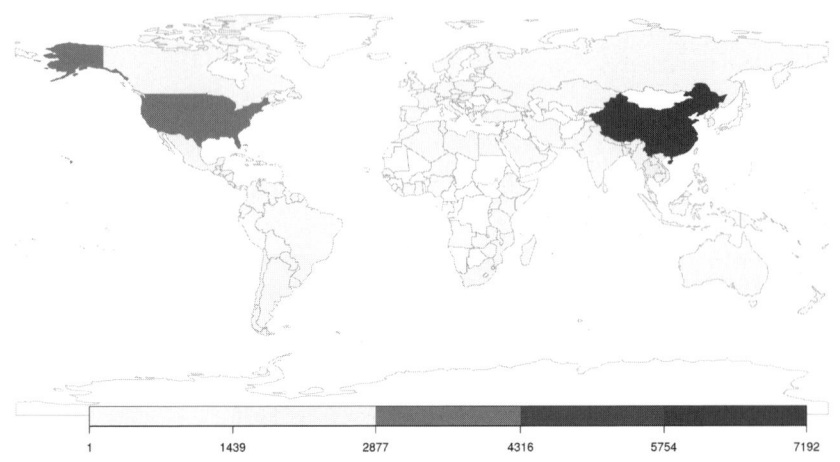

注：日系多国籍企業の海外子会社の分布。
出典：経済産業省「海外事業活動基本調査（BSOBA）」および「企業活動基本調査（BSJBSA）」

うな欠点はあるものの、この変数は業種によって異なるので、依然として多様な処置を検証できる。

3．実証分析

　本節では、日本の多国籍企業の海外子会社に対する調達対応について、直感的な誘導形のエビデンスを提供する。まず、この外生的ショックが業種別および地域別にばらつきがあることを利用した、調達の弾力性を推定するための実証的戦略について議論し、その推定結果を報告する。

3.1　実証的枠組み

　第2節の議論から、ある県に本社を置く企業が震災ショックにさらされた度合いを測る自然な尺度として、建物や人への被害と、2011年以前の東北との産業連関を用いる。前者の変数は都道府県レベル、後者は都道府県業種レベルで測定される。都道府県間の業種別関連性については、2011年以前の最新データである2005年版を使用した（図4-7）。表4-1は、被害データと産業連関データの概要を示したものである。建物被害の平均は1平方キロメー

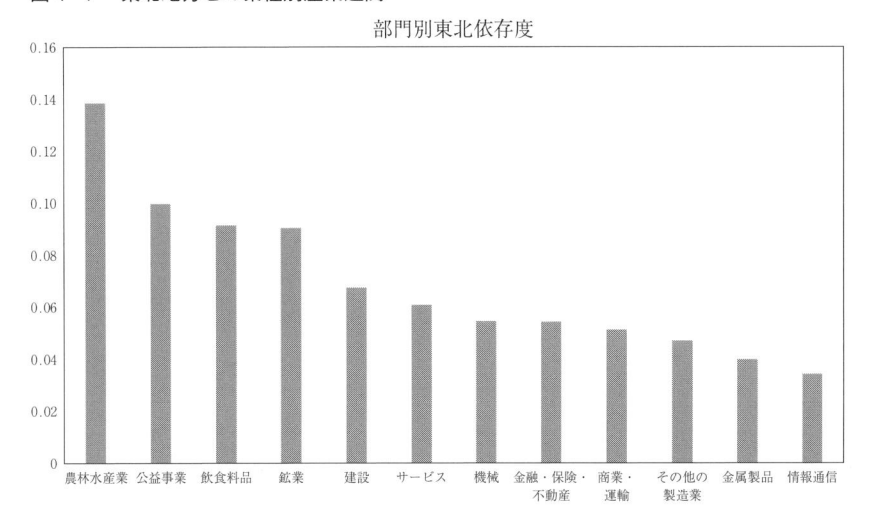

図4-7　東北地方との業種別産業連関

部門別東北依存度

注：東北地方との産業連関、業種別ソート。
出典：経済産業省「都道府県間産業連関表」。

表4-1　記述統計

変数	平均	標準偏差	最小値	最大値
建物被害	1.083	5.17	0	34.72
人的被害	0.0002	0.001	0	0.006
産業連関	0.095	0.244	0	0.879
日本からの輸入高（2010）	5.533	2.07	0	10.045
日本からの輸入高（2011）	5.53	2.06	0	10.056
第三国からの輸入高（2010）	5.232	2.238	0	9.742
第三国からの輸入高（2011）	5.174	2.277	0	9.761

主要変数の記述統計

トルあたり1.08、人的被害は人口1,000人あたり0.2である。東北との平均連
関率は9.5%である。
　ここで、海外子会社の調達決定を検証する。これは本研究の関心事であ
る。この直接的な結果として、表4-1が示すように、2011年の日本からの
平均輸入量はわずかに減少し、その分布はより集中するようになった。図
4-8と図4-9から、このような変数の分布の変化を見ることができる。サ

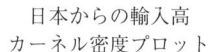

図4-8　2010年の日本からの輸入高

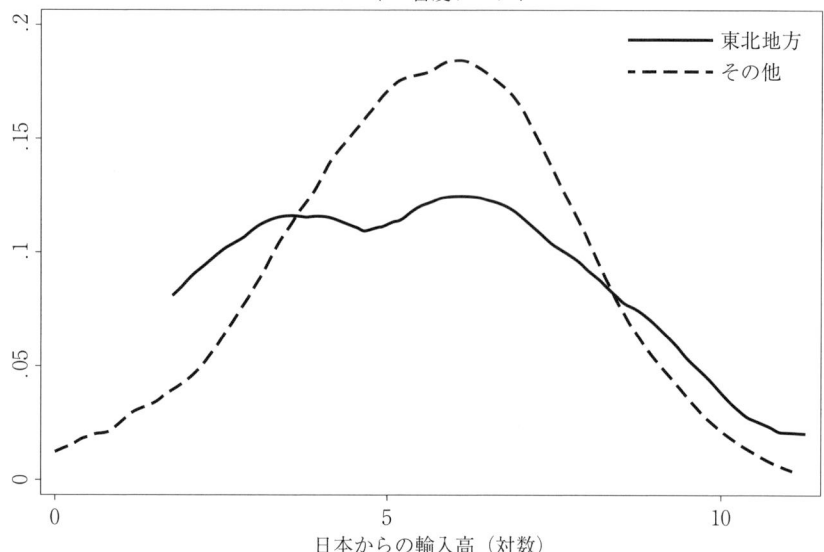

日本からの輸入高
カーネル密度プロット

——— 東北地方

- - - - その他

日本からの輸入高（対数）

2010年の子会社レベルでの日本からの平均輸入高。
出典：海外事業活動基本調査（BSOBA）および日本の事業構造と活動（BSJBSA）。

ンプルを東北地方に本社を置く子会社とその他の地方に本社を置く子会社に
分けた。前者では、日本からの輸入に関するカーネル密度分布曲線が左にシ
フトしているのに対して、後者のカーネル密度分布曲線は比較的変化してお
らず、日本からの輸入量が少ない子会社ほど、この変数の減少幅が大きいよ
うである。さらに、第三国からの輸入の変化についても検証する。表4-1
から、2010年から2011年にかけて、第三国からの平均輸入額が減少している
ことがわかる。図4-10および図4-11は、この変数のカーネル密度を示し
たものであるが、東北地方の企業とそれ以外を比較すると、東北地方の企業
では、子会社の第三国からの輸入が減少しているのに対して、他の地域の企
業ではわずかに増加していることがわかる。

　ショックの大きさを定量化するために、上述の連続的処置変数を仮定した
差の差（Difference-in-Difference）推定を行う。製造業はこの種のショックに
対してより脆弱であるため、ここでは製造業に属する本社企業と子会社に焦

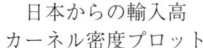

図 4 - 9　2011年の日本からの輸入高

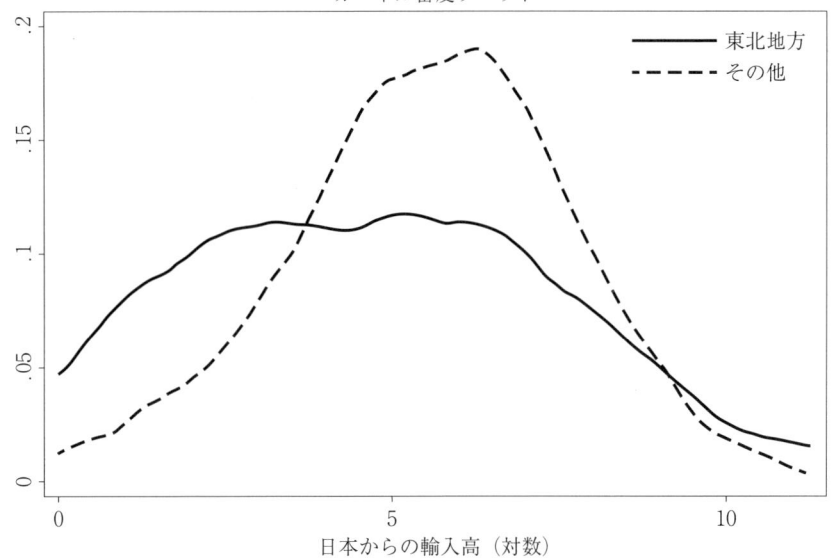

日本からの輸入高
カーネル密度プロット

凡例：
—— 東北地方
- - - - その他

横軸：日本からの輸入高（対数）

2011年の子会社レベルでの日本からの平均輸入高。
出典：海外事業活動基本調査（BSOBA）および日本の事業構造と活動（BSJBSA）。

点を当てた。県 p に属する、日本の多国籍企業 h の子会社 f の年 t における
それぞれの値 V_{hpft} とし、次の回帰式を定義した：

$$V_{hpft} = \alpha_{hf} + \alpha_t + \gamma Treat + \beta Treat * Year_{2011} + \epsilon_{hpft} \tag{1}$$

ここで、α_{hf} は各子会社の固定効果、α_t は年の固定効果を表す。ϵ_{hft} は誤差項
である。調査期間は1995年から2019年までである。

　関心のある係数は β である。モデル(1)において、$Treat$ は、東北地方の被
害や産業への暴露度を測定する連続処置変数である。この変数は都道府県に
よってことなる。$Year_{2011}$ はダミー変数であり、2011年であれば 1 、そうで
なければ 0 をとる。地震の被害による影響に関心がある場合は、$Treat$ 変数
は都道府県によって異なる。一方で、東北地域との産業連関が与える影響に
関心がある場合、$Treat$ 変数は都道府県と業種間で異なる。

　有効な推定量を得るために、並行トレンドの仮定を検証する。離散的差の

図 4 -10　2010年の他国からの輸入高

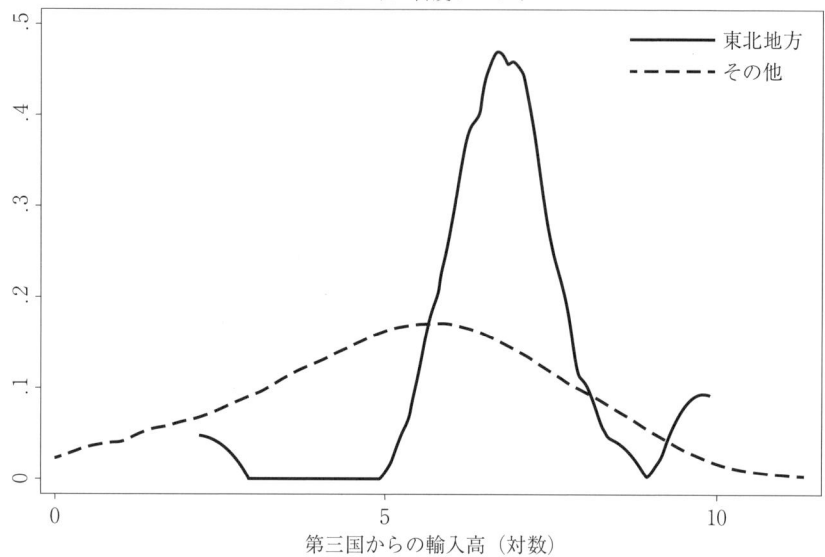

第三国からの系列会社レベル輸入高
カーネル密度プロット

凡例：東北地方、その他

第三国からの輸入高（対数）

2010年の子会社レベルでの他国からの平均輸入高。
出典：海外事業活動基本調査（BSOBA）および日本の企業構造と活動（BSJBSA）。

差推定と同様に、この連続的処置変数における並行トレンド仮定は、震災が
なかった場合に、震災の影響を受けにくい都道府県に所在する企業の子会社
が、震災の影響を受けやすい地域に所在する子会社と同様の調達決定傾向を
示すはずであることを意味する。離散的処置と異なり、連続的処置では明確
な対照群を定義しない。事前トレンドを検証する１つの方法は、基準年を震
災ショックの前年である2010年に変更し、以下の回帰を実行することであ
る：

$$V_{hpft} = \alpha_{hf} + \alpha_t + \sum_t \theta_t \, Treat * Year_t + \epsilon_{hpft} \tag{2}$$

ここで β_{2010} をゼロと定義し、ベースラインとする。$Year_t$ はショックが発生
した年を示す指標変数である。並行トレンドの仮定が満たされるなら、推定
された θ_t のほとんどは有意でないはずである。

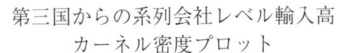

図4-11　2011年の他国からの輸入高

第三国からの系列会社レベル輸入高
カーネル密度プロット

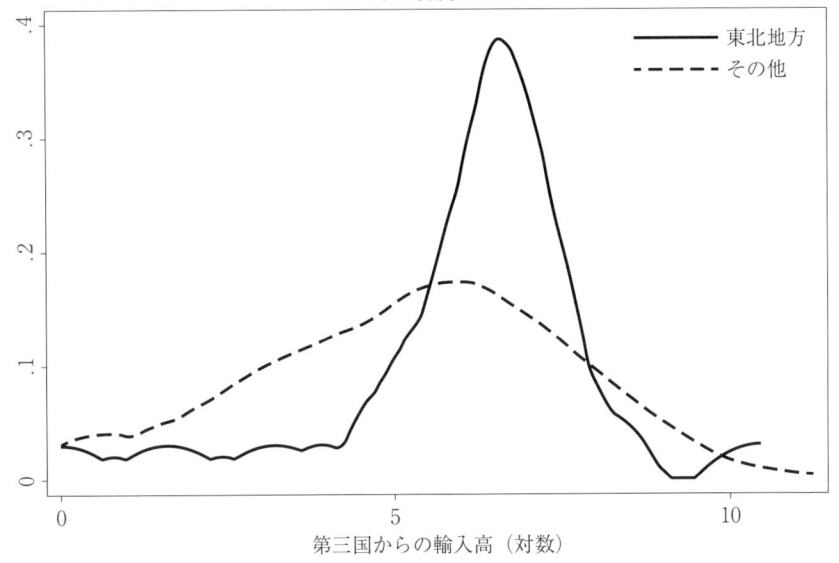

2011年の子会社レベルでの他国からの平均輸入高。
出典：海外事業活動基本調査（BSOBA）および日本の事業構造と活動（BSJBSA）。

3.2　結果

　最初の結果は表4-2の通りである。2011年において、震災ショックにより多くさらされた本社ほど日本からの輸入が少ないことがわかる。(1)〜(4)列がその結果を示している。被説明変数は日本からの輸入（対数）である。(1)および(2)列は建物被害の影響を、(3)および(4)列は人的被害の影響を示している。(2)列と(4)列はロバストネスチェックとして固定効果を追加している。本社所在地での建物被害が平均で1％ポイント増加すると、その海外子会社の、2011年の日本からの輸入は1.71％減少することが示唆される。本社所在地の人的被害が1％ポイント増加すると、その海外子会社の、2011年の日本からの輸入は73％減少する。

　東北地方との産業連関は、一般的に日本からの輸入に有意な影響を与えていない。しかし、我々はさらに、どの子企業の部分集合が影響を受けているかに注目した。ここでは、Borgen et al.（2021）が提案した分位点回帰法を

表4-2　推定結果：震災被害が日本からの輸入に及ぼす影響

	(1)	(2)	(3)	(4)
建物被害	-0.0171**	-0.0172**		
	(0.00739)	-0.00741		
人的被害			-73.45**	-73.5**
			(32.70)	(32.71)
子会社固定効果	Yes	Yes	Yes	Yes
産業固定効果		Yes		Yes
決定係数	0.83	0.803	0.803	0.803
観測数	67,851	67,852	63,778	63,779

注：***、**、*は、それぞれ1％、5％、10％で有意であることを示す。集計レベルはすべて子会社-年度レベル。

用いて、分位点回帰を実施する。Borge et al.（2021）が提案した推定法は、連続的な処置変数と高次元の固定効果を許容して処置効果を推定できるという利点がある。表4-3は分位点回帰から推定された係数である。その結果、日本からの調達において最上位パーセンタイルに位置する子会社は、本社の東北地方との産業連関の影響を有意に受けていることがわかった。

　第三国からの輸入も影響を受ける。こちらは東北との産業連関の影響を受けている。東北地方との連携が緊密である企業ほど、2011年に他国からの輸入が増加していることが示されている。この結果は、海外子会社にとって、東北地方からの中間投入物の調達と海外からの輸入が代替関係にあることを示唆している。表4-4は推定係数を示している。(1)～(4)列は、その結果を示しており、(1)列と(2)列は子会社レベルでの推計結果を、(3)列と(4)列は本社レベルでの推計結果である。被説明変数は本社内の子会社ごとの他国からの平均輸入高である。結果は追加的に固定効果を入れた推定においてもロバストである。平均すると、東北地方とのつながりが1％ポイント増加すると、2011年に他国からの輸入が1.629％増加する。

　本社がどのくらい震災被害にさらされたかの度合いは、全般的に海外子会社の他国からの輸入に有意な影響を与えない。しかし、ここでも Borgen et al.（2021）による分位点回帰を用いて、どのような部分集合の子会社が影響を受けたかを再度注目する。表4-5と表4-6が示すように、他国からの調達において上位パーセンタイルに位置する関連会社は、本社の被害の暴露度

表4-3　推定結果：東北地方との連携が日本からの輸入に及ぼす影響（分位点回帰）

分位点	係数（標準偏差）
0.1	(0.000)
	(1.379)
0.2	(0.826)
	(1.457)
0.3	(0.482)
	(0.959)
0.4	(1.606)
	(1.055)
0.5	(0.388)
	(1.127)
0.6	(0.753)
	(0.821)
0.7	(0.785)
	(0.880)
0.8	(0.360)
	(0.600)
0.9	-1.715***
	(0.521)

注：***、**、*は、それぞれ1％、5％、10%で有意であることを示す。

表4-4　推定結果：東北地方との連携が他国からの輸入に及ぼす影響

	(1)	(2)	(3)	(4)
産業連関	1.674***	1.399***	1.462**	1.981***
	(0.462)	-0.441	(0.648)	-0.62
子会社固定効果	Y	Y		
産業固定効果		Y	Y	Y
本社固定効果				Y
決定係数	0.475	0.488	0.662	0.671
観測数	34,876	34,877	10,143	10,144

注：***、**、*は、それぞれ1％、5％、10%で有意であることを示す。(1)～(2)列の集計レベルは子会社-年度レベル。(3)～(4)列は本社レベルの平均値を用いた。

に対して有意に負の影響を受ける。この結果は、より規模の大きい子会社ほど、本社が受けたショックに対してより脆弱であることを示している。

表4-5 推定結果：人的被害が他国から
の輸入に及ぼす影響（分位点回
帰）

分位点	係数（標準偏差）
0.1	-117.221 (94.994)
0.2	-44.776 (181.984)
0.3	71.290 (239.304)
0.4	-67.043 (235.376)
0.5	147.056 (68.306)
0.6	53.896 (60.503)
0.7	-39.728 (53.107)
0.8	-108.603*** (40.877)
0.9	-215.764*** (42.976)

注：***、**、*は、それぞれ1％、5％、
10％で有意であることを示す。

表4-6 推定結果：建物被害が他国から
の輸入に及ぼす影響（分位点回
帰）

分位点	係数（標準偏差）
0.1	-0.022 (0.016)
0.2	-0.008 (0.031)
0.3	0.013 (0.040)
0.4	-0.012 (0.039)
0.5	0.026 (0.017)
0.6	0.010 (0.015)
0.7	-0.007 (0.012)
0.8	-0.02** (0.008)
0.9	-0.035*** (0.011)

注：***、**、*は、それぞれ1％、5％、
10％で有意であることを示す。

4．結論

　本章では、東日本大震災を外生的ショックとして用い、日本企業の海外子会社によるグローバル・ソーシングのパターンの変化を明らかにした。先行研究とは異なり地震によって異なる地域で生じた影響の異なる度合いを、連続的な処置として推計に用いた。また、地震が引き起こすショックとして、生産性ショック（建物や施設の破壊によるもの）とサプライチェーンの寸断（被災地域との以前の生産的なつながりによるもの）を提案した。この2つのショックはともに地震によって引き起こされるものであるが、企業に与える影響は異なる可能性があるからだ。

本研究では、ショックの異なる側面が国境を越えて異なる形で伝達されることを発見した。差の差推定によれば、生産性ショックとサプライチェーンの寸断は、いずれも日本からの調達に負の影響を与える。しかし、サプライチェーンの寸断は、主に日本からの輸入に大きく依存している子会社に影響を与えることが、分位点回帰の結果から示された。これら2つのショックはまた、子会社の他国からの調達にも有意な影響を与える。生産性ショックが他国からの輸入に大きく依存する企業に対して負のショックを与えるのに対して、サプライチェーンの寸断は正の効果を与えていた。

　本研究は、自然災害が経済活動に及ぼす影響を研究する上で新たな示唆を与えるものである。ショックの異なる側面は、変数に異なる結果をもたらす可能性がある。したがって、外生的なショックを処置変数として用いる場合には、その余波を、その研究にとって外生的なものであるかどうかによって、様々な側面に分解することが重要である。本研究は、グローバル・ソーシングの決定要因に関する研究分野に貢献するものである。自然災害や不確実性は世界中に蔓延しているため、この結果は、リスクが国境を越えてどのように伝播し、また、海外の子会社が本社からのショックに対応してどのように調達パターンを変化させるのかをよりよく理解するのに役立つものである。

参考文献

Boehm, Christoph E., Aaron Flaaen, and Nitya Pandalai-Nayar（2019）"Input Linkages and the Transmission of Shocks: Firm-Level Evidence from the 2011 T⁻ohoku Earthquake." *The Review of Economics and Statistics*, 101（1）: 60–75. issn: 0034–6535. doi: 10. 1162/rest_a_00750.

Borgen, Nicolai T., Andreas Haupt, and Øyvind Wiborg（2021）"RQR: Stata module to estimate the residualized quantile regression model." *Statistical Software Components*, Boston College Department of Economics.

Callaway, Brantly, Andrew Goodman-Bacon, and Pedro H. C. Sant' Anna（2021）"Difference- in-Differences with a Continuous Treatment." doi: 10.48550/ARXIV.2107. 02637. url: https://arxiv.org/abs/2107.02637

Carvalho, Vasco M, Makoto Nirei, Yukiko U Saito, and Alireza Tahbaz-Salehi (2020) "Supply Chain Disruptions: Evidence from the Great East Japan Earthquake*." *The Quarterly Journal of Economics*, 136(2): 1255-1321. issn: 0033-5533.

Giovanni, Julian di, Andrei A. Levchenko, and Isabelle Mejean (2014) "Firms, Destinations, and Aggregate Fluctuations." *Econometrica*, 82(4): 1303-1340. doi: https://doi.org/10.3982/ECTA11041

Grossman, Gene M, Elhanan Helpman, and Hugo Lhuillier (2021) "Supply Chain Resilience: Should Policy Promote Diversification or Reshoring?" Working Paper 29330. *National Bureau of Economic Research*, doi: 10.3386/w29330.

Hayakawa, Kazunobu, Toshiyuki Matsuura, and Fumihiro Okubo (2015) "Firm-level impacts of natural disasters on production networks: Evidence from a flood in Thailand." *Journal of the Japanese and International Economies*, 38: 244-259. issn: 0889-1583. doi: https://doi.org/10.1016/j.jjie.2015.10.001

Imbs, Jean and Isabelle Mejean (2015) "Elasticity Optimism." *American Economic Journal: Macroeconomics*, 7(3): 43-83. doi: 10.1257/mac.20130231.

ITO, Koji, Eiichi TOMIURA, and Lianming Zhu (2016) "Global Sourcing in the Wake of Disaster: Evidence from the Great East Japan Earthquake." Discussion papers. *Research Institute of Economy*, Trade and Industry (RIETI).

Johnson, Robert C. and Guillermo Noguera (2012) "Accounting for intermediates: Production sharing and trade in value added." *Journal of International Economics*, 86(2): 224-236. issn: 0022-1996. doi: https://doi.org/10.1016/j.jinteco.2011.10.003

Khanna, Gaurav, Nicolas Morales, and Nitya Pandalai-Nayar (2022) "Supply Chain Resilience: Evidence from Indian Firms." Working Paper 30689. *National Bureau of Economic Research*, doi: 10.3386/w30689.

第 5 章

英国の EU 離脱が
日本の多国籍企業に与える影響

経済産業研究所　張 紅詠

1. はじめに

2016年 6 月、英国の EU 離脱（ブレグジット）を決めた国民投票により、欧州における深い経済統合が前例のない形で解消された。これは貿易コストの上昇を意味し、多国籍企業は英国の国境を越えた商品、サービス、資本、人の自由な移動を享受できなくなり、欧州連合（EU）加盟国および関連企業にとっては規制の強化と生産コストの上昇を意味した。多国籍企業にとって、英国の魅力の 1 つは EU の単一市場への容易なアクセスである。ブレグジット後、EU との貿易コストが上昇すれば、対外直接投資（FDI：foreign direct investment）が抑制される可能性が高い（Dhingra et al. 2016）。多くの先行研究はブレグジットが英国と EU の貿易に与える影響に焦点を当てているが、本研究はブレグジットが第三国である日本に与える影響を検証する。英国は日本における対外直接投資の最も重要な投資先の 1 つである。2015年末時点で、英国は日本の対 EU 直接投資ストックの31％、日本の対外直接投資ストック全体の 7 ％を占めている[1]。さらに2015年には、日本企業が英国で

約16万人、EUのその他の地域で約34万人を雇用している[2]。

　本研究では、経済産業省が実施した政府統計のミクロデータを用いて、2016年のブレグジットをもたらした国民投票が多国籍企業に与えた影響を明らかにする。データには、製造業および非製造業における日本の外資系企業に関する広範な企業レベルの情報が含まれている。他国のデータと比較すると、日本のデータは、現地法人の仕向け地別（現地、日本、欧州、アジア、北米、その他地域）の売上高と仕入高の内訳が細かい点で際立っている。この分解は、多国籍企業の販売・調達パターンや、多国籍企業の生産に対する貿易政策の潜在的な影響を探る上で特に興味深い[3]。データは2010年から2019年にかけての英国、EU、その他の地域における40,000以上の海外現地法人をカバーしている。本研究は差の差（DID）分析を用いて、ブレグジットが現地法人の販売・調達パターン、企業行動（雇用、投資、参入、撤退）、企業パフォーマンス（生産性、利益率）に与える影響を推定した。

　全体として、本研究には3つの重要な発見がある。第一に、ブレグジットはEU域内の現地法人（対照群）と比較して、英国現地法人（処置群）の売上高を約11%有意に減少させた[4]。これは、英国での現地販売と他の欧州諸国への輸出が減少したためである。ブレグジットが英国現地法人の総調達（仕入）に与えた影響はさらに大きく（約14%減少）、特に現地調達と欧州市場からの輸入が大きかった[5]。第二に、ブレグジット後、英国における現地法人は、EUにおける現地法人と比較して、雇用、日本人駐在員、設備投資を減少させた。同時に、現地法人の生産性と利益率は有意に低下し、英国から撤退する確率は1.1%ポイント有意に上昇した。第三に、興味深いことに、ブレグジットの負の影響は製造業よりも非製造業の方が大きく、モノの貿易よりもサービス貿易の貿易コストが高いことを示唆している。我々の分析結果

2）出典：経済産業省「海外事業活動基本調査」
3）Kondo（2018）は、主に米国とカナダに輸出しているメキシコに立地している輸出プラットフォーム型の日本企業現地企業の調達パターンを調査している。Sun et al.（2019）は、米中貿易戦争が、北米との貿易依存度の高い中国における日本企業現地法人のパフォーマンスに与える影響を検証している。
4）別の対照群を用いると、マイナスの影響はさらに大きくなる。具体的には、英国以外のすべての現地法人と比較して、総売上高は約22%減少した。
5）本章では、仕入と調達を同じ意味で使用している。

は、制度的変化による（貿易コストに対する）不確実性の大幅な増加が、グローバルな生産ネットワークとサプライチェーンを再構築する可能性があることを示唆している。

　本研究は、ブレグジットが企業レベルでの貿易と海外生産にどのような影響を与えるかについて新たな証拠を提供するものであるが、我々の結果は慎重に解釈されるべきである。英国は2016年6月にEU離脱を選択したが、EUとの経済関係はEU-英国貿易協力協定（TCA）が発効する2021年1月1日まで変わらなかったことに注意することが重要である（Freeman et al. 2022）。したがって、我々のデータで観察されたブレグジットによる英国現地法人への全体的なマイナスの影響は、おそらく主に大きく持続的な不確実性ショック、すなわちブレグジットのプロセスからもたらされたものであろう[6]。Bloom et al.（2019）が示したように、2016年のブレグジット国民投票は大規模で広範かつ長期にわたる不確実性の増大をもたらし、投票後の3年間にわたり英国企業の投資と生産性を徐々に低下させた[7]。さらに、製品レベルの貿易データを用いた先行研究（Crowley et al. 2020; Graziano et al. 2021）では、貿易政策の不確実性（特恵貿易協定が締結できない場合の関税引き上げの脅威）にさらされやすい製品や企業は、国民投票の前と直後に貿易の成長率が低下した。

　本研究は、ブレグジットに関する最近の文献と密接に関連している。第一に、ブレグジットに伴う不確実性と政策変更がFDIに与える影響に関する研究分野に貢献する。Dhingra et al.（2016）は、英国がEUから離脱した場合、FDIが減少する可能性があると予測している。その理由は、(1)英国における輸出プラットフォーム型のFDIにかかる関税障壁や非関税障壁によるコストが大きいこと、(2)生産ネットワークやサプライチェーンの調整が困難であること、(3)英国とEUの貿易協定が不確実であることである[8]。

6）投票から3年経っても英国はEUから離脱しておらず、2020年まで最終的な結果には大きな未解決の不確実性があった。

7）さらに、生産性が高く、グローバルに展開している企業は、生産性の低い国内企業よりも負の影響を受けている。

8）Dhingra et al.（2018）は、ブレグジットは貿易と投資の流れを減少させることによって英国をより貧しくする可能性が高いが、経済衰退の大きさは、英国のEUやその他の国々とのブレグジット後の経済関係のあり方次第であると指摘している。

McGrattan and Waddle（2020）は、複数国を考慮した新古典派成長モデルによるシミュレーションを用いて、ブレグジット後のいくつかのシナリオに基づき、ブレグジットが海外からの投資と生産に与える影響を分析した。しかし、企業レベルのデータを用いた多国籍企業と FDI の事後分析は稀である。Cieślik and Ryan（2022）は例外で、ブレグジットの発表と英国における FDI（新たに設立された日本企業現地法人の数）との間に負の関係があることを報告している[9]。対照的に、我々は日本企業の海外事業活動に関する最も包括的なデータ（年次および四半期の両方）を使用し、ブレグジットが現地法人の様々な企業行動とパフォーマンスに与える影響に関する新たな証拠を提供する。

　第二に、本研究はブレグジットの貿易効果に関する研究分野に貢献する。これらの研究には、一般均衡モデルと国-製品（あるいは産業）レベルの貿易データに基づく事前シミュレーション（例えば、Dhingra et al. 2017; Steinberg, 2019）や、製品または企業-製品レベルの貿易データを用いた事後分析（Crowley et al. 2020; Graziano et al. 2021; Freeman et al. 2022）が含まれる。これらの研究は、ブレグジットが貿易と経済厚生に大きな負の影響を与えることを指摘している[10]。しかし、著者の知る限り、ブレグジットが多国籍企業の海外生産に及ぼす貿易効果を企業レベルで検証した研究はない。多国籍企業は世界の生産、輸出、雇用の大きな割合を占めているため、これは重要である（Antras and Yeaple, 2014）。

　第三に、本研究は、ブレグジットが企業の行動とパフォーマンスに与える影響に関する研究とも関連している。Bloom et al.（2019）は、ブレグジット・プロセスが英国企業の投資を11％、生産性を２％〜５％減少させたと推定している。さらに、Campello, M., et al.（2022）は、英国との貿易関係があり、再配置可能な資本が少なく、仕入のオフショアリング依存度が高い米国

9）東洋経済新報社が収集した海外進出企業データを使用している。このデータには、設立年、出資情報、従業員数、所在地、業種など、日本企業現地法人に関する限られた情報しか含まれていない。

10）Du and Shepotylo（2021）は、英国のサービス貿易に対するブレグジットの影響を検証している。より一般的には、Sampson（2017）がマクロ経済、国際貿易、FDI、移民、労働市場へのブレグジットの影響について包括的な議論と証拠を提供している。

企業が2016年以降に国内投資を削減したことを報告している。対照的に、本研究では、日本企業英国現地法人の設備投資は約5.9%減少し、生産性は約7.1%低下したことを示す。ブレグジットが多国籍企業の海外生産とパフォーマンスに与える影響に注目することで、これらの先行研究を補完する。

　本章の構成は以下の通りである。第2節では日本企業現地法人のデータについて説明し、第3節では記述的証拠を示す。第4節では、ブレグジットが現地法人の販売・調達パターン、企業行動、パフォーマンスに与える影響に関するDID分析の結果を示す。最後に、第5節で結論を述べる。

2．データ

　本章の実証分析は、経済産業省が実施した2つの政府統計に依拠している。主なデータセットは、2010〜2019年度「海外事業活動基本調査」である。このデータは、製造業と非製造業における日本企業の貿易投資を研究するために他の研究でも利用されている（例えば、Baldwin and Okubo, 2014; Spinelli et al. 2020）。この調査の目的は、日本企業の海外事業活動の現状と海外事業活動が現地および日本に与える影響を把握することにより、今後の産業政策および通商政策の運営に資するための資料を得ることである。この調査は、毎年7月〜8月末の間に調査、前年度の実績（3月31日時点）を調査している[11]。本社企業の調査票には、企業の売上高、常時従業者数、業種分類などの変数が含まれ、現地法人の調査票には、売上高、仕入高、雇用、設備投資、所在地、業種分類などの情報が収集される[12]。年次調査に基づいて、製造業と非製造業双方において、2010度から2019年度までの本社企業と

11）調査対象は、毎年3月末時点で海外に現地法人を有する日本企業（ただし、金融業、保険業および不動産業を除く）である。現地法人とは、海外子会社（日本側出資比率が10％以上の外国法人）と海外孫会社（日本側出資比率が50％超の海外子会社が50％超の出資を行っている外国法人）の総称である。回収率は約70％である。

12）本社企業の中には、経済産業省が実施する「企業活動基本調査」において売上高の報告を行っているため、本調査で売上高を報告していない企業もある（本サンプルでは275社）。この場合、「企業活動基本調査」を用いて本社企業の売上高に関する情報を補完する。

現地法人を接合したパネルデータ・セットを構築する。フルサンプルには、124の海外進出先の国・地域、10,759の本社企業および42,887の現地法人がある。

　この調査では、各現地法人が売上高と仕入高を主要地域別に報告している。特に、売上高は現地販売額、日本向け輸出額、第三国向け輸出額に分解される。同様に、仕入高は現地調達額、日本からの輸入額、第三国からの輸入額に分解される。重要な点は、第三国向けの輸出額（および第三国からの輸入額）については、さらに欧州、北米、アジア、その他の地域への輸出額（およびその他の地域からの輸入額）に分けられることである[13]。なお、労働、資本、技術などの生産要素の投入は、仕入高には含まれていない。また、現地法人は設立・資本参加の時期や、解散、撤退、出資比率の低下の時期などの操業状況も報告しているため、参入・退出を正確に定義することができる[14]。このパネルデータを用いることで、現地法人の調達・販売パターンを探り、2016年のブレグジット前後における英国とEU（付録ではその他の地域）における現地法人のパフォーマンスを比較することができる。

　第二のデータセットは、2010年第1四半期から2020年第3四半期までを対象とする、経済産業省が実施した「海外現地法人四半期調査」である。この調査は、日本企業の海外における事業活動を動態的に把握し、機動的な産業政策および通商政策の立案に資するための基礎資料を得ることを目的としている[15]。データには、各現地法人四半期末時点の売上高、有形固定資産（土地を除く）の当期取得額、従業者数などの情報が含まれている。年次データ

13）残念ながら、EUからの仕入高とEU向けの輸出額に関する情報は含まれない。

14）解散とは、会社が営業活動をやめ、その法人格の消滅を期す状態に入ることをいう。撤退とは、当該現地法人の売却、吸収・合併、移転（他国、他地域への転居）、統合（同一本社企業に係る複数の現地法人間で1つになることをいう。）等により、現地法人が当該所在地から消滅し、結果的に日本側合計出資比率が0％となったことをいう。出資比率の低下とは、当該現地法人の日本側出資比率の合計が10％未満に低下して0％超10％未満となった場合をいう。

15）この調査は、金融業、保険業および不動産業を除く全業種、資本金1億円以上、従業員50人以上、海外に現地法人を有する、という条件をすべて満たす我が国企業を対象とする（本社企業）。本社企業が保有する海外現地法人のうち、各期末現在で以下の条件をすべて満たす海外現地法人（調査期間中に新設された現地法人も含む）を調査する。⑴製造企業、⑵従業者50人以上、⑶本社企業の直接出資分と間接出資分を合わせた出資比率が50％以上。回収率は約70％である。

と同様に、売上高はさらに自国内（現地）売上高、日本国向け売上高（輸出）、日本以外の第三国向け売上高（輸出）に分けられる。現地法人は四半期ごとに約5,000社がある。年次データに加えてこれらのデータを用いて補足分析を行ったのは、(1)四半期レベルでの頻度が高く、ブレグジットのタイミングをより特定しやすいこと、(2)より長い時系列をカバーしていることが理由である。

　表5-1は主要データの要約統計である。平均して、現地調達額（現地販売額）が仕入高（売上高）に占める割合が最も大きいが、日本や第三国からの輸入額（日本や第三国向け輸出額）も無視できず、「ネットワーク型FDI」の特徴を示唆している。ネットワーク型FDIでは、現地法人は中間財をかなりの割合で輸入し、最終財をかなりの割合で輸出している（Baldwin and Okubo, 2014）。平均して、英国とEUの第三国からの輸入額と第三国向け輸出額は、フルサンプルよりもはるかに大きい。英国では、日本からの輸入額と第三国向け輸出額がそれぞれ仕入高の7.4％と14.9％を占め、日本向け輸出額と第三国向け輸出額がそれぞれ売上高の5.9％と27.4％を占めている[16]。重要なのは、仕入高に占める欧州からの輸入額の割合が英国では6.9％（EUでは10.2％）であり、売上高に占める欧州向け輸出額の割合が英国では19.8％（EUでは20.3％）であることで、欧州における域内貿易の重要性とリージョナルなサプライチェーンの普及を示唆している。加えて、英国以外の国の現地法人と比べて、英国現地法人は平均して設備投資額と従業者数が多く、生産性と収益性も高い。しかし、英国現地法人は撤退確率が若干高い。

　表5-2が示すように、四半期ごとの売上高、有形固定資産（土地を除く）の当期取得額、従業者数の平均値は年次データと同程度である。年次データと一致して、英国現地法人は平均して規模が大きく、自国内（現地）売上高と日本以外の第三国向け売上高に大きく依存している。

---

16) 同様にEUでは、日本からの輸入が総調達額の19.8％、第三国からの輸入が14.7％を占め、日本への輸出が総売上高の1.7％、第三国への輸出が28.2％を占めている。

表5-1 「海外事業活動基本調査」の記述統計

変数／サンプル	フル	英国	EU	英国EU以外で、対欧州貿易あり
仕入高	6543.3	7674.4	7767.7	13135.0
現地調達額	5189.3	5965.3	5084.7	8688.1
日本からの輸入額	857.0	567.8	1540.1	2973.7
第三国からの輸入額	496.6	1141.3	1142.9	1471.8
第三国からの輸入額：欧州	102.3	529.0	788.5	129.8
売上高	9759.9	11942.6	11869.1	17655.1
現地販売額	7271.2	7974.5	8320.8	9898.7
日本向け輸出額	579.6	700.4	204.4	1742.1
第三国向け輸出額	1908.1	3267.7	3343.8	6008.5
第三国向け輸出額：欧州	359.8	2373.7	2410.0	548.4
設備投資額	293.4	381.5	234.7	460.7
常時従業者数	267.8	312.4	207.8	449.9
うち日本側派遣者数	2.5	2.1	1.8	4.8
労働生産性	155.9	552.8	161.0	188.5
利益率	0.008	0.024	0.017	0.036
退出ダミー	0.033	0.051	0.038	0.011

注：この表は、製造業と非製造業における現地法人の平均的な企業特性を示している。仕入高、売上高、設備投資額の単位は百万円である。労働生産性は売上高を常時従業者数で、収益率は経常利益を総売上高で除したものである。サンプルサイズ（観測値）は、フルサンプルが約251,898、英国サンプルが6,653、EUサンプルが20,765、英国とEUに属さないが欧州と取引している現地法人が45,196である。
出所：経済産業省「海外事業活動基本調査」に基づき筆者作成。

表5-2 「海外現地法人四半期調査」の記述統計

変数／サンプル	フル	英国	EU
売上高	5671.5	9937.4	7197.2
自国内売上高	4073.6	5912.2	3374.1
日本国向け売上高	530.3	69.6	201.0
日本以外の第三国向け売上高	1067.6	3955.5	3622.1
有形固定資産（土地を除く）の当期取得額	175.0	240.1	187.1
従業者数	828.5	952.4	803.3

注：この表は、製造業における現地法人の平均的な企業特性を示している。売上高と有形固定資産（土地を除く）の当期取得額は百万円単位である。フルサンプルでは約205,172、英国サンプルでは3,877、EUサンプルでは13,606件の観測値がある。
出所：経済産業省「海外現地法人四半期調査」に基づき筆者作成。

3. 記述的証拠

本節ではまず、日本の多国籍企業の生産における、英国と EU の現地法人の相対的な重要性を明らかにする。図5-1は、2010年度から2019年度までの日本の多国籍企業の総売上高に占める英国と EU の現地法人の売上高のシェアを示したものである。多国籍企業の総売上高は、海外売上高（全世界の海外現地法人の総売上高）と本社企業の総売上高（日本国内売上高と輸出額）の合計である。英国現地法人は多国籍企業の総売上高の2％未満であり、EU現地法人は多国籍企業の総売上高の約4％である。重要なことは、英国のシェアは2016年のブレグジットにより大幅に減少したが、EU のシェアはブレグジット後に大幅に増加したことである。英国や EU の現地法人の売上高は日本の多国籍企業の総売上高から見ると比較的小さいが、ブレグジットは英国や EU の現地法人の業績に異なる影響を与える可能性がある。

海外の事業環境は日本国内の事業環境と大きく異なる。日本の国内要因を除外するために、図5-2では2010年度から2019年度までの多国籍企業の海外売上高全体に占める英国と EU における現地法人の売上高のシェアをプロットしている。英国における現地法人の売上高は、2015年度には多国籍企業の海外売上高全体の約4％を占めていたが、このシェアは2016年度から大きく低下した。一方、EU における現地法人の売上高は、2015年度には多国籍企業の海外売上高全体の10％未満であったが、2016年度以降は大幅に増加した。

図5-3は、現地法人全体に占める英国と EU の現地法人数のシェアを示している。両者のシェアは2013年度以前は低下していたが、2016年度までは安定していた。2016年度の英国のシェアは約3％、EU のシェアは8％であった。英国のシェアは2018年度から2019年度にかけてわずかに減少した。英国の現地法人数は限られているが、売上高の海外売上高全体に占める割合は無視できない。

次に、図5-4では、「海外現地法人四半期調査」を用いて、日本の多国籍企業にとっての欧州における生産拠点としての英国の相対的重要性を示している。売上高（およびその内訳）、有形固定資産（土地を除く）の当期取得額、

図 5-1　日本の多国籍企業の総売上高に占める英国と EU の現地法人のシェア

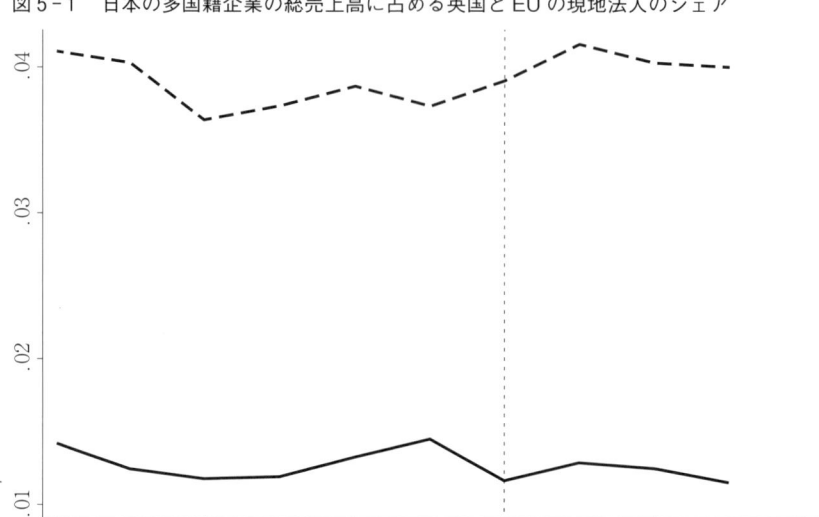

注：この図は、日本の多国籍企業の総売上高に占める英国および EU における現地法人の売上高の
　　割合を示している。多国籍企業の売上高は、海外売上高（全世界の現地法人の売上高合計）と
　　本社企業の売上高（日本国内売上高と輸出額）の合計である。縦線は2016年のブレグジットを
　　示す。
出所：経済産業省「海外事業活動基本調査」、「企業活動基本調査」をもとに筆者作成。

従業者数については、欧州における英国のシェア（英国と EU 加盟国の合計）
を算出した。英国は、ブレグジット前は売上高の約30％を占めていたが、
2019年には22％と大幅に減少した。自国内（現地）売上高と日本国内および
日本以外の第三国向けの売上高は異なるパターンを示している。現地売上高
における英国のシェアは、ブレグジット前は30％以上にまで上昇したが、
2016年以降は大幅に低下した。意外なことに、英国から日本国内や日本以外
の第三国向けの売上高は2016年以前から崩れ始めている。日本国内向けの売
上高については、英国のシェアは2016年以降も安定していた（COVID-19期間
を除く）。しかし、日本以外の第三国向けの売上高については、英国のシェ
アは低下し続け、2020年には約18％になった。英国の有形固定資産の習得額
のシェアは2013年以前は高かったが、その後は相対的に低下した。しかし、
2016年第 2 四半期以降、英国における従業者数の大幅な減少が観察された。

図 5-2　日本の多国籍企業の海外売上高に占める英国と EU のシェア

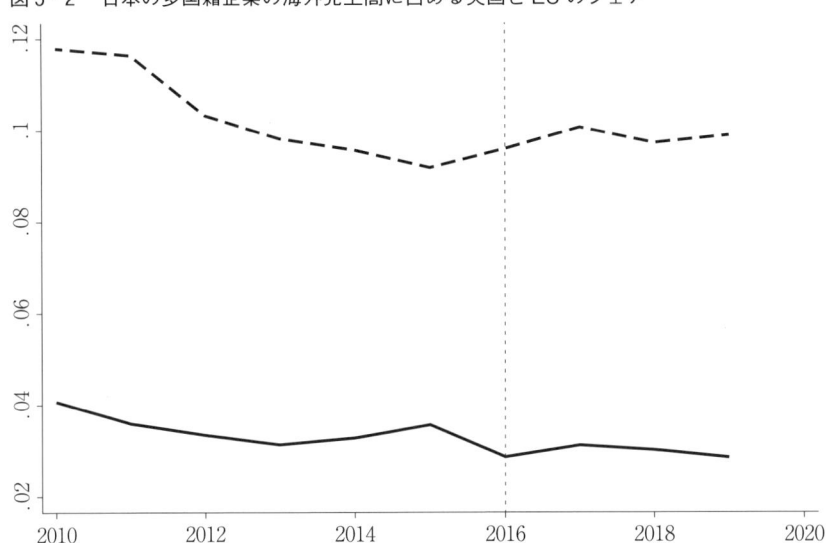

注：この図は、日本の多国籍企業の海外売上高合計に占める英国および EU における現地法人の売
　　上高の割合を示している。多国籍企業の海外売上高とは、全世界の現地法人の売上高を合計し
　　たものである。縦線は2016年のブレグジットを示す。
出所：経済産業省「海外事業活動基本調査」をもとに筆者作成。

これらの結果は、特に2016年のブレグジット以降、生産拠点および輸出プラットフォームとしての英国の役割が弱まったことを示唆している。

　次に、「海外事業活動基本調査」の年次データを用いて、2016年のブレグジット前後の英国と EU に焦点を当て、現地法人の調達と販売のパターンを探る。英国における現地法人の貿易パターンが変化したかどうか、またどのように変化したかを「販売・調達ボックス」を用いて説明する。具体的には、英国および EU にあるすべての現地法人を、現地販売額のシェア、および現地調達額のシェアにしたがって産業別に集計する。

　図 5-5 では、各産業をブレグジット前（左図）とブレグジット後（右図）の英国を三角形、EU を円でプロットしている。横軸は中間材の現地調達比率、縦軸は最終財の現地販売比率である[17]。現地販売と現地調達の中間レベルで示される現地法人はネットワーク型 FDI であり、国際的なサプライチェーンにより統合されている。両パネルとも、両地域において製造業

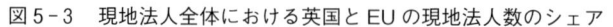

図5-3　現地法人全体における英国と EU の現地法人数のシェア

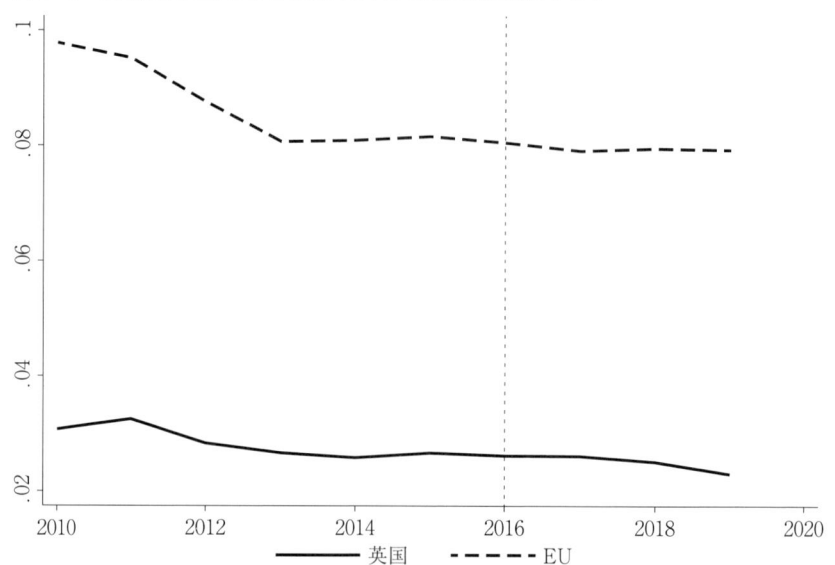

注：この図は、現地法人全体に占める英国および EU の現地法人数の割合を示している。縦線は
　　2016年のブレグジットを示す。
出所：経済産業省「海外事業活動基本調査」をもとに筆者作成。

FDI の種類は混在しており、ネットワーク型 FDI と水平型 FDI（中間財の大半を現地調達し、最終財の大半を現地販売する）があることを示している。しかし、ブレグジット後の英国の製造業はグラフ右上に集中する傾向があり、これは現地法人の水平性（horizontalness）が高まっていることを示唆している。言い換えれば、ブレグジット後、英国における現地法人の FDI と貿易の代替性が高まった。英国では、中間財の現地調達比率が60％以上、最終財の販

17）Baldwin and Okubo（2014）は、販売・調達のボックス・ダイアグラムを用いて、⑴
　　北東の角は「純水平的 FDI」（現地法人はすべての中間財を現地で調達し、すべての最
　　終財を現地で販売する）、⑵西の角は「純垂直的 FDI」（すべての中間財は海外から調
　　達され、最終財の一部は本国に再輸出される）、⑶南西の角は「貿易障壁・関税回避型
　　FDI」（すべての中間財は本国から輸入され、組立を現地で行い、最終財は現地で販売
　　される）⑷南西の角は、「輸出プラットフォーム型 FDI」（中間財はすべて輸入され、
　　最終財はすべて輸出される）、⑸南東の角は、「資源調達型 FDI」（原料はすべて現地調
　　達され、すべて本国へ輸出される）であることを示している。

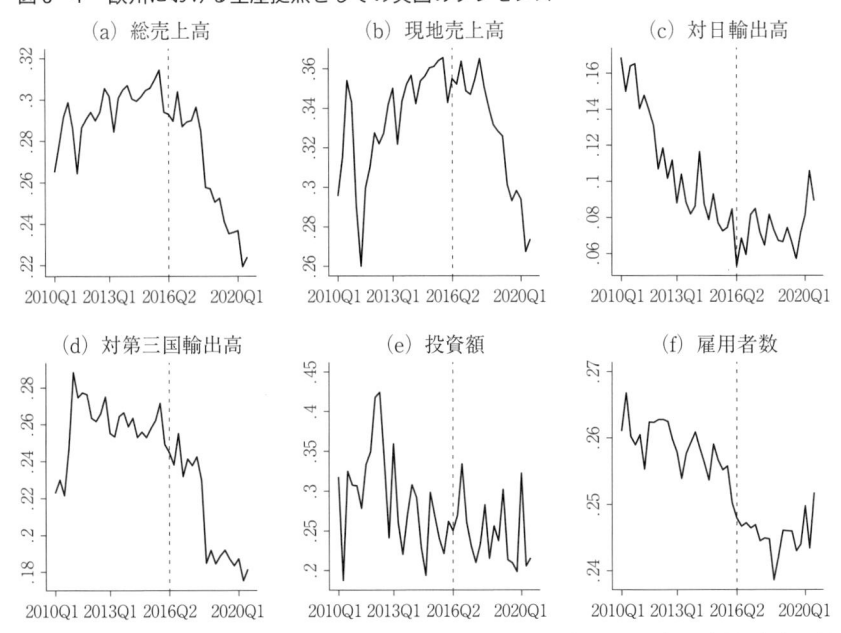

図5-4　欧州における生産拠点としての英国のプレゼンス

(a) 総売上高　　(b) 現地売上高　　(c) 対日輸出高

(d) 対第三国輸出高　　(e) 投資額　　(f) 雇用者数

注：この図は、製造業における現地法人の売上高、有形固定資産（土地を除く）の当期取得額、従
　　業者数について、欧州（英国および EU 加盟国）における英国のシェアを示している。縦線は
　　2016年第2四半期のブレグジットを示す。
出所：経済産業省「海外現地法人四半期調査」に基づき筆者作成。

売比率が60％以上の産業が増加している。英国に比べ、EU ではブレグジッ
ト後にネットワーク化された FDI が増える傾向にある。これは、日本の多
国籍企業が依然として EU（英国を除く）を単一市場とみなし、限られた EU
諸国（英国を除く）に生産拠点を持ち、他の EU 加盟国に輸出する傾向があ
ることを示唆している。

　同様に、図5-6は2016年のブレグジット前後における英国および EU に
おける日本の非製造業現地法人の販売・調達パターンを示している。両パネ
ルとも、非製造業の販売・調達パターンは水平的直接投資に近い。大半の非
製造業は、ほぼ完全に現地の原料中間財に依存し、実質的にすべての最終財
を現地で販売している。英国の非製造業の現地法人については、その販売・
調達パターンはブレグジット後においても大きくは変化しておらず、サービ

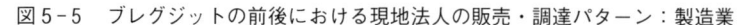

図5-5 ブレグジットの前後における現地法人の販売・調達パターン：製造業

(a) ブレグジット前 (b) ブレグジット後

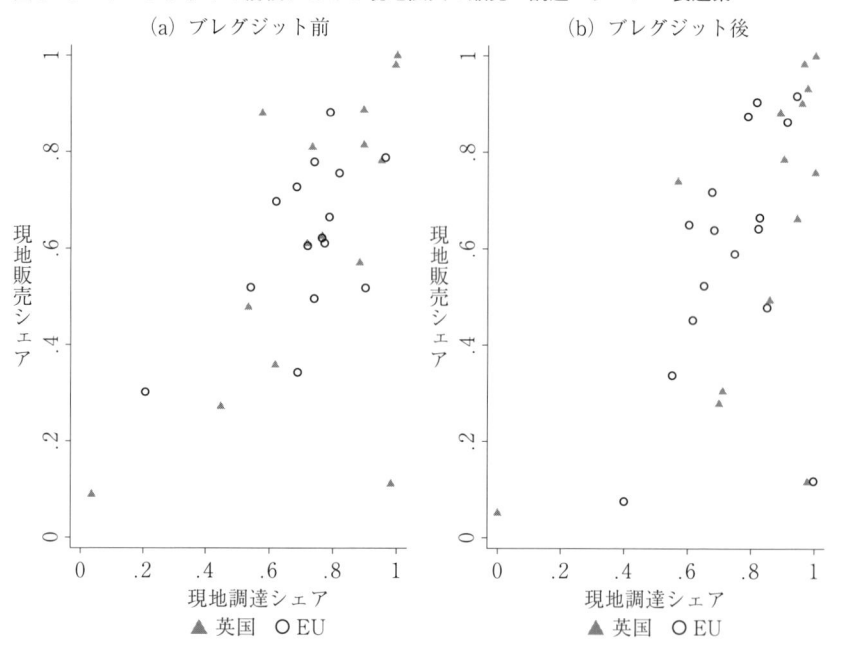

注：この図は、ブレグジット前後の英国および EU における製造業現地法人の販売・調達パターン
　　を示している。ブレグジット前は2010年度から2015年度の期間、ブレグジット後は2016年度か
　　ら2019年度の期間である。
出所：経済産業省「海外事業活動基本調査」をもとに筆者作成。

ス産業の FDI における水平的な性質と、財貿易と比較してサービス貿易に
おける代替性の低さを示唆している。

4．実証分析

4.1 推定式

　本研究では、2016年のブレグジット国民投票が日本企業英国現地法人に与
えた影響を検証する。そのために、DID 分析を行う。ベースラインの推定
式は以下の通りである：

$$Y_{ict} = \alpha_0 + \alpha_1 UK_{ic} \times Post_t + FE_i + FE_p + FE_{st} + \varepsilon_{it} \tag{1}$$

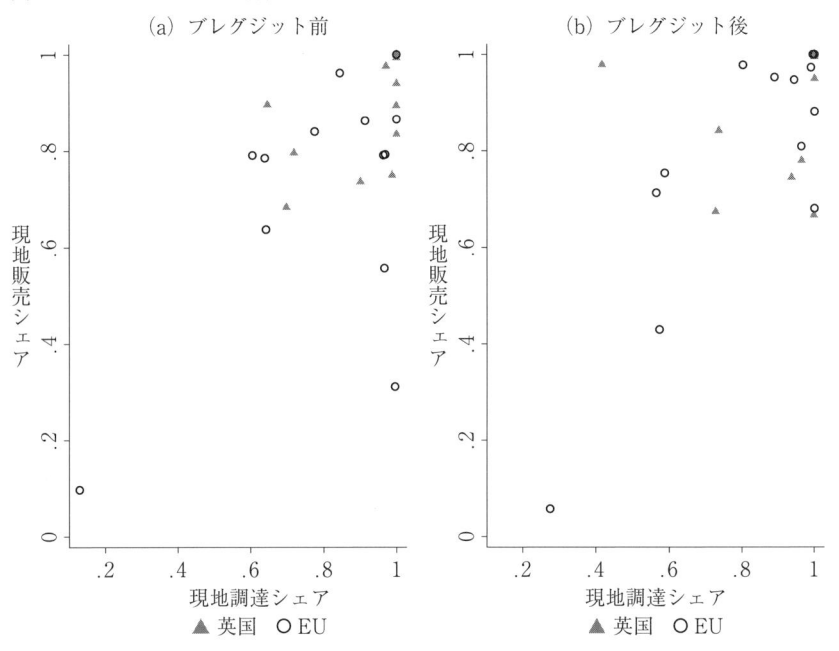

図5-6　ブレグジットの前後における現地法人の販売・調達パターン：非製造業

(a) ブレグジット前　　　　　　(b) ブレグジット後

注：この図は、ブレグジット前後の英国およびEUにおける非製造業現地法人の販売・調達パターンを示している。ブレグジット前は2010年度から2015年度の期間、ブレグジット後は2016年度から2019年度の期間である。
出所：経済産業省「海外事業活動基本調査」をもとに筆者作成。

ここで Y_{ict} は国 c における現地法人 i の t 年度の変数である。被説明変数には、(i)販売・調達パターン（売上高、仕入高、およびそれらの地域別内訳：現地、日本、第三国、および欧州）、(ii)企業行動（設備投資、従業者数、日本側派遣者数、参入、および退出）、および(iii)その他の企業パフォーマンス（労働生産性および利益率）が含まれる。UK_{ic} はダミー変数であり、日本企業現地法人 i が英国に所在する場合には 1 、そうでない場合は 0 を示す。$Post_t$ は、2016年度以前は 0 、2016年度は0.75、2017年度以降は 1 の値をとる変数である。2016年度における $Post_t$ の値を0.75としたのは、データは会計年度（すなわち、日本では 4 月から 3 月まで）に基づく一方、ブレグジット国民投票が2016年 6 月23日に実施されたからである[18]。注目される係数は α_1 であるが、α_1 は負であり、ブレグジットが英国現地法人にマイナスの影響を与えることを

予測している。分析では、現地法人の固定効果 FE_i、本社企業（親会社）の固定効果 FE_p、および、産業-年度の固定効果 FE_{st} をコントロールしている。また、標準誤差は国レベルでクラスタリングしている。

　本分析では、ブレグジット国民投票というショック後の全年度の平均効果だけでなく、効果の持続性も検証したい。ブレグジットの動的効果を調べるために、ブレグジットが被説明変数にフレキシブルな効果を持つことを考える。具体的には、サンプル期間にわたって英国ダミーと時間ダミーの交差項を考慮した、以下の式を推定する：

$$Y_{it} = \alpha_0 + \sum_{t=2010}^{2019} \alpha_t UK_{ic} \times Post_t + FE_i + FE_p + FE_{st} + \varepsilon_{it} \tag{2}$$

特に関心があるのは、ブレグジット後の各年度、つまり t =2016, 2017, 2018, 2019年度における処置効果 α_t である。

　ベースラインの推定では、英国（処置群）と EU（対照群）の日本企業現地法人のサンプルを用いた。対照群として EU の現地法人を用いた理由は 2 つある。(1)英国と EU はブレグジット以前は単一市場であり、日本の多国籍企業にとって同じ貿易政策とビジネス環境を共有していた。(2)表 5 - 1 、 5 - 2 に示したように、フルサンプルと比較して、英国と EU のサンプルは、特に販売・調達パターンの点でより類似しており、両グループ間の比較可能性が高いことを示している。

　頑健性チェックのために、処置群と対照群として別のサンプルを用いた推定も行った。まず、英国に所在する現地法人を処理群、英国以外のすべての進出先の国に所在する現地法人を対照群とした。頑健性チェックの結果は付録で報告されている。

4.2　結果

　本節では、(1)式のベースライン・モデルの推定結果を示し、時系列での処置効果（(2)式の推計係数）を、販売・調達パターン、企業行動、その他の企業パフォーマンスについてプロットする。次に、四半期ごとの現地法人レベルのデータを用いた推計結果を報告する。

---

18) 2016年度に 1 を設定した場合の推定結果は頑健で、定量的にも類似している。

販売・調達パターン

　表5-3は、ブレグジットが英国における現地法人の販売パターンに与える影響に関する推定結果を示している。パネル A、B、C はそれぞれ全産業、製造業、非製造業の結果を示している。パネル A においては、推定された $UK_{ic} \times Post_t$ の係数は、すべての列で統計的有意に負である。2016年のブレグジット国民投票によって、英国現地法人の売上高は EU 圏内の現地法人に比べて約11.1%減少した。これは、英国での現地販売、日本向け輸出、欧州向け輸出が減少したためである。パネル B と C を見ると、製造業に比べ、非製造業の方が売上高へのマイナス効果が大きいことがわかる。売上高の分解を見ると、製造業ではブレグジット後に日本向け輸出と欧州向け輸出が大きく減少しており、EU 単一市場を対象とする輸出志向の現地法人に対するブレグジットのマイナスの影響が大きいことが示唆される。これとは対照的に、非製造業で最も減少幅が大きかったのは現地販売であり、英国におけるブレグジット後のサービスに対する負の需給ショックを示唆している。付録の表5-A1では、異なる対照群（英国以外のすべての進出先の国にある現地法人）を用いているが、ほとんどの結果は頑健である。例外は、英国以外のすべての進出先の国の現地法人に比べて、英国現地法人はブレグジット後も欧州市場への輸出が大きく、欧州向け輸出には依然として重力モデルの説明力が高いことを示唆していることである[19]。

　図5-7は、現地法人、親会社本社企業および産業-年度の固定効果をコントロールした上で、売上高（およびその分解）を $\alpha_t UK_{ic} \times Post_t$ に回帰した推定係数をプロットすることで、英国にある現地法人と EU にある現地法人の売上パターンの時点を通じての違いを示している。

　売上高、現地販売額、日本向け輸出額については、両グループは並行トレンドの点でバランスが取れており、英国にある現地法人と EU にある現地法人間の比較可能であることを示している。しかし、ブレグジット後、英国にある現地法人は EU にある現地法人と比べて、売上高、現地販売額、日本向け輸出額が急激かつ持続的に減少しており、ブレグジットが前者に大きなマ

19）重力モデル（gravity model）では、貿易額は、経済規模（GDP）の大きい国同士では大きくなる一方、互いの距離が遠いと小さくなると考える。

表5-3　ブレグジットが販売パターンに与える影響

サンプル／被説明変数	(1) 売上高	(2) 現地販売額	(3) 日本向け 輸出額	(4) 第三国向け 輸出額	(5) 第三国向け 輸出額：欧州
パネルA：全産業					
UK*post	-0.111***	-0.141***	-0.161***	-0.0903*	-0.105**
	(0.0213)	(0.0263)	(0.0334)	(0.0446)	(0.0404)
サンプルサイズ	18774	18774	18774	18774	18774
決定係数	0.930	0.814	0.781	0.815	0.760
パネルB：製造業					
UK*post	-0.0827**	-0.0225	-0.234***	-0.0770	-0.242**
	(0.0376)	(0.111)	(0.0657)	(0.113)	(0.116)
サンプルサイズ	6109	6109	6109	6109	6109
決定係数	0.939	0.778	0.784	0.816	0.746
パネルC：非製造業					
UK*post	-0.117***	-0.206***	-0.113***	-0.0576*	-0.00172
	(0.0226)	(0.0351)	(0.0368)	(0.0305)	(0.0365)
サンプルサイズ	12629	12629	12629	12629	12629
決定係数	0.924	0.830	0.776	0.805	0.755

注：サンプルは英国およびEUの現地法人のみを対象としている。サンプル期間は2010年度から2019年度。固定効果（現地法人、本社企業、産業-年度）がすべての推定に含まれている。標準誤差は国レベルでクラスタ化されている。有意水準：* 0.10 ** 0.05 *** 0.01.

イナスの影響を与えたことを示している。興味深いことに、欧州を含む第三国向け輸出はまったく異なるパターンを示している：英国にある現地法人では、2016年のブレグジット国民投票以前からこれらの市場への輸出が徐々に減少しており、ブレグジット後のマイナスの影響はやや短期間であった。英国の第三国向け輸出額の約73％を欧州が占めていることから（表5-1）、第三国向け輸出と欧州向け輸出の時間推移は類似している。この結果は、ブレグジットへの期待、英国とEUの貿易政策を巡る不確実性がEU向け輸出にマイナスの影響を与えることを示唆している。

　表5-4は、ブレグジットが英国における現地法人の調達パターンに与える影響についての推定結果を示している。パネルAにおいて、$UK_{ic} \times Post_t$

図5-7　ブレグジットが販売パターンに与える影響：時系列、全産業

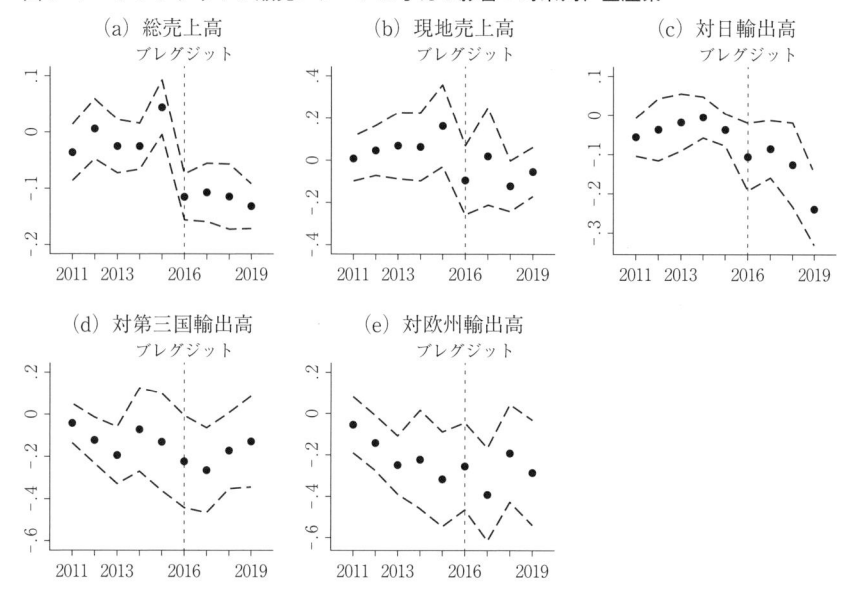

（a）総売上高

（b）現地売上高

（c）対日輸出高

（d）対第三国輸出高

（e）対欧州輸出高

注：この図は、現地法人、本社企業、および産業−年度の固定効果をコントロールした、2011年度から2019年度の間の英国ダミー×年度ダミー（$UK_{ic} \times Post_t$）の係数の推定値をプロットしたものである。破線は95％信頼区間を表す。

の推定された係数は、(3)列を除くすべての列で、統計的に有意に負であった。ブレグジットの国民投票によって、英国現地法人の仕入高は、EU域内の現地法人に比べて約14.2％、有意に減少した。仕入の減少はほぼ全地域で確認でき、これは、現地調達と欧州市場からの輸入が減少したためである。パネルBとCによれば、仕入高に対するマイナスの影響は、製造業よりも非製造業の方が大きい。具体的には、仕入高は製造業で11.8％、非製造業で15.2％減少した。仕入の分解については、ブレグジット後、製造業の現地調達と日本からの輸入が有意に減少した。同時に、第三国からの輸入は欧州を除いて増加しており、EUから他の第三国への貿易転換の可能性を示唆している。対照的に、非製造業では欧州と第三国からの輸入が有意に減少しており、モノの貿易よりもサービス貿易の方が、貿易コストが高いことを示唆している。代替的な対照群（英国以外のすべての進出先の国にある現地法人；付録の表5-A2を参照）を用いても、（さらに大きな推計値で）結果は頑健である。

表5-4　ブレグジットが調達パターンに与える影響

サンプル／被説明変数	(1) 仕入高	(2) 現地調達額	(3) 日本からの 輸入額	(4) 第三国からの 輸入額	(5) 第三国からの 輸入額：欧州
パネルA：全産業					
UK*post	-0.142***	-0.190***	-0.0665	-0.111**	-0.304***
	(0.0252)	(0.0630)	(0.0438)	(0.0520)	(0.0778)
サンプルサイズ	17705	17705	17705	17705	17705
決定係数	0.917	0.802	0.855	0.808	0.749
パネルB：製造業					
UK*post	-0.118***	-0.308***	-0.167*	0.163*	-0.0934
	(0.0362)	(0.0917)	(0.0856)	(0.0881)	(0.100)
サンプルサイズ	5860	5860	5860	5860	5860
決定係数	0.917	0.769	0.817	0.789	0.726
パネルC：非製造業					
UK*post	-0.152***	-0.143	-0.0186	-0.238**	-0.398***
	(0.0335)	(0.104)	(0.0696)	(0.0907)	(0.130)
サンプルサイズ	11813	11813	11813	11813	11813
決定係数	0.916	0.793	0.873	0.819	0.761

注：サンプルは英国およびEUの現地法人のみを対象としている。サンプル期間は2010年度から
　　2019年度。固定効果（現地法人、本社企業、産業-年度）がすべての推定に含まれている。標
　　準誤差は国レベルでクラスタ化されている。有意水準：* 0.10 ** 0.05 *** 0.01.

　図5-8は、英国にある現地法人とEUにある現地法人の調達パターンの
違いを時系列で示したものである。仕入高、現地調達額、日本からの輸入額
に関しては、両グループは並行トレンドでバランスが取れており（日本から
の輸入額は変動が大きい）、英国現地法人とEU現地法人が比較可能であるこ
とを示している。しかし、ブレグジット後の英国の現地法人は、EUの現地
法人と比べて、仕入高、現地調達額、日本からの輸入額が急激かつ持続的に
減少した。販売パターンと同様に、欧州を含む第三国からの輸入はまったく
異なるパターンを示している：英国にある現地法人では、2016年のブレグ
ジット国民投票以前からこれらの市場からの輸入が徐々に減少しており、
2016年度以降はマイナスの影響は短期間で収まった。英国の第三国からの仕

図5-8　ブレグジットの調達パターンへの影響：時系列、全産業

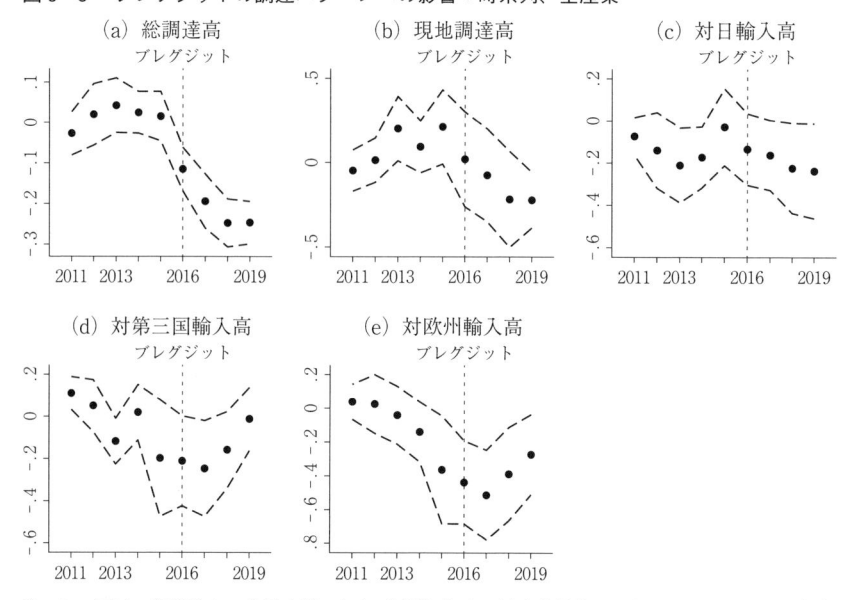

注：この図は、現地法人、本社企業、および産業-年度の固定効果をコントロールした、2011年度から2019年度の間の英国ダミー×年度ダミー（$UK_{ic} \times Post_t$）の係数の推定値をプロットしたものである。破線は95%信頼区間を表す。

入高の約46%を欧州が占めているため（表5-1）、第三国からの輸入と欧州からの輸入の時間的傾向は類似している。販売パターンと同様に、この結果はブレグジットへの期待による負の効果と政策の不確実性がEUからの輸入に及ぼす負の効果を示唆している。

企業の行動

　販売・調達パターンに加えて、ブレグジットは企業の行動に大きな影響を与えた可能性がある。表5-5は、ブレグジットに対する企業の対応についての推定結果である。まず、企業の投資については、EU域内の現地法人と比べて、英国では設備投資額が約5.9%減少した一方で、設備投資の意思決定については変化しておらず、設備投資が外延（投資企業数）ではなく内延（1社あたりの投資額）を通じて減少したことが示唆される。なお、設備投資額の減少の大部分は製造業における設備投資の減少によるものである。第二

表 5 - 5　ブレグジットの企業行動への影響

サンプル／被説明変数	(1) 設備投資額	(2) 設備投資ダミー	(3) 常時従業者数	(4) 日本側派遣者数	(5) 参入ダミー	(6) 退出ダミー
パネルA：全産業						
UK*post	-0.0586*	0.00202	-0.0937***	-0.0295**	0.00646*	0.0109**
	(0.0331)	(0.00718)	(0.0249)	(0.0110)	(0.00319)	(0.00481)
サンプルサイズ	10199	26750	21314	14908	26750	26750
決定係数	0.797	0.647	0.942	0.846	0.167	0.172
パネルB：製造業						
UK*post	-0.160***	-0.0104	-0.109*	-0.0773***	0.0210***	0.00281
	(0.0496)	(0.0130)	(0.0538)	(0.0196)	(0.00578)	(0.00419)
サンプルサイズ	4469	7901	6627	4598	7901	7901
決定係数	0.787	0.635	0.920	0.833	0.207	0.152
パネルC：非製造業						
UK*post	0.0218	0.00604	-0.0856**	-0.00919	0.000552	0.0137**
	(0.0610)	(0.00915)	(0.0328)	(0.0165)	(0.00365)	(0.00574)
サンプルサイズ	5709	18789	14644	10272	18789	18789
決定係数	0.741	0.622	0.937	0.849	0.154	0.178

注：サンプルは英国および EU の現地法人のみを対象としている。サンプル期間は2010年度から2019年度の間で、日本側派遣者数（2013年度から2019年度）を除く。固定効果（現地法人、本社企業、産業-年度）がすべての推定に含まれている。標準誤差は国レベルでクラスタ化されている。有意水準：* 0.10 ** 0.05 *** 0.01.

に、ブレグジット後に、英国における従業者数は約9.4%、日本側派遣者数は約3％減少した。製造業企業は非製造業企業よりも雇用調整を行っている。第三に、退出（解散、撤退、出資比率の低下）の確率は、ブレグジット後に約1.1%ポイント有意に上昇した。フルサンプルの平均退出確率が3.3%であったことを考えると（表5-1参照）、1.1%ポイントの増加は大きい。製造業に比べ、非製造業の退出確率は高い。しかし、意外なことに、日本の製造現地法人が英国に進出する確率はブレグジット後に高く、英国における水平的 FDI が増加する可能性を示唆している。

　頑健性チェックとして、付録の表5-A3は異なる対照群（英国以外のすべ

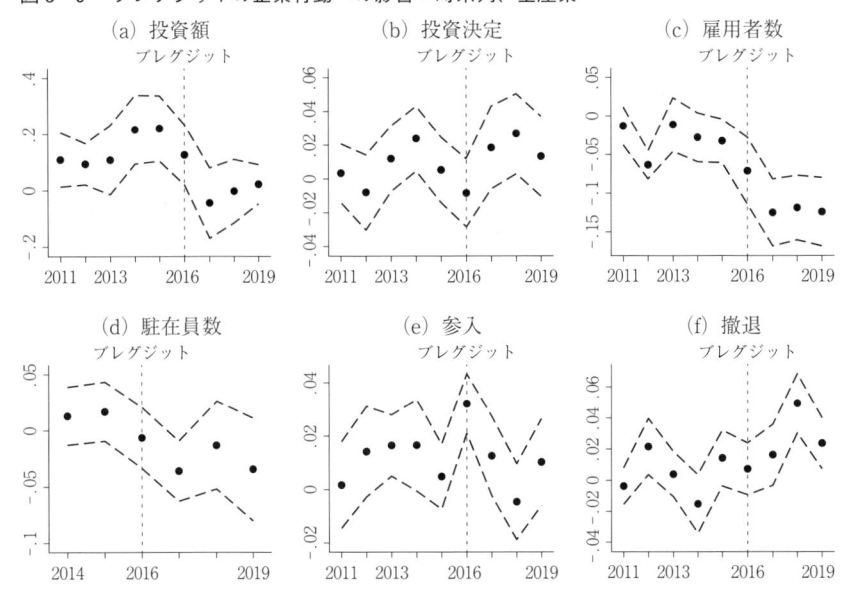

図5-9　ブレグジットの企業行動への影響：時系列、全産業

注：この図は、日本側派遣者数（2013年度～2019年度）を除く2011年度から2019年度の間の英国ダミー×年度ダミーの係数の推定値を、現地法人、本社企業、産業−年度の固定効果をコントロールしてプロットしたものである。破線は95%信頼区間を表す。

ての進出先の国にある現地法人）を用いた推定結果を示している。ブレグジットは非製造業の整備投資と雇用（従業者数）に負の影響を与える。ベースラインの結果と整合的であるが、英国以外のすべての進出先の国の現地法人と比較すると、英国の現地法人は製造業における参入確率が依然として高いが、非製造業では退出確率が高く、産業間の異質な反応を示唆している。

　図5-9は、英国にある現地法人とEUにある現地法人の企業行動とパフォーマンスの時点を通じた違いを示したものである。設備投資に関しては、ブレグジット前の時期には両グループ間の差異と時間的傾向は明確ではなかった。設備投資は2016年度に減少したが、その後はポンド安のためか増加した。一方、従業者数、日本側派遣者数、参入・退出については、両グループの並行トレンドは均衡しており、英国現地法人とEU現地法人の比較可能性が高いことを示している。しかし、ブレグジット後の英国にある現地法人は、EUにある現地法人と比べて、従業者数、日本側派遣者数が急激か

表5-6　ブレグジットの企業パフォーマンスへの影響

サンプル／被説明変数	(1) 労働生産性	(2) 利益率	(3) 労働生産性	(4) 利益率	(5) 労働生産性	(6) 利益率
	全産業		製造業		非製造業	
パネルA：英国とEU						
UK*post	−0.0711***	−0.0175***	−0.0256	−0.0170**	−0.0867***	−0.0174***
	(0.0120)	(0.00444)	(0.0234)	(0.00785)	(0.0129)	(0.00561)
サンプルサイズ	17398	18222	5952	6051	11415	12136
決定係数	0.880	0.487	0.857	0.519	0.877	0.470
パネルB：すべての国						
UK*post	−0.179***	−0.0248***	−0.169***	−0.0335***	−0.168***	−0.0213***
	(0.0421)	(0.00525)	(0.0434)	(0.00585)	(0.0435)	(0.00646)
サンプルサイズ	173984	184594	83663	86160	90066	98163
決定係数	0.894	0.418	0.887	0.418	0.881	0.421

注：サンプル期間は2010年度から2019年度である。固定効果（現地法人、本社企業、産業-年度）がすべての推定に含まれている。標準誤差は国レベルでクラスタ化されている。有意水準：* 0.10 ** 0.05 *** 0.01.

つ持続的に低下した。このため、現地法人が英国市場から退出する確率が大幅に高まった。

その他の企業パフォーマンス

　次に、ブレグジットが他の企業の業績（生産性と利益率）に与える影響を検証する。結果は表5-6にまとめられている。パネルAからわかるように、EU域内の現地法人と比べて、ブレグジット後、英国の現地法人は平均で労働生産性が約7.1％、利益率が1.8％低下した。生産性と利益率の低下は製造業と非製造業の両方で観察される。パネルBに示すように、代替的な対照群を用いてもベースラインの結果は頑健であった。より大きな推計値は、英国以外のすべての進出柵の国の現地法人と比較して、英国の現地法人が生産性と利益率においてさらに大きな減少を経験したことを意味する。

　図5-10は、英国にある現地法人とEUにある現地法人の労働生産性（パネル(a)）と利益率（パネル(b)）の経年変化を示している。英国にある現地法人

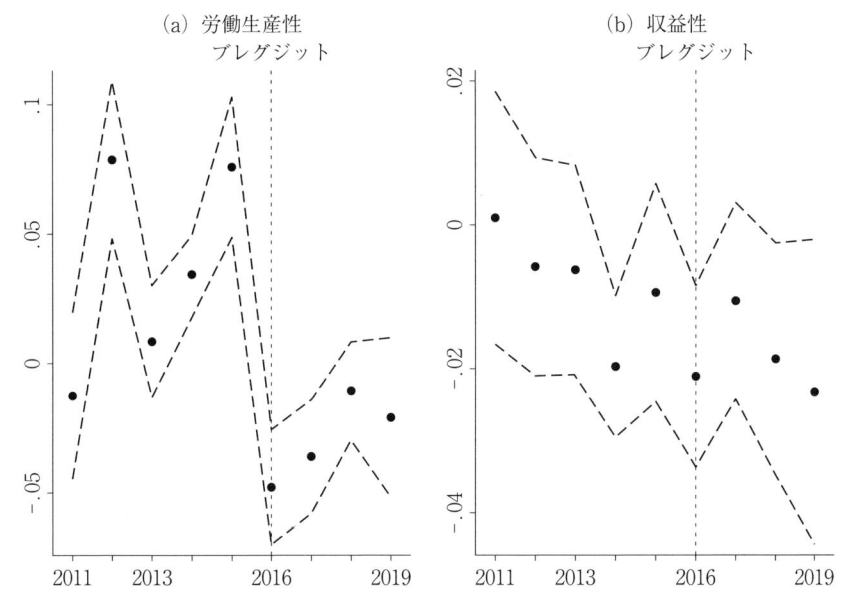

図5-10　ブレグジットの企業パフォーマンスへの影響：時系列、全産業

注：この図は、現地法人、本社企業、および産業-年度の固定効果をコントロールした、2011年度から2019年度の間の英国ダミー×年度ダミーの係数の推定値をプロットしたものである。破線は95％信頼区間を表す。

の生産性は、ブレグジット前は高かったが、ブレグジット後は急激かつ持続的に低下している。一方、利益率はまったく異なるパターンを示している：英国にある現地法人では、ブレグジット以前から利益率が徐々に低下していた。

販売パターンと企業行動：四半期データ

　上述したように、製造現地法人の売上高（およびその分解）、整備投資（有形固定資産の当期取得額）、従業者数に関する四半期情報も入手できる。四半期データには2つの利点がある。第一に、ブレグジットのタイミング（2016年6月）を四半期レベルで定義しているため、識別が改善した可能性がある。第二に、より長い期間にわたって、英国および英国以外の国々の製造現地法人をより多くカバーしている。追加の分析と頑健性チェックのために、四半期データを用いて式(1)と(2)を推計した。$Post_t$ は、2016年第1四半期以

表5-7　ブレグジットが販売パターンと企業行動に与える影響：四半期データ

サンプル／被説明変数	(1) 売上高	(2) 自国内 売上高	(3) 日本国向 け売上高	(4) 第三国向 け売上高	(5) 有形固定 資産の当 期取得額	(6) 従業者数
パネルA：英国とEU						
UK*post	−0.0693**	−0.102	−0.0559	−0.0557	−0.183***	−0.0562*
	(0.0294)	(0.0597)	(0.0567)	(0.0631)	(0.0467)	(0.0279)
サンプルサイズ	16200	16200	16200	16200	10617	16200
決定係数	0.947	0.902	0.842	0.876	0.669	0.971
パネルB：すべての国						
UK*post	−0.0965***	−0.164***	−0.0932***	−0.101***	−0.0186	−0.00698
	(0.0201)	(0.0269)	(0.0207)	(0.0287)	(0.0598)	(0.0349)
サンプルサイズ	190606	190606	190606	190606	114282	190606
決定係数	0.931	0.907	0.889	0.865	0.616	0.959

注：サンプル期間は2010年第2四半期から2020年第1四半期までである。固定効果（系列会社、親会社、国、産業-時間）はすべての推定に含まれている。標準誤差は国レベルでクラスタ化されている。有意水準：* 0.10 ** 0.05 *** 0.01.

前はゼロであり、2016年第2四半期以降は1になる[20]。年次データと同様に、推計ではUKとEUのサンプル、そして全サンプルを別々に使用した。表5-7と図5-11、5-12に示すように、結果は年次データを用いた結果と整合的であり、特に英国とEUのサンプルについてその傾向が見られる。

5．結論

本章は、日本の多国籍企業の海外現地法人に関する豊富な企業レベルのデータを用いて、2016年のブレグジット国民投票が多国籍企業の海外生産とグローバル・サプライチェーンに与えた影響を検証した。まず、ブレグジットの国民投票は英国にある現地法人にとって有意な負のショックをもたらし

20）*Post_t* が2016年第3四半期およびそれ以降の四半期で1である場合にも、結果は頑健なままである。

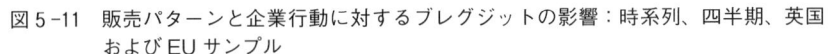

図5-11 販売パターンと企業行動に対するブレグジットの影響：時系列、四半期、英国およびEUサンプル

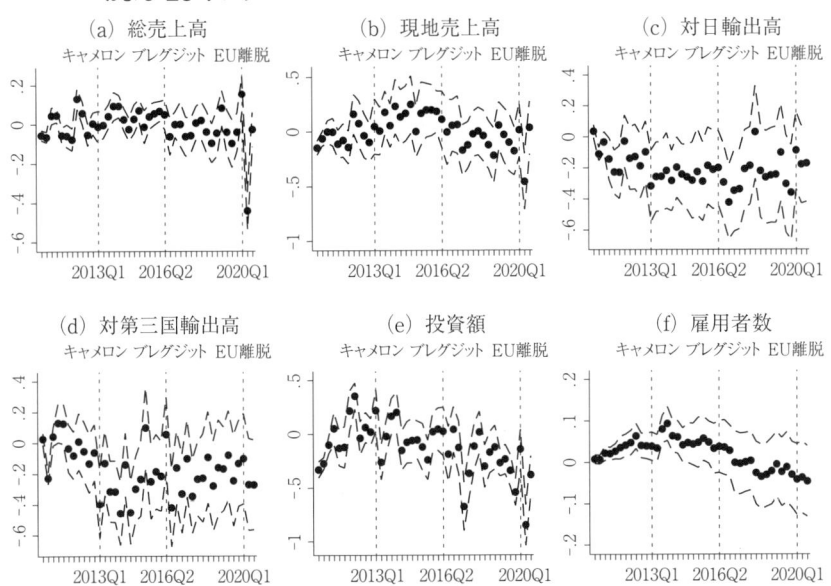

注：この図は、2010年第2四半期から2020年第3四半期までの英国ダミー×四半期ダミーの係数の推定値を、現地法人、本社企業、産業-年・四半期の固定効果をコントロールしてプロットしたものである。破線は95％信頼区間を表す。2013年1月23日、デービッド・キャメロン首相は英国のEU加盟に関する国民投票を2017年末までに実施すると約束した。ブレグジット国民投票は2016年6月23日に実施された。2020年1月31日に英国はEUを離脱し、移行期間に入った。

た。EU域内の現地法人と比較して、英国における現地法人の売上高および仕入高は、特に現地販売および現地調達、欧州市場向けの輸出と欧州市場からの輸入において負の影響を受けたことがわかった。2016年以降、英国における現地法人の雇用（従業者数、日本側派遣者数）、生産性、および利益率は大幅に低下し、それに伴い英国からの現地法人の退出確率が大幅に上昇した。したがって、ブレグジットの影響は、直接関与している英国とEUを超えて広がっている。グローバル経済への影響を理解するためには、国境を越えた貿易や多国籍企業の生産ネットワークを考慮する必要がある。

　本研究は、ブレグジットが多国籍企業の海外生産にどのような影響を与えるかについて詳細に分析しているが、結果の解釈にはいくつかの注意点がある。四半期データの分析は2020年第3四半期まで続いたが、年次データのサ

図5-12　ブレグジットが販売パターンと企業行動に与える影響：時系列、四半期、フル
　　　　サンプル

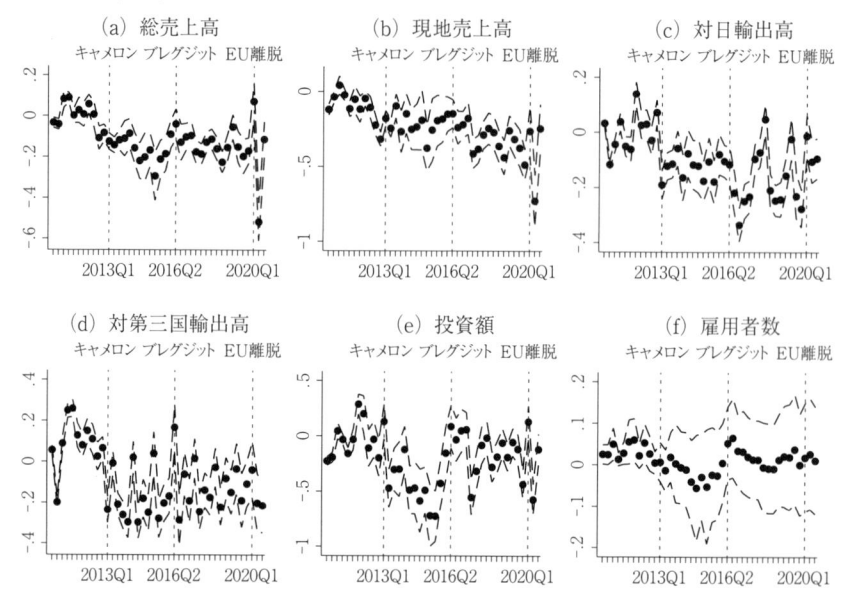

（a）総売上高　　　　（b）現地売上高　　　　（c）対日輸出高

（d）対第三国輸出高　　　（e）投資額　　　　（f）雇用者数

注：この図は、2010年第2四半期から2020年第3四半期までの英国ダミー×四半期ダミーの係数の
　　推定値を、現地法人、本社企業、産業-年・四半期の固定効果をコントロールしてプロットし
　　たものである。破線は95%信頼区間を表す。2013年1月23日、デービッド・キャメロン首相は
　　英国のEU加盟に関する国民投票を2017年末までに実施すると約束した。ブレグジット国民投
　　票は2016年6月23日に実施された。2020年1月31日に英国はEUを離脱し、移行期間に入っ
　　た。

ンプルは2019年度に終了した。つまり、我々は2016年のブレグジット国民投
票の影響しか分析しておらず、2020年1月に英国が正式にEUを離脱した後
の影響を分析することは困難であり、2021年1月のEU-英国通商協定
（TCA）を評価することは不可能である。したがって、本研究の分析結果は、
貿易政策、貿易コスト、政治体制の実際の変化というよりは、ブレグジット
に関連した不確実性ショックや企業の期待の影響を反映しているに過ぎない
可能性がある。今後、より多くのデータが入手可能になれば、不確実性
ショックと企業の期待の影響を特定し、分析を発展・拡張する予定である。

参考文献

Antras, P., Yeaple, S.R. (2014) "Multinational Firms and the Structure of International Trade,": 55-130. *Handbook of International Economics*, volume 4.

Baldwin, R. and T. Okubo (2014) "Networked FDI: Sales and Sourcing Patterns of Japanese Foreign Affiliates," *The World Economy*, 37(8): 1027-1196.

Bloom, N., P. Bunn, S. Chen, P. Mizen, P. Smietanka, and G. Thwaites (2019) "The Impact of Brexit on UK Firms," *NBER Working Paper* No. 26218.

Campello, M., G., Cortes, d' Almeida, and G. Kankanhalli (2022) "Exporting Uncertainty: The Impact of Brexit on Corporate America," *Journal of Financial and Quantitative Analysis*, 57(8): 3178-3222.

Cieślik, A. and M. Ryan (2022) "Brexit and Japanese foreign direct investment in the UK: a sectoral analysis," *Oxford Economic Papers*, 74(4): 959-975.

Crowley, M A, O Exton and L Han (2020) "The Looming Threat of Tariff Hikes: Entry into Exporting under Trade Agreement Renegotiation," *AEA Papers and Proceedings*, 110: 547-551.

Dhingra, S., Ottaviano, G., J., Sampson, T., and Van Reenen, J. (2016) "The impact of Brexit on foreign investment in the UK," *Centre for Economic Performance* Working Paper.

Dhingra, S., Huang, H., Ottaviano, G., Pessoa, J., Sampson, T. and Van Reenen, J. (2017) "The costs and benefits of leaving the EU: trade effects," *Economic Policy*, 32 (92): 651-705.

Dhingra S, Ottaviano G, Rappoport V, Sampson T, Thomas C. (2018) "UK trade and FDI: A post-Brexit perspective," *Papers in Regional Science*, 97: 9-24.

Du, J and O Shepotylo (2021) "Brexit and Services Trade New Evidence from Synthetic Diff-in-Diff Approach," *UK in a Changing Europe* Working Paper 08/2021.

Freeman, R, K Manova, T Prayer and T Sampson (2022) "Unravelling Deep Integration: UK Trade in the Wake of Brexit," *CEP Discussion Paper* 1847.

Graziano, A G, K Handley and N Limão (2021) "Brexit Uncertainty and Trade Disintegration," *The Economic Journal*, 131 (635): 1150-1185.

Kondo, K. (2018) "Sourcing patterns of export-platform foreign affiliates: The case of Japanese affiliates in Mexico," *The World Economy*, 41(5): 1437-1456.

McGrattan, E. and A. Waddle (2020) "The Impact of Brexit on Foreign Investment and Production," *American Economic Journal: Macroeconomics*, 12(1): 76-103.

Sampson T. (2017) "Brexit: The Economics of International Disintegration," *Journal of Economic Perspectives*, 31(4): 163-184.

Spinelli, F., R. Rouzet and H. Zhang (2020) "Networks of foreign affiliates: Evidence from

Japanese micro-data," *The World Economy*, 43(7): 1841-1867.

Steinberg, J. (2019) "Brexit and the Macroeconomic Impact of Trade Policy Uncertainty," *Journal of International Economics*, 117: 175-95.

Sun, C, Z. Tao, H. Yuan, and H. Zhang (2019) "The Impact of the US-China Trade War on Japanese Multinational Corporations," RIETI Discussion Paper 19-E-050.

【付録】 頑健性チェック

表5−A1　ブレグジットが販売パターンに与える影響：フルサンプル

サンプル／被説明変数	(1) 売上高	(2) 現地販売額	(3) 日本向け輸出額	(4) 第三国向け輸出額	(5) 第三国向け輸出額：欧州
パネルA：全産業					
UK*post	-0.218***	-0.370***	-0.0848***	-0.0359*	0.0813***
	(0.0355)	(0.0410)	(0.0200)	(0.0185)	(0.0149)
サンプルサイズ	188472	188472	188472	188472	188472
決定係数	0.920	0.835	0.807	0.798	0.779
パネルB：製造業					
UK*post	-0.154***	-0.377***	-0.130***	0.0944**	0.103***
	(0.0313)	(0.0464)	(0.0420)	(0.0388)	(0.0288)
サンプルサイズ	87128	87128	87128	87128	87128
決定係数	0.922	0.843	0.822	0.793	0.785
パネルC：非製造業					
UK*post	-0.240***	-0.353***	-0.0675***	-0.0872***	0.0702***
	(0.0414)	(0.0434)	(0.0180)	(0.0250)	(0.0117)
サンプルサイズ	101068	101068	101068	101068	101068
決定係数	0.915	0.826	0.774	0.796	0.773

注：サンプルはすべての進出先の国の現地法人を対象としている。サンプル期間は2010年度から2019年度。固定効果（現地法人、本社企業、産業-年度）がすべての推定に含まれている。標準誤差は国レベルでクラスタ化されている。有意水準：* 0.10 ** 0.05 *** 0.01.

表5-A2 ブレグジットが調達パターンに与える影響：全サンプル

サンプル／被説明変数	(1) 仕入高	(2) 現地調達額	(3) 日本からの 輸入額	(4) 第三国からの 輸入額	(5) 第三国からの 輸入額：欧州
パネルA：全産業					
UK*post	-0.259***	-0.286***	-0.178***	-0.122***	-0.171***
	(0.0383)	(0.0408)	(0.0314)	(0.0166)	(0.00959)
サンプルサイズ	181092	181092	181092	181092	181092
決定係数	0.907	0.811	0.816	0.771	0.733
パネルB：製造業					
UK*post	-0.143***	-0.260***	-0.305***	-0.0617*	-0.116***
	(0.0262)	(0.0373)	(0.0304)	(0.0358)	(0.0179)
サンプルサイズ	85871	85871	85871	85871	85871
決定係数	0.906	0.786	0.797	0.759	0.706
パネルC：非製造業					
UK*post	-0.310***	-0.324***	-0.114***	-0.140***	-0.190***
	(0.0496)	(0.0508)	(0.0376)	(0.0213)	(0.0160)
サンプルサイズ	94953	94953	94953	94953	94953
決定係数	0.904	0.811	0.834	0.785	0.754

注：サンプルはすべての進出先の国の現地法人を対象としている。サンプル期間は2010年度から2019年度。固定効果（現地法人、本社企業、産業-年度）がすべての推定に含まれている。標準誤差は国レベルでクラスタ化されている。有意水準：* 0.10 ** 0.05 *** 0.01.

表 5-A 3　ブレグジットの企業行動への影響：フルサンプル

サンプル／被説明変数	(1) 設備投資額	(2) 設備投資ダミー	(3) 常時従業者数	(4) 日本側派遣者数	(5) 参入ダミー	(6) 退出ダミー
パネルA：全産業						
UK*post	0.0272	0.00225	-0.0544	0.0135	0.00609	0.0177***
	(0.0408)	(0.00535)	(0.0382)	(0.0221)	(0.00518)	(0.00364)
サンプルサイズ	94406	247449	205691	149293	247449	247449
決定係数	0.750	0.600	0.935	0.829	0.101	0.146
パネルB：製造業						
UK*post	0.0494	0.0197**	0.0182	0.0275	0.00921**	0.00457
	(0.0532)	(0.00752)	(0.0588)	(0.0232)	(0.00365)	(0.00574)
サンプルサイズ	58591	108068	91599	65976	108068	108068
決定係数	0.721	0.579	0.905	0.820	0.092	0.138
パネルC：非製造業						
UK*post	0.0000465	-0.00900*	-0.0839***	0.00969	0.00420	0.0229***
	(0.0379)	(0.00533)	(0.0300)	(0.0219)	(0.00612)	(0.00311)
サンプルサイズ	35644	138991	113762	83060	138991	138991
決定係数	0.729	0.553	0.924	0.826	0.102	0.151

注：サンプルはすべての進出先の国の現地法人を対象としている。サンプル期間は2010年度から2019年度。固定効果（現地法人、本社企業、産業-年度）がすべての推定に含まれている。標準誤差は国レベルでクラスタ化されている。有意水準：* 0.10 ** 0.05 *** 0.01.

第6章

最低賃金と多国籍企業の活動

法政大学経済学部　倪 彬
北京大学新構造経済研究所　王 歆
上海社会科学院　謝 一青

1．はじめに

　多国籍企業（MNE）の時間的・空間的ダイナミクスは経済学における長年の課題であり、国境を越えた貿易パターンや資本移動、技術移転を説明する上で多国籍企業が重要な役割を果たしていることから、政策的重要性が高まっている。ホスト国の視点から系列会社の立地決定要因について広範な議論がなされてきたが、多国籍企業の系列会社がホスト国の経済状況や経済政策の変化にどのように反応するかを調査した論文はほとんどない。系列会社が不利なコストショックに見舞われた場合、多国籍企業は雇用を削減するのか、あるいは受入国から撤退して他の国に再配置するのか。多国籍企業は輸出入行動を変えるだろうか？　系列会社のタイプによって、経済状況の変化に適応するための利幅は異なるのか？

　このような疑問に答えるため、本章では、中国における最低賃金政策の地域と時間による大きなばらつきを利用し、中国に所在する日本の多国籍企業の系列会社が最低賃金の変化に適応するための様々なマージンを分析する。日本の多国籍企業の海外系列会社の詳細情報を提供する経済産業省調査統計局（METI）の事業所レベルの機密データと、中国の市レベルの月次最低賃

金のデータを組み合わせる。日本企業のデータの大きな利点は、海外系列会社の調達・販売行動のルートを観察できることである。例えば、親会社と系列会社の相互作用（親会社からの調達、親会社への販売）、現地市場または第三国への調達／販売などの情報が提供される。中国の最低賃金情報については統一されたデータソースがないため、市政府の公式ウェブサイトから各市の月次最低賃金データを収集した。

最低賃金政策の潜在的な内生性に対処するため、いくつかの推定戦略を使用する。第一に、市レベルと事業所レベルのコントロールを分析に含める。第二に、パネルデータによって、事業所固定効果、産業・年固定効果、地域・年固定効果など、系列企業の行動に影響を与える可能性のある様々な要因を吸収する一連の固定効果を制御して推定を行う。加えて、市別の線形時間トレンドと2年ラグを含める。また、Dube et al.（2010）に従い、市ダミーと不況年の指標との交互作用もコントロールする。さらに、最低賃金のlead項とその有意でない係数を含めることで、因果関係の解釈はさらに支持される。最後に、政策変更へのエクスポージャーに基づいて、事業所グループ別に最低賃金の影響を比較する。これは、差の差（DID）分析に類似した分析である。

その結果、市別最低賃金が10％上昇すると、中国に立地する日系企業の平均賃金水準は、約2.3％有意に上昇することが示された。この平均賃金（人件費シェア）の効果は、Mayneris らの研究（Mayneris et al. 2018）における中国国内企業の分析結果と一致している。しかし、中国の国内企業とは異なり、平均的な最低賃金の変化は日本の系列会社の雇用規模、退出率、生産性に有意な影響を与えないことを発見した。コスト構造も最低賃金の変化にはあまり反応しない。最低賃金の上昇は、平均賃金が現地最低賃金の1.5倍より低い事業所の雇用を有意に減少させるが、人件費のシェア、非熟練労働集約度、企業規模、兄弟事業所数など、その他の特徴に基づくグループ別に系列会社への最低賃金の影響を検討すると、事業所の反応はより緩やかである。

日系多国籍企業の中国における系列会社は、立地選択において人件費の低さが常に中国の主要な利点と考えられているにもかかわらず、「人件費低感応のパズル」に陥っているように思われる。さらに、もし系列会社がすべて

の調整余地についてほとんど反応を示さないのであれば、最低賃金が企業の存続可能性と利益率に与える影響の軽微さを説明することは難しい。

本章では、この「人件費低感応のパズル」ともいえる現象は、国内企業がほとんど活用できない他の調整手段によって説明できると主張する。これには、調達戦略や垂直的特化パターン、多国籍企業の内部ネットワークを通じたショックの伝達などが含まれる。最低賃金が多国籍企業の調達戦略や販売戦略に与える影響を検証するために、Baldwin and Okubo（2014）に従い、日本の系列会社をその貿易行動によって4つのタイプに分類する。加工貿易系列会社（輸入が多く輸出が多い）、現地化系列会社（輸入が少なく輸出が少ない）、市場志向系列会社（輸入が多く輸出が少ない）、コスト志向系列会社（輸入が少なく輸出が多い）は、最低賃金の引き上げに対してまったく異なる調達・販売戦略を選択する。異なるタイプの日本の系列会社は、撤退を決定したり雇用規模を調整したりする代わりに、外生的な負の人件費ショックを緩和するために、対応する投入資源調達と生産物販売の優位性を拡大する。多国籍企業は、厳しい時代に生き残るために、経済状況の変化に迅速に適応する優れた能力を示している（Cestone et al. Forthcoming）。

本研究では、系列会社内での調整に加えて、中国国内および／または国際的な他地域の最低賃金の変動に対して、日本の多国籍企業の新規参入・撤退、および雇用規模がどのように反応するかを調査する。中国の最低賃金の上昇による人件費の負のショックを緩和するために、日本の多国籍企業は、東南アジアやサハラ以南のアフリカ諸国など人件費の低い国や、中国の賃金水準が中程度の地域で総雇用を増やすことを選択することがわかった。我々の分析は、経済状況のショックが多国籍企業の社内ネットワークを通じて国内外に波及することを示唆している（Giroud and Mueller, 2019; Becker and Henderson, 2000）。

本章はいくつかの研究分野に貢献するものである。第一に、中国における最低賃金の変動が経済に与える影響に焦点を当てた既存の研究にエビデンスを追加するものである。中国における最低賃金の引き上げは、雇用、存続率、輸出にマイナスの影響を与えるが（Long and Yang, 2016; Gan et al. 2016; Bai et al. 2021）、生産性と経営慣行を改善し（Mayneris et al. 2018; Hau et al. 2020）、中国企業が対外直接投資（FDI）を実施する確率を高める（Fan et al. 2018）。

しかし、これらの分析は中国国内企業のパフォーマンスに焦点を当てている。本章では、中国に所在する様々なタイプの日系多国籍企業の系列会社が最低賃金の変更に適応するための様々な調整余地を分析し、中国というコンテクストにおいて多国籍企業が負のコストショックにどのように対応するかに関する既存研究のギャップを埋める。

　本章はまた、多国籍企業の複雑なグローバル戦略に関する分野にも言及する。従来の FDI の方法は、水平方向、垂直方向、輸出プラットフォームから構成される（Ramondo et al. 2016）。しかし、グローバル・バリューチェーン（GVC）の発展により、企業は地理的に分離された生産モジュールをつなぐサービスコストを分断することで生産コストを削減できるようになり（Kimura and Ando, 2005）、Baldwin and Okubo（2014）による、いわゆる「ネットワーク型 FDI」の形成につながっている。多国籍企業の輸出入集約度は、要素配分戦略の違いにより、互いに異なる可能性があり、それはホスト国のコストショックに対する彼らの調整戦略に影響を与える。本章では、Baldwin and Okubo（2014）に従い、日本の多国籍企業の系列会社をその貿易集約度によって分類し、異なるタイプの系列会社間における最低賃金の異質な影響を検証することで、多国籍企業が採用できる有利な生存戦略を明らかにする。

　第三の研究分野は、多国籍企業の海外進出に関する意思決定を探るものである。Thomas and Bernard（2021）は、多国籍企業の参入と拡大の動機について、理論的・実証的な観点から徹底的なレビューを行っている。さらに、Chen（2011）は多国籍企業の参入意思決定における既存の生産ネットワークの効果を検証している。その結果、多国籍企業の海外生産拠点間の水平的・垂直的な相互依存関係は強いが、自国生産と海外生産の関係は弱く、多国籍企業の生産ネットワークの重要性が浮き彫りになった。また、本章では多国籍企業の生産ネットワークを考慮し、経済状況ショックに対する多国籍親会社のネットワークを通じた国内外での立地の波及効果を探ることで、研究分野を拡張している。

　本章の残りの部分は以下のように構成されている。第2節では、本章で使用するデータを示す。第3節では、中国の最低賃金制度と、最低賃金上昇局面における日本企業の直接投資決定に関するいくつかの定型的事実を説明す

る。第4節では実証的戦略を述べ、第5節では最低賃金の賃金効果を示す。第6節では、最低賃金の引き上げによって生じる負の人件費ショックに対する日本企業の調整余地を探る。最後の第7節で結論を述べる。

2．データ

日本企業データ

このデータには、日本の経済産業省調査統計局（METI）が作成した「海外事業活動基本調査（SOBA）」と呼ばれる、日本の海外系列会社に関する広範な企業レベルの情報が含まれている。この調査は、経済産業省が調査票をもとに毎年実施しているもので、外国に少なくとも1つの事業所を持つすべての日本企業を対象としている。親会社と各海外系列会社は別々に調査される。我々は主に海外系列会社から提供された情報に焦点を当てており、サンプル期間は1995年から2017年である。調査には製造業と非製造業の両方が含まれるが、金融、保険、不動産セクターの企業は除外される。これらの調査では、外資系企業は以下のように定義されている：

- ・ 日本企業が10％以上の資本を投資している外国系列会社
- ・ 日本企業が50％以上出資している「子会社」が50％以上の資本を投資している外国系列会社
- ・ 日本企業及び日本企業が50％以上出資している子会社が、50％以上の資本を投資している外国系列会社

調査の質問項目は、設立年、従業員数、資産、仕向国別の売上と仕入、知的財産に関する指標など、非常に広範な経済問題をカバーしている。基本的な設問は年度をまたいで一定しているが、設問の一部には年度ごとのばらつきがある。近年、調査は簡素化される傾向にある。調査に使用されている業種分類は、国際的な慣行（UNIDO や OECD の分類など）とは一致せず、2002年と2008年に若干変更されている。そのため、経済産業研究所（RIETI）が提供する対応表を使用し、合計30セクターに集約している。

系列会社レベルのパネルデータを構築するために、SOBA の個別質問票の機密データ、すなわち親会社 ID、系列会社 ID、孫会社 ID を使用し、年

度をまたいでユニークな工場 ID を形成する。各外資系企業の一貫した番号を作成するために、松浦・田中（2011）に従い、異なる調査年の同じ外資系企業は、親会社、投資先国、産業コードの情報によって識別される。

最低賃金

　市レベルの最低賃金データは、地方政府のウェブサイトを含む様々な公式ウェブサイトから入手した。このデータには1998年から2007年までの市別・年別の正社員の月額最低賃金とパートタイム従業員の最低時給賃金が含まれている。総労働時間に関する情報がないため、回帰分析では前者のみを使用する。市レベルの最低賃金は、ある年に複数回調整される可能性がある。ある年の市レベルの最低賃金を、その年・市の最低賃金の最高値と定義する。

データのマージと要約統計

　企業データと最低賃金データを接続するために、まず経済産業省が提供する市情報を識別子として使用する。一致しないサンプルについては、企業名と市コードを用いて、その企業が所在する市を手作業で構築する。これにより、マッチングされたデータが得られる。

3．制度的背景と動機となる事実

3.1　中国の最低賃金政策

　最低賃金制度は、国際労働機関（ILO）の「最低賃金条約」に基づき、経済改革の初期段階である1984年に初めて中国に導入された。このような慣行を受け、珠海、深圳、広州など沿岸部のいくつかの都市が地域別最低賃金規制の導入を主導した（Fang and Lin, 2015）。しかし、中国政府が正式に中国労働法に法律を追加したのは1994年のことである（Lin and Yun, 2016）。中国では地域によって生活水準が大きく異なることがあるため、各市政府は、生活費、労働生産性、雇用、経済発展水準などを考慮し、実際の生活状況に基づいて独自の最低賃金を設定する権限を持つことができる。

　2004年には、最低賃金規制が強化された。この改正により、従来のフルタイム労働者の最低賃金月額とは別に、パートタイム労働者に対する新たな規

図6-1　市別最低賃金の推移（上位10%対下位10%）

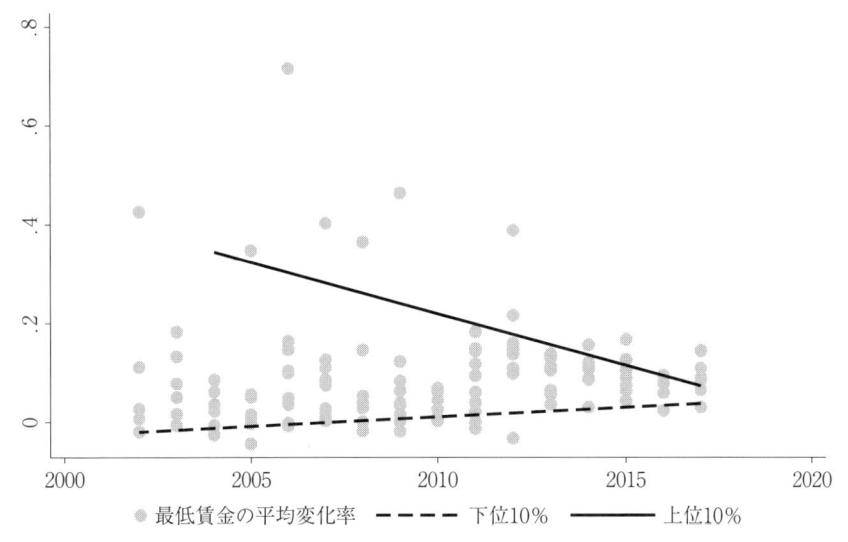

定が適用された。以前の規制政策に比べて、2004年の改革は違反に対する罰則を、未払い賃金の20-100％から100-500％へと大幅に強化した（Gan et al. 2016）。

　また、時間外手当を明確化し、最低賃金が変更された場合にはその公表を義務付けるなど、規制の透明性を高めた。このような追加的な取り組みにより、規制の遵守率は強化され、市レベルの最低賃金は全体的に上昇した。この改革の影響については、Mayneris et al.（2018）でより詳細に説明されている。図6-1は、市グループごとの最低賃金の平均変化率である。

3.2　日本の系列会社の種類

　図6-2に示すように、先に定義した貿易カテゴリー別に上位5業種の日系企業数を棒グラフで集計した。小売業と卸売業は、高輸出・低輸入（すなわち、輸出集約的であるが輸入は行わない）を除くすべてのカテゴリーで最も多くの系列会社を有している。高輸出・高輸入のカテゴリーでは、電子機器が際立っている。一方、高輸出・低輸入のカテゴリーでは、繊維が圧倒的である。企業数は特定の産業における市場パワーの指標でもあるため、コスト構

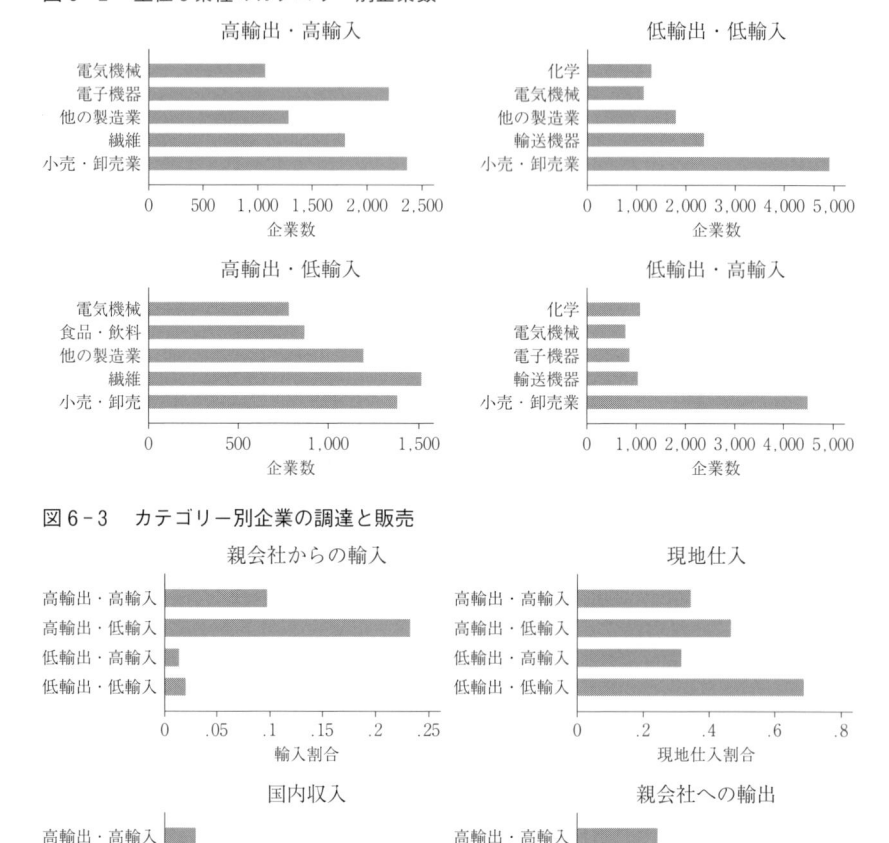

図6-2　上位5業種のカテゴリー別企業数

高輸出・高輸入

低輸出・低輸入

高輸出・低輸入

低輸出・高輸入

図6-3　カテゴリー別企業の調達と販売

親会社からの輸入

現地仕入

国内収入

親会社への輸出

造に影響を与える政策変更に対する日本の系列会社のパフォーマンスの産業間異質性を探る動機となる。

　調達と販売のパターンに注目すると、異質性も存在する。親企業からの輸入と現地企業からの仕入は総コストで重み付けし、現地での販売と親企業への輸出は総収入で重み付けする。図6-3が示すように、企業内貿易の額は

図6-4 日本の地域別系列会社数（国際）2001年対2016年

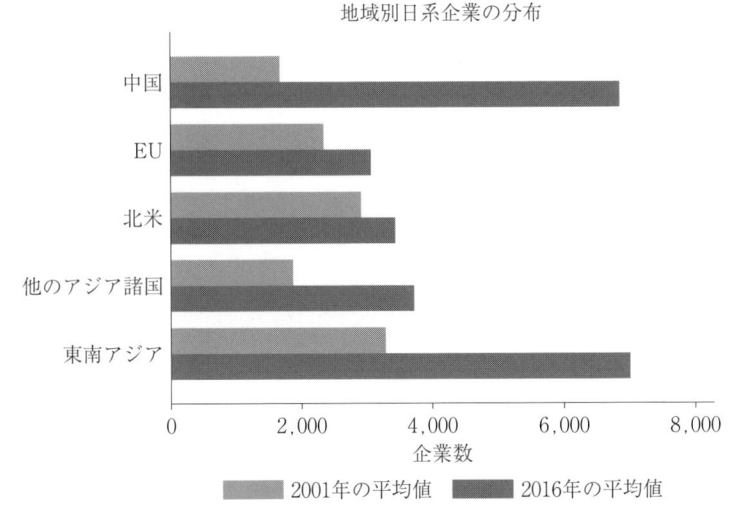

地域別日系企業の分布

分類に一致したものとなっている。現地での売上高に関しては、輸出が少ないカテゴリーで最も高く、これは理にかなっていると考えられる。現地仕入については、そのメカニズムを明らかにするために、さらなる検証が必要である。

3.3　日本の系列会社のネットワーク分布

　図6-4では、日系企業の地域別分布を 2001 年と 2016 年の統計で比較している。図6-4を例にとると、平均してアジア諸国の方が欧米諸国よりも多いことがわかる。各地域の状況を深堀りすることで、アジアに立地する日系企業の数が多いのは、主に中国や東南アジア諸国への大規模投資によるものであることがわかる。特に中国は世界の工場であり、最低賃金の変動は中国の安価な労働力の活用を期待してきた日本の投資家の意思決定に影響を与えると考えられる。

　図6-5では、中国国内における日系企業の分布を、GDP の高い地域と低い地域という GDP レベル別にグラフ化した。2001年はほぼ同数であったが、GDP の低い地域に進出する日系企業の方が圧倒的に多い。これは、低 GDP 地域のコスト優位性が日本の投資家を引き付けているためと推測される。

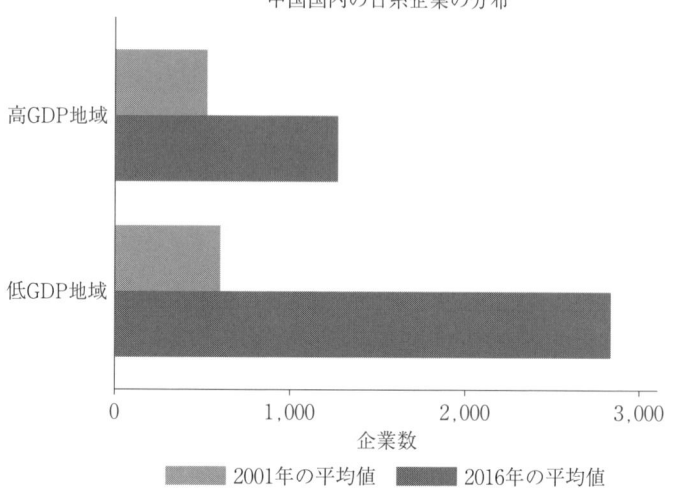

図6-5　GDP 水準（国内）別の日本の系列会社数 2001年対2016年

中国国内の日系企業の分布

凡例: 2001年の平均値　2016年の平均値

4．識別戦略

　最低賃金の影響を推定するために、以下のような古典的な双方向固定効果回帰モデル（two-way fixed effects regression）を用いる：

$$y_{tijct} = \beta_0 + \beta_1 ln(MNW_{ct}) + Z'_{it}\Gamma_1 + X'_{ct}\Gamma_2 + \lambda_i + \lambda_t + \varepsilon_{irt} \tag{1}$$

ここで、y_{tijct} は年 t における市 c の企業 j の事業所 i の平均賃金を示す。MNW_{ct} は月次最低賃金に12を乗じ、対数を取ったものである。X_{ct} は市レベルの特徴を示すベクトルで、都市人口の対数値や 1 人あたり GDP の対数値を含み、各市内における共通経済ショックを考慮する。Z_{it} は事業所レベルのコントロール変数のベクトルで、事業所の事業年数をコントロールする。また、Mayneris et al.（2018）に従い、雇用数（対数）、労働生産性、資本労働比率、および t-1 時点の生産高に対する利益を投入し、事業所のその後の業績に対する影響を制御する。事業所固定効果 λ_i と年固定効果 λ_t を用い、観察されない時間不変の事業所の特徴と、時間変動する全国的な変化をそれぞれ捉える。標準誤差は、市内の企業間での誤差の相関の可能性を考慮

し、市レベルでクラスタリングされている。

　月次最低賃金の水準が地域の観測されない要素やその他の欠落変数に依存する可能性は、以前として懸念が残るかもしれない。例えば、特定の市における生活水準などである。この潜在的な内生性の問題に対処するため、以下の項を追加して、式(1)の古典的な双方向効果仕様を調整する。まず、1人あたり GDP や GINI 係数のような地域レベルの時変ショックを除去するために、地域・年固定効果 λ_{rt} を回帰に含め、産業レベルでの時変的な国内ショックを考慮するために産業・年固定効果 λ_{kt} を導入する。次に、我々の推定は、最低賃金政策の変化と本研究の結果の双方に相関する傾向的な省略変数を単に捕捉している可能性がある。そこで、Autor et al.（2007）と同様に、(1)式に市別の時間トレンドを追加する。また、市ダミーと不況を表す指標との交互作用もコントロールする。これは、市の時系列変数であり、異なる市間の景気循環の異質な影響を捉えるものである。最後に、Dube et al.（2010）が主張したように、市のトレンドを考慮する際に、遅延したインパクトが市のトレンドの誤推定を引き起こし、処置の測定効果を弱めることがある。1つの解決策は、回帰にラグ付き処置変数を含めることであり、私たちは式(1)に2年ラグを追加する。

　ベースラインの回帰式は以下のように定義される：

$$y_{iict} = \beta_0 + \sum_{k=0}^{2} \beta_1 ln(MNW_{ct-k}) + Z'_{it}\boldsymbol{\Gamma}_1 + X'_{ct}\boldsymbol{\Gamma}_2 + \lambda_i + \lambda_{kt} + \lambda_{rt} + \rho_{ct} + \varepsilon_{irt} \quad (2)$$

5．最低賃金の賃金効果

　本節では、最低賃金の引き上げが日本の多国籍企業の賃金に与える影響を推定することによって、最低賃金の効果を検証する。表6-1は(2)式の推計結果を示している。最低賃金の対数係数はすべての推計で正で統計的に有意であり、最低賃金政策がサンプルの企業に拘束力を持つことを示唆している。最低賃金の係数の大きさは、事業所コントロール（2列目）、市コントロール（3列目）、地域・年の固定効果（4列目）を含めてもあまり変わらない。市別の時間トレンドを含めると、(5)～(8)列のように係数の大きさと有意性が有意に上昇し、最低賃金政策の変化を説明する上でトレンドのある未観

表6-1　最低賃金が人件費に及ぼす影響

	(1)	(2)	(3)	(4)	(5)	(6)	(7)	(8)
最低賃金（対数）	0.143*	0.138*	0.148*	0.158***	0.216***	0.217***	0.233***	0.408***
	(0.079)	(0.081)	(0.084)	(0.051)	(0.078)	(0.079)	(0.078)	(0.113)
最低賃金（対数），t-1						0.003	-0.022	0.003
						(0.103)	(0.124)	(0.126)
最低賃金（対数），t-2						-0.017	-0.044	-0.006
						(0.106)	(0.117)	(0.096)
最低賃金（対数），t+1								-0.120
								(0.113)
事業所コントロール	No	Yes	Yes	Yes	Yes	Yes	Yes	Yes
市コントロール	No	No	Yes	Yes	Yes	Yes	Yes	Yes
地域・年の固定効果	No	No	No	Yes	Yes	Yes	Yes	Yes
市の動向	No	No	No	No	Yes	Yes	Yes	Yes
市・不況の固定効果	No	No	No	No	No	No	Yes	Yes
N	22312	22312	22312	22312	22312	22312	22312	16996
R2	0.81	0.81	0.81	0.81	0.82	0.82	0.82	0.83

注：（　）の数値は標準偏差を表し、それぞれ***は1％、**は5％、*は10％水準で有意であることを示す。

測要因が重要であることを示唆している。(5)列の結果は、ラグ付き平均賃金と市・不況固定効果を含めてもロバストである。列(7)の推定結果では、最低賃金が1％増加すると、事業所レベルの平均賃金が0.233％上昇することが示されている。

(6)列と(7)列のラグ付き最低賃金の係数は経済的にも統計的にも有意性がないことから、平均的には最低賃金政策の変更による長期的な効果はないことが示唆されている。推定結果で観測された正の弾力性が単にトレンドを捉えているかを検証するために、1年後の最低賃金をコントロールしている。列(8)の推定結果では、そのコントロール変数の係数が有意ではないことが示されている。その結果は最低賃金の有意な影響が因果関係として解釈できる結論を裏付けている。

6．系列会社の調整余地

前節では、最低賃金が中国における日系多国籍企業の賃金コストに与える影響について裏付けを行った。企業は人件費の上昇にどのように対応してい

表 6 - 2　最低賃金が雇用に及ぼす影響

	(1)	(2)	(3)	(4)	(5)	(6)	(7)	(8)
最低賃金（対数）	-0.157***	-0.046**	-0.051**	-0.054*	-0.015	-0.018	0.003	-0.004
	(0.043)	(0.023)	(0.025)	(0.031)	(0.045)	(0.038)	(0.047)	(0.048)
最低賃金（対数），t-1						0.001	0.024	0.028
						(0.052)	(0.062)	(0.046)
最低賃金（対数），t-2						0.016	0.008	-0.010
						(0.085)	(0.092)	(0.092)
最低賃金（対数），t+1								-0.102**
								(0.041)
事業所コントロール	No	Yes	Yes	Yes	Yes	Yes	Yes	Yes
市コントロール	No	No	Yes	Yes	Yes	Yes	Yes	Yes
地域・年の固定効果	No	No	No	Yes	Yes	Yes	Yes	Yes
市の動向	No	No	No	No	Yes	Yes	Yes	Yes
市・不況の固定効果	No	No	No	No	No	No	Yes	Yes
Obs.	22312	22312	22312	22312	22312	22312	22312	16996
R-squared	0.96	0.97	0.97	0.97	0.97	0.97	0.97	0.98

注：（　）の数値は標準偏差を表し、それぞれ***は 1 ％、**は 5 ％、*は10％水準で有意であることを示す。

るのだろうか。本節では、多国籍企業が不利なコストショックに直面した際に、国内企業とは異なる行動をとるかどうかをよりよく理解するために、企業の様々な調整余地を検証する。

6.1　人件費低感応パズル

全体サンプル

　表 6 - 2 では、まず最低賃金の引き上げが企業規模（総雇用者数の対数で計測）に与える影響を確認する。Long and Yang（2016）は、中国の民間企業が最低賃金の引き上げに対して、低技能労働者や短期労働者を解雇することで対応していることを発見し、Hau et al.（2020）は、中国の最低賃金の引き上げが労働から資本への投入代替を加速させ、雇用の伸びを減少させることを示している。Harasztosi and Lindner（2019）も、ハンガリーのサンプルで負の雇用弾力性を見出している。しかし、我々の結果は、日本の多国籍企業の系列会社については、最低賃金が事業所レベルの雇用にマイナスの影響を与えることを支持しない。特に(1)列では最低賃金の負の係数が有意に示されているが、他の列で追加的なコントロールを含めると、その統計的有意性と大

表6-3　最低賃金が他の調整余地に及ぼす影響

	(1)	(2)	(3)	(4)	(5)	(6)	(7)	(8)	(9)	(10)
						コスト構造				
	参入	撤退	利益/費用	TFP	労働生産性	人件費	売上高	資本賃貸料	仕入高	研究開発
最低賃金(対数)	-0.000	0.001	-0.017	-0.054	-0.113	0.021**	0.008	-0.004	0.258	0.001
	(0.000)	(0.004)	(0.032)	(0.057)	(0.077)	(0.010)	(0.015)	(0.003)	(0.643)	(0.002)
最低賃金(対数), t-1	-0.001*	0.011*	-0.003	0.009	-0.005	0.009	-0.038***	0.006	-1.279	-0.001
	(0.000)	(0.006)	(0.026)	(0.079)	(0.100)	(0.013)	(0.013)	(0.008)	(1.088)	(0.003)
最低賃金(対数), t-2	0.000	-0.014*	-0.013	-0.011	-0.018	0.020	0.013	-0.011	0.962	0.002
	(0.000)	(0.009)	(0.029)	(0.067)	(0.087)	(0.015)	(0.015)	(0.007)	(0.645)	(0.004)
Obs.	22312	22312	22247	14055	22312	22312	22312	22312	22312	22312
R-squared	0.17	0.31	0.21	0.64	0.66	0.49	0.76	0.63	0.46	0.50

注：（　）の数値は標準偏差を表し、それぞれ***は1%、**は5%、*は10%水準で有意であることを示す。

きさは劇的に減少する。また、(4)-(8)列で市のトレンドを加えると、その係数は10%水準でも有意でなくなる。(8)列の lead 項の係数が有意かつ負であることは、(1)列の推計が単に雇用の負のトレンドを捉えている可能性を示唆している。

　さらに、先行研究で議論されている企業の他の調整余地を確認する。例えば、Mayneris et al.（2018）は、最低賃金の上昇は、中国における企業の存続確率を有意に低下させ、企業に在庫管理の改善と資本投資の拡大による生産性の向上を強いることを見出している。表6-3の(1)および(2)列は、最低賃金が参入率と撤退率に与える影響をそれぞれ示している。最低賃金が変更された年には、この2つの結果に有意な変化は見られない。ラグ付き最低賃金（t-1期）の係数は統計的に有意になる（1年後に企業行動に影響を与える）が、10%水準でしかない。(3)列では費用対利益率への影響を、(5)-(6)列では生産性への影響を検証しているが、いずれも最低賃金の有意な影響を示していない。(6)～(10)列では、人件費、売上高、資本賃貸料、（中間製品）仕入高、研究開発費を含む総コストの構造を見ている。その結果、人件費を除くほとんどの要素に有意な影響は見られなかった。人件費のシェアに関する正の有意な係数は、本サンプルの事業所にとって最低賃金が平均的に拘束力を持つという表6-1に基づく結論と整合的である。

異質性

　表6-2および表6-3の結果は、国内企業に関する先行研究の結果とは対照的に、最低賃金がほとんどの事業所レベルのアウトカムに有意な影響を与えないことを発見した。我々の結果が先行研究の結果から乖離している理由は何であろうか。最低賃金の影響が有意でないもう1つの潜在的な理由は、異なる特徴を持つ系列会社間での行動反応の異質性かもしれない。例えば、Huang et al.（2014）は、賃金が高い企業や利益率が大きい企業は雇用を増加させるが、賃金が低い企業や利益率が小さい企業は雇用を減少させると報告している。Hau et al.（2020）は、所有者の異なる企業は、経営慣行の違いから最低賃金の変動に対して異質な反応を示すと論じている。加えて、企業も異なる可能性がある。表6-4では、最低賃金が事業所レベルの雇用と存続確率に与える影響を、企業の特徴に基づくグループ別に検証している。紙幅を節約するため、短時間効果の結果のみを報告する。

　理論的研究によれば、多国籍企業は、中国のような労働力が豊富な国に系列会社を設立し、低コストのメリットを活用して、低技能労働集約的な生産段階をホスト国に配置すると予測されている。これらは、最低賃金の影響を大きく受けると考えられている。しかし、多くの論文で、多国籍企業の賃金プレミアムの存在が議論されている。例えば、Glass and Saggi（2002）は、多国籍企業が地元企業に高技能労働者を「奪われる」のを防ぐために、賃金プレミアムを支払っていることを示している[1]。実際、我々のサンプルにおける日本の多国籍企業の中国系列会社間で、平均賃金水準に大きなばらつきがあることが判明した。これは、多国籍企業が中国に系列会社を設立する目的と、グローバル・バリューチェーンにおける位置の違いによるものである。最低賃金は、平均賃金が最低賃金より低いかそれに近い企業に大きな影響を与えると考えられるため、我々は Long and Yang（2016）に従い、賃金分布を分け、それぞれのカテゴリーにダミー変数を構築した。そして、最低賃金とこれらのダミー変数の交互作用項を回帰仕様(2)に加えて、賃金水準における子会社の調整の異質性を検討した。

　表6-4の最初の3行にその結果が報告されている。予想通り、最低賃金

1）平均賃金は、賃金総額／正社員総数で計算される。

表6-4　グループ別最低賃金の影響

	(1) 従業員規模（対数）	(2) 撤退
A.　賃金		
低い	-0.105*	0.004
	(0.060)	(0.005)
中位	-0.109*	0.006
	(0.059)	(0.005)
高い	-0.026	0.006
	(0.049)	(0.005)
B.　労働分配率		
低い	0.007	0.005
	(0.045)	(0.004)
高い	-0.003	0.005
	(0.058)	(0.005)
C.　非熟練労働集約度		
低い	-0.003	0.007
	(0.042)	(0.006)
高い	-0.017	0.007
	(0.057)	(0.005)
D.　規模		
小さい	0.061	0.006
	(0.063)	(0.005)
大きい	-0.017	0.004
	(0.061)	(0.004)
E.　マルチプラント		
多拠点企業	0.005	0.005
	(0.047)	(0.004)
単拠点企業	-0.060	0.009
	(0.066)	(0.006)

注：（　）の数値は標準偏差を表し、それぞれ***
　　は1％、**は5％、*は10％水準で有意であ
　　ることを示す。

が雇用に与える平均的な影響は系列会社全体では平均して有意であるが、賃金グループ間で大きなばらつきがある。平均賃金が市の最低賃金の1.5倍より低い、第一および第二の賃金区分の事業所に対して、最低賃金の有意な負

の影響を発見した。例えば、1行目の点推定は、最低賃金が10%増加すると、平均賃金が地域の最低賃金の0.9倍未満の系列会社では、雇用総数が1.05%減少することを示している。我々の雇用弾力性の推定は、Harasztosi and Lindner（2019）などの最近の研究と一致している。一方、高賃金グループの系列会社では、影響は負だが有意ではない。賃金グループ間での最低賃金の雇用への影響の異質性は、我々の主要な結果の因果解釈をさらに支持する。すべての賃金グループにおいて、撤退率は無反応であった。

　賃金水準に加え、最低賃金引き上げに対する系列企業の反応に異質性をもたらす可能性のある他の要因についても、さらに検討した。例えば、労働分配率が高ければ、企業は労働を資本に代替しやすいかもしれないので、企業を人件費の分配率によって分類する。また、Dustmann et al.（2022）に従い、企業の雇用規模による最低賃金の影響をチェックする（パネルD）。彼らは、最低賃金政策が労働者をより大きな規模と高い生産性を持つ企業に移動させることを発見した。パネルEでは、多拠点企業であることがコストショックの負の影響を緩和するかどうかを検証しており、その結果は先行研究（Giroud and Mueller, 2019）と一致している。残念ながら、どのグループにおいても最低賃金の有意な効果は見られなかった。

　日系多国籍企業の中国現地法人は、人件費のマイナスショックに鈍感なようだ。リストラやコスト構造の調整は行われていない。また、労働と資本の代替や生産性の向上も見られない。しかし、もし彼らがまったく調整しないのであれば、彼らの存続確率や利益率の鈍感さはどのように解釈できるのだろうか。我々は次のセクションで、人件費低感応の謎は、多国籍企業の追加的な調整余地の結果であると主張する。この調整余地の中には、国をまたいだ調達・販売行動や、企業内部の事業所ネットワークを通じて地域をまたいだショックの移転が含まれる。

6.2　系列内の調整：インプット・ソーシングとアウトプット・セールス戦略

　本節では、国内企業と比較した多国籍企業の特殊な行動の一端を探り、多国籍企業の系列会社の調達・輸出戦略の変化を検証する。Garetto（2013）は、調達パターンの原動力は技術的異質性とコスト最小化であることを示している。技術的異質性の論拠は、現地のサプライヤーから調達する際、最終

表6-5　最低賃金が調達・販売戦略に及ぼす影響

	(1)	(2)	(3)
	現在（t）	1年遅れ（t-1）	2年遅れ（t-2）
A. 調達行動（総コストにおけるシェア）			
親会社からの仕入高	-0.022	0.017	0.045
	(0.014)	(0.018)	(0.038)
日本からの仕入高	-0.053*	-0.024	0.056***
	(0.028)	(0.023)	(0.021)
現地サプライヤーからの仕入高	0.060	0.025	-0.007
	(0.047)	(0.027)	(0.026)
第三国からの仕入高	-0.035	0.017	-0.036**
	(0.026)	(0.020)	(0.014)
B. 販売行動（総売上高に占めるシェア）			
親会社への売上高	0.055**	0.029	-0.064**
	(0.024)	(0.028)	(0.032)
日本への売上高	0.034	0.044*	0.005
	(0.025)	(0.022)	(0.026)
現地消費者への売上高	-0.010	-0.033	0.023
	(0.040)	(0.026)	(0.033)
第三国への売上高	-0.037	-0.006	-0.032
	(0.028)	(0.020)	(0.021)
C. 企業間貿易			
企業内仕入高／輸入総額	-0.041	0.122*	0.015
	(0.033)	(0.064)	(0.119)
企業内売上高／輸出総額	0.053	-0.037	0.004
	(0.061)	(0.050)	(0.091)

注：（　）の数値は標準偏差を表し、それぞれ***は1％、**は5％、*は10％水準
　　で有意であることを示す。

製品の生産者が潜在的によりよい技術にアクセスできると期待できるという
ものである。中国の場合、多くの現地サプライヤーが日本の同業者よりも技
術が進んでいないと想定されるため、この可能性を排除し、当面は生産コス
トのチャンネルに焦点を当てることが合理的である。

　表6-5は，すべての事業所をプールした結果を示している。パネルAで
は、総コストにおける中間財の親会社からの仕入高シェア、日本からの仕入
高シェア、現地サプライヤーからの仕入高シェア、第三国のサプライヤーか
らの仕入高シェアなど、系列会社の調達行動を検証している。パネルBで

は、最低賃金が系列企業の販売先に与える影響を、すべての販売先を親会社、自国、ホスト国、第三国に分けてチェックしている。最後のパネルは、各企業の垂直的専門性の尺度として、事業所の総輸入額と総輸出額に占める企業内貿易の割合を示している。最低賃金が系列会社の親会社、自国、第三国からの調達にマイナスの影響を与えることがわかり、これは現地調達のシェアにプラスの影響を与えることに対応する。さらに、賃金の上昇に対応して、地元消費者への販売シェアが減少し、他の市場への販売シェアが増加する。

　表6-5の係数のほとんどは依然として有意ではない。2つ目の検証では、Baldwin and Okubo（2014）に倣い、系列会社を貿易行動によって分類する。具体的には、各事業所の海外への生産物販売シェアと親会社から調達した中間財のシェアを計算し、各年の輸出シェアと輸入シェアの平均値をカットオフ値として、サンプルを4つのグループに分ける。理論的な文献では、多国籍企業の性質を主に水平型（Markusen, 1984）、垂直型（Helpman, 1984）、輸出プラットフォームの3つのタイプに分類している。最初のタイプは貿易コストを回避するためのもので、「市場追求型」多国籍企業とも呼ばれ、2番目のタイプはコスト差を利用するために生産段階をグローバルに細分化したもので、「効率追求型」多国籍企業と呼ばれる。最後のタイプは、前の2つの動機をミックスしたものである。異なる目標を達成するために、対応する生産組織もまた異なっている。水平型多国籍企業の場合、海外の系列会社での生産は主に自国での生産を複製するものであり、現地経済への売上比率が高い。これとは対照的に、垂直型の系列会社では相対的に低賃金労働者を多く雇用し、親会社や第三国の企業から中間製品を多く輸入する。したがって、企業間の賃金構造には大きなばらつきがあり、また系列会社が現地調達や現地販売に依存する度合いにも大きなばらつきがあることが予想され、それがさらにコスト効果と市場効果の大きさに影響を与える。

　表6-6は、系列企業グループごとの結果を示している。最低賃金の短期的効果のみを掲載している。最初の2列は、輸出志向が弱く、生産物の多くを現地市場に販売する子会社を示し、この両グループに属する企業は「市場追求型」の多国籍企業と考えるべきであり、(1)列は、海外投資が親会社からの活動をすべて複製し、海外での系列会社の生産はすべて現地での要素サー

表6-6 最低賃金が調達・販売戦略に及ぼす影響（グループ別）

	(1)	(2)	(3)	(4)
	低輸入・低輸出	高輸入・低輸出	低輸入・高輸出	高輸入・高輸出
調達行動（総コストにおけるシェア）				
親会社からの仕入高	0.072**	-0.039*	0.060**	-0.061***
	(0.030)	(0.021)	(0.030)	(0.018)
日本からの仕入高	-0.070**	-0.059	-0.042	-0.066**
	(0.035)	(0.039)	(0.037)	(0.033)
地元のサプライヤーから仕入高する	0.103	0.084	0.081	0.029
	(0.068)	(0.068)	(0.050)	(0.037)
第三国からの仕入高	-0.052*	-0.044	-0.062**	-0.010
	(0.030)	(0.038)	(0.026)	(0.017)
販売行動（総売上高に占めるシェア）				
親会社への売上高	0.088**	0.003	-0.070	0.125***
	(0.041)	(0.036)	(0.047)	(0.044)
日本への売上高	0.024	0.052**	-0.034	0.001
	(0.024)	(0.024)	(0.044)	(0.028)
地元消費者への売上高	-0.012	-0.019	0.057*	0.030
	(0.044)	(0.050)	(0.032)	(0.029)
第三国への売上高	-0.034	-0.047	-0.026	-0.041
	(0.041)	(0.053)	(0.035)	(0.039)
企業間貿易				
企業内購買／輸入総額	0.103*	-0.057*	0.056	-0.120***
	(0.060)	(0.033)	(0.059)	(0.033)
企業内売上高／輸出総額	0.125	0.008	0.115*	0.037
	(0.081)	(0.065)	(0.062)	(0.066)

注：（ ）の数値は標準偏差を表し、それぞれ***は1%、**は5%、*は10%水準で有意であることを示す。

ビスによって行われる複製系列会社、(2)列は、川上の活動が自国に集中し、親会社からの輸入シェアが相対的に高い分枝系列会社である。最後の列のグループには、生産物の輸出シェアと中間財の輸入シェアがともに平均値より高い系列会社が含まれる。このグループに属する系列企業は、中間投入物の大半を親会社から調達し、非熟練労働集約的な作業（組み立てなど）のごく一部を中国で行い、最終製品をグローバルに販売する、典型的な「効率追求型」企業と考えられる。輸入シェアの低さには様々な理由があるため、(3)列

のグループに属する多国籍企業の性質は前の３つよりも複雑である。

　特筆すべき結論は以下の通りである。表6-6から得られる注目すべき結論は、すべてのタイプの系列会社が親企業からの調達を調整していることである。親会社から供給される中間製品に大きく依存している事業所では、親会社からの輸入を減らし、地元のサプライヤーにより依存することで、負の人件費ショックに対応している（これは、第２列と第４列に示されている）。最低賃金が上昇すると、他国からの輸入比率も低下する。考えられる説明の１つは、これらの企業が国際貿易コストを節約するために調達先を調整することである。これは、最低賃金の上昇によって国内企業の生産技術が向上した結果かもしれない。また、(4)列の効率追求型企業では、最低賃金の引き上げは、親企業への売上高を有意に増加させ、輸入総額に占める親企業からの仕入の割合を減少させる。これらの結果は、中国における人件費の上昇が、中国における生産活動をグローバル・バリューチェーンに沿って上昇させるという議論と整合的である。

　一方、(1)列と(3)列のように親会社からの仕入シェアが低い系列企業では、最低賃金の変化は親会社からの仕入シェアと正の相関を示し、第三国からの仕入シェアとは負の相関を示している。表6-6の結果をよりよく理解するために、特定の産業における企業をさらに検証する。その結果は表6-7に示されている。(1)列は、卸売業における最低賃金の事業所への影響を検証している。

6.3　多国籍企業のネットワーク調整：立地波及効果

　Giroud and Mueller（2019）は、米国の事業所レベルのデータを用いて、地域の需要ショックが企業の内部ネットワークを通じてどのように遠方の地域に波及するかを調査している。Becker and Henderson（2000）は、1978年以降の大気質規制への対応として、より汚染された地域でのより厳しい規制を避けるために、より汚染された地域からより汚染されていない地域への工場の移転が顕著であることを見出している。本節では、負の人件費ショックが企業の内部ネットワークを通じて他地域の事業所に伝達されるかどうかを検討する。

表6-7　最低賃金が調達・販売戦略に及ぼす影響（特定産業）

	(1)	(2)	(3)	(4)
	卸売	輸送機器	繊維	化学
調達行動（総コストにおけるシェア）				
親会社からの仕入高	0.082***	-0.076	-0.038	0.043
	(0.019)	(0.053)	(0.106)	(0.068)
日本からの仕入高	0.200***	-0.058	-0.217	-0.145*
	(0.022)	(0.068)	(0.159)	(0.079)
地元のサプライヤーから仕入高	-0.146***	0.099	0.022	0.292**
	(0.040)	(0.073)	(0.202)	(0.129)
第三国からの仕入高	-0.007	-0.020	-0.067	-0.245**
	(0.015)	(0.055)	(0.064)	(0.110)
販売行動（総売上高に占めるシェア）				
親会社への売上高	0.095***	-0.007	-0.392**	0.030
	(0.023)	(0.080)	(0.184)	(0.096)
日本への売上高	0.062**	0.207**	-0.572**	-0.137***
	(0.028)	(0.092)	(0.229)	(0.037)
地元消費者への売上高	0.065**	-0.309***	0.494**	0.308***
	(0.024)	(0.104)	(0.215)	(0.063)
第三国への売上高	-0.062***	0.048	0.070	-0.161***
	(0.017)	(0.053)	(0.123)	(0.057)
企業間貿易				
企業内購買／輸入総額	-0.064	-0.308**	0.329	0.252
	(0.055)	(0.117)	(0.405)	(0.196)
企業内売上高／輸出総額	0.252***	-0.836***	-0.113	0.225
	(0.080)	(0.223)	(0.282)	(0.137)

注：（　）の数値は標準偏差を表し、それぞれ***は１％、**は５％、*は10％水準で有意であることを示す。

国際的波及効果

　まず、中国の系列会社が直面するショックが他の経済圏の系列会社にどのように波及するかを検証する。Spinelli et al.（2020）は、2004年時点で日本の海外子会社の３分の２がアジアに所在していた一方で、北米には全海外子会社の15％以上が所在していると記録している。このように、地理的な地域によって環境構造や市場規模が大きく異なることは、系列会社の動機も異なることを意味するため、中国の地域別最低賃金政策が各地域の系列会社に与える影響を個別に検証する。中国に少なくとも１つの系列会社を持つ日本の

多国籍企業について、そのすべての系列会社の総数と総雇用数を地域別に集計し、式(2)の事業所レベルのアウトカムをこの2つの集計されたアウトカム変数で置き換える。

　表6-8はその結果を示している。最初の2列は各地域における系列会社の雇用総数に関する結果であり、最後の2列は系列会社の総数に関する考察である。中国での最低賃金の上昇とアジアにおける系列会社の総雇用との間に、有意な正の相関が見出された。これは主にアジアの低所得国、特に東南アジアの低所得国によって引き起こされている。その他の地域では、労働コストが他の地域と比べて比較的低いサハラ以南のアフリカ諸国における総雇用も、中国の最低賃金の上昇に伴い増加している。推定された効果は、低賃金経済圏にある同じ多国籍企業の系列会社は代替品であり、グローバル・バリューチェーンにおいて同じ生産役割を果たす可能性があるという先行研究の議論を裏付けている。中国の比較優位が進化するにつれて、生産活動の場所は中国から他の低賃金経済に移行する可能性がある。この弾力性は、サハラ以南のアフリカよりも東南アジアの経済圏に対してはるかに大きく、これは近接性によって説明される可能性がある。系列会社数はコストショックに対する感応度が低いことから、短期的な調整は主に貿易の内延を通じて行われることが示唆される。

国内的波及効果

　また、日本の多国籍企業が中国国内のある地域での負の人件費ショックに対して、中国国内の他の地域での系列会社の活動を調整するこかどうかも調査する。実証的な戦略は、国際的な伝達を検討した前節と同様である。平均賃金水準は地域によって異なるため、まず地域を地理的な位置によって異なるカテゴリーに分類する。さらに、各市の GDP 水準と賃金水準の両方を考慮する。理論的に言えば、最低賃金の引き上げはコスト効果と市場効果という2つの相反する効果をもたらす可能性がある。第一に、最低賃金の上昇は人件費の上昇につながる可能性がある。企業はこの不利なショックに対して、先行研究が示すように、資本を労働に置き換えたり、低賃金労働者を解雇したり、労働生産性を改善したりすることで対応する可能性がある。一方、最低賃金の上昇は労働者の所得を引き上げ、市場規模を拡大させるかも

表 6-8　国際ネットワーク

	総雇用数		系列会社数	
	現在	2年遅れ	現在	2年遅れ
アジア（合計）	0.254*	0.344**	0.039	0.002
	(0.139)	(0.148)	(0.042)	(0.024)
アジア（低所得国）	0.277*	0.172	-0.005	-0.060*
	(0.145)	(0.217)	(0.037)	(0.033)
東アジア	-0.013	0.194	0.033**	0.023
	(0.082)	(0.124)	(0.017)	(0.018)
東南アジア	0.407***	0.368***	0.027	-0.020
	(0.143)	(0.139)	(0.039)	(0.025)
南アジア	-0.003	0.156	-0.020	-0.033
	(0.137)	(0.152)	(0.024)	(0.023)
サブサハラ・アフリカ	0.094*	0.081	-0.005	0.021
	(0.056)	(0.061)	(0.013)	(0.013)
北アフリカ	-0.048	0.010	-0.008	0.003
	(0.056)	(0.047)	(0.016)	(0.008)
ラテンアメリカ	0.054	0.466**	-0.020	0.038
	(0.174)	(0.211)	(0.038)	(0.046)
北米	0.185*	0.271***	0.024	0.012
	(0.108)	(0.096)	(0.026)	(0.018)
ヨーロッパ	-0.031	0.162	-0.014	-0.032
	(0.121)	(0.132)	(0.015)	(0.024)
中国	0.148	0.225*	-0.019	-0.007
	(0.121)	(0.117)	(0.021)	(0.022)
その他の国々	0.305***	0.549***	0.048	0.030
	(0.107)	(0.154)	(0.036)	(0.025)
低所得国	0.260*	0.168	-0.007	-0.060*
	(0.146)	(0.219)	(0.036)	(0.033)
高賃金国	0.947***	0.816***	0.235***	0.065
	(0.230)	(0.161)	(0.053)	(0.040)
中賃金国	-0.949**	0.218	-0.295**	0.040
	(0.422)	(0.424)	(0.134)	(0.068)
低賃金国	-0.035	-0.094	0.009	-0.000
	(0.092)	(0.131)	(0.029)	(0.038)

注：（　）の数値は標準偏差を表し、それぞれ***は1％、**は5％、*は10％水準
　　で有意であることを示す。

表6-9　内部ネットワーク

	総雇用数		系列会社数	
	現在	2年遅れ	現在	2年遅れ
西部	0.047	-0.243**	-0.007	-0.036**
	(0.093)	(0.113)	(0.019)	(0.017)
中部	0.137	0.028	0.016	0.014
	(0.090)	(0.148)	(0.013)	(0.022)
東部	0.196	0.087	0.008	-0.025
	(0.185)	(0.148)	(0.036)	(0.034)
北東部	0.035	0.100	-0.006	0.032
	(0.114)	(0.087)	(0.017)	(0.020)
高GDP	-0.473**	-0.164	-0.075	-0.058
	(0.235)	(0.286)	(0.053)	(0.070)
低GDP	-0.032	0.434	-0.016	0.023
	(0.212)	(0.286)	(0.041)	(0.066)
高賃金	0.245	0.007	-0.025	-0.034
	(0.254)	(0.172)	(0.034)	(0.037)
中賃金	0.637*	0.027	0.068	0.007
	(0.338)	(0.218)	(0.045)	(0.040)
低賃金	0.181	-0.096	0.049	-0.012
	(0.303)	(0.228)	(0.049)	(0.037)

注：（　）の数値は標準偏差を表し、それぞれ***は1％、**は5
　％、*は10％水準で有意であることを示す。

しれない。さらに、不利なコストショックは、一部の企業を市場から撤退さ
せるため、生存企業にとってはプラスのショックと見なされるべきだ。多国
籍企業がある場所で雇用を拡大するかどうかは、異なる力の間のトレードオ
フに依存する。我々の結果は、この議論を支持するものであり、中程度の賃
金水準の地域において、最低賃金と多国籍企業の総雇用との間に有意な正の
相関関係があることを明らかにした。

7．結論

　本章では、中国の最低賃金政策が地域や時間によって大きく異なることを
利用し、日本の多国籍企業の中国における系列会社が最低賃金の変更にどの

ように反応するかを調査した。日本の多国籍企業の詳細な企業レベルのデータと中国の最低賃金に関するデータを組み合わせて推計に用いた。その結果、市別最低賃金の引き上げは、在中国日系企業の人件費を必ずしも増加させないことが示された。一方、日本の多国籍企業は、調達先や販売パターンといった他の手段を通じて調整を行う。そして、系列会社のタイプによって、外生的な人件費ショックを緩和するために、様々な対応行動を示している。このような適応性は、純粋な国内企業ではほとんど見られない。

入念な検証にもかかわらず、まだいくつかの改善すべき点がある。第一に、企業の平均賃金は計算できても、その企業が最低賃金規制を遵守しているかどうかは観測できない。また、もし遵守していたとしても、そのような規制の変更によって、どれだけの労働者が恩恵を受けるかはわからない。労働者の賃金プロファイルに関するより詳細な情報が必要である。第二に、同じ多国籍企業グループに属する兄弟会社間の相互作用を実際に観察することはできない。このチャネルも多国籍企業が調整を行う上で重要である可能性がある。最後になったが、最低賃金の内生的な影響をさらに扱うために、より多くの研究が可能である。これらは今後の研究に委ねたい。

参考文献

Aaronson, Daniel and Eric French (2007) "Product Market Evidence on the Employment Effects of the Minimum Wage." *Journal of Labor economics*, 25(1): 167-200.

Aaronson, Daniel and Brian J Phelan (2017) "Wage Shocks and the Technological Substitution of Low-Wage Jobs." *The Economic Journal*, 129(617): 1-34.

Autor, David H., William R. Kerr and Adriana D. Kugler (2007) "Does Employment Protection Reduce Productivity? Evidence from Us States." *The Economic Journal*, 117 (521): F189-F217.

Bai, John, Douglas Fairhurst and Matthew Serfling (2019) "Employment Protection, Investment, and Firm Growth." *The Review of Financial Studies*, 33(2): 644-688.

Bai, Xue, Arpita Chatterjee, Kala Krishna and Hong Ma (2021) "Trade and Minimum Wages in General Equilibrium: Theory and Evidence." *Journal of International Economics*, 133: 103535.

Baldwin, Richard and Toshihiro Okubo (2014) "Networked FDI: Sales and Sourcing Patterns of Japanese Foreign Affiliates." *The World Economy*, 37(8): 1051-1080.

Becker, Randy and Vernon Henderson (2000) "Effects of Air Quality Regulations on Polluting Industries." *Journal of Political Economy*, 108(2): 379-421.

Bilir, L. Kamran, Davin Chor and Kalina Manova (2019) "Host-Country Financial Development and Multinational Activity." *European Economic Review*, 115: 192-220.

Cestone, Giacinta, Chiara Fumagalli, Francis Kramarz and Giovanni Pica. "Exploiting Growth Opportunities: The Role of Internal Labor Markets." Forthcoming in *Review of Economic Studies*.

Chen, Maggie Xiaoyang (2011) "Interdependence in multinational production networks." *Canadian Journal of Economics/Revue canadienne d'économique*, 44(3): 930-956.

Clemens, Michael A., Steven Radelet, Rikhil R. Bhavnani and Samuel Bazzi (2011) "Counting Chickens When They Hatch: Timing and the Effects of Aid on Growth." *The Economic Journal*, 122(561): 590-617.

Collier, Paul and Anke Hoeffler (2004) "Aid, Policy and Growth in Post-Conflict Societies." *European Economic Review*, 48(5): 1125 1145.

Denizer, Cevdet, Daniel Kaufmann and Aart Kraay (2013) "Good Countries or Good Projects? Macro and Micro Correlates of World Bank Project Performance." *Journal of Development Economics*, 105: 288-302.

Dosi, Giovanni, Maria Enrica Virgillito and Xiaodan Yu (2020) "The Wage-Productivity Nexus in the World Factory Economy." *World Development*, 129: 104875.

Du, Pengcheng and Shuxun Wang (2020) "The Effect of Minimum Wage on Firm Markup: Evidence from China." *Economic Modelling*, 86: 241-250.

Dube, Arindrajit, T William Lester and Michael Reich (2010) "Minimum Wage Effects across State Borders: Estimates Using Contiguous Counties." *The Review of Economics and Statistics*, 92(4): 945-964.

Dustmann, Christian, Attila Lindner, Uta Schönberg, Matthias Umkehrer and Philipp Vom Berge (2022) "Reallocation Effects of the Minimum Wage." *The Quarterly Journal of Economics*, 137(1): 267-328.

Fan, Haichao, Faqin Lin and Lixin Tang (2018) "Minimum Wage and Outward Fdi from China." *Journal of Development Economics*, 135: 1-19.

Fang, Tony and Carl Lin (2015) "Minimum Wages and Employment in China." *IZA Journal of Labor Policy*, 4(1): 22.

Feeny, Simon and Vu Vuong (2017) "Explaining Aid Project and Program Success: Findings from Asian Development Bank Interventions." *World Development*, 90:

329-343.

Gan, Li, Manuel A. Hernandez and Shuang Ma (2016) "The Higher Costs of Doing Business in China: Minimum Wages and Firms' Export Behavior." *Journal of International Economics*, 100: 81-94.

Garetto, Stefania (2013) "Input Sourcing and Multinational Production." *American Economic Journal: Macroeconomics*, 5(2): 118-151.

Giroud, Xavier and Holger M. Mueller (2019) "Firms' Internal Networks and Local Economic Shocks." *American Economic Review*, 109(10): 3617-3649.

Giuliano, Laura (2013) "Minimum Wage Effects on Employment, Substitution, and the Teenage Labor Supply: Evidence from Personnel Data." *Journal of Labor Economics*, 31 (1): 155-194.

Glass, Amy Jocelyn and Kamal Saggi (2002) "Multinational Firms and Technology Transfer." *The Scandinavian Journal of Economics*, 104(4): 495-513.

Griffith, Rachel and Gareth Macartney (2014) "Employment Protection Legislation, Multinational Firms, and Innovation." *The Review of Economics and Statistics*, 96(1): 135-150.

Harasztosi, Peter and Attila Lindner (2019) "Who Pays for the Minimum Wage?" *American Economic Review*, 109(8): 2693-2727.

Hau, Harald, Yi Huang and Gewei Wang (2020) "Firm Response to Competitive Shocks: Evidence from China's Minimum Wage Policy." *The Review of Economic Studies*, 87(6): 2639-2671.

Howell, Anthony (2020) "Minimum Wage Impacts on Han-Minority Workers' Wage Distribution and Inequality in Urban China." *Journal of Urban Economics*, 115: 103184.

Huang, Yi, Prakash Loungani and Gewei Wang (2014) "Minimum Wage and Firm Employment: Evidence from China." *IHEID Working Papers* 08-2014, Economics Section, The Graduate Institute of International Studies.

Jones, Sam and Finn Tarp (2016) "Does Foreign Aid Harm Political Institutions?" *Journal of Development Economics*, 118: 266-281.

Kimura, Fukunari and Mitsuyo Ando (2005) "Two-dimensional Fragmentation in East Asia: Conceptual Framework and Empirics." *International Review of Economics & Finance*, 14(3): 317-348.

Kong, Dongmin, Ni Qin and Junyi Xiang (2021) "Minimum Wage and Entrepreneurship: Evidence from China." *Journal of Economic Behavior & Organization*, 189: 320-336.

Li, Shi and Xinxin Ma (2015) "Impact of Minimum Wage on Gender Wage Gaps in Urban China." *IZA Journal of Labor & Development*, 4(1): 20.

Lin, Carl and Myeong-Su Yun（2016）"The Effects of the Minimum Wage on Earnings Inequality: Evidence from China." *Research in Labor Economics*, in: Income Inequality Around the World, 44: 179-212, Emerald Group Publishing Limited.

Long, Cheryl and Jin Yang（2016）"How Do Firms Respond to Minimum Wage Regulation in China? Evidence from Chinese Private Firms." *China Economic Review*, 38: 267-284.

MaCurdy, Thomas（2015）"How Effective Is the Minimum Wage at Supporting the Poor?" *Journal of Political Economy*, 123(2): 497-545.

Magruder, Jeremy R.（2013）"Can Minimum Wages Cause a Big Push? Evidence from Indonesia." *Journal of Development Economics*, 100(1): 48-62.

Maksimovic, Vojislav and Gordon Phillips（2002）"Do Conglomerate Firms Allocate Resources Inefficiently across Industries? Theory and Evidence." *The Journal of Finance*, 57(2): 721-767.

Manning, Alan（2021）"The Elusive Employment Effect of the Minimum Wage." *Journal of Economic Perspectives*, 35(1): 3-26.

Mayneris, Florian, Sandra Poncet and Tao Zhang（2018）"Improving or Disappearing: Firm-Level Adjustments to Minimum Wages in China." *Journal of Development Economics*, 135: 20-42.

Poncet, Sandra, Florian Mayneris and Tao ZHANG（2014）"The Cleansing Effect of Minimum Wages-Minimum Wages, Firm Dynamics and Aggregate Productivity in China," *Working Papers* P113, FERDI.

Ramondo, Natalia, Andrés Rodríguez-Clare and Milagro Saborío-Rodríguez（2016）"Trade, Domestic Frictions, and Scale Effects." *American Economic Review*, 106 (10): 3159-3184.

Sorkin, Isaac（2015）"Are There Long-Run Effects of the Minimum Wage?" *Review of Economic Dynamics*, 18(2): 306-333.

Soundararajan, Vidhya（2019）"Heterogeneous Effects of Imperfectly Enforced Minimum Wages in Low-Wage Labor Markets." *Journal of Development Economics*, 140: 355-374.

Spinelli, Francesca, Dorothée Rouzet and Hongyong Zhang（2020）"Networks of foreign affiliates: Evidence from Japanese micro-data." *The World Economy*, 43(7): 1841-1867.

Thomas, Catherine and Bernard, Andrew（2021）"Multinational firms' market entry and expansion, with evidence from Eastern Europe." In: Foley, C. Fritz, Hines, James and Wessel, David,（eds.）Global Goliaths: Multinational Corporations in the 21st Century Economy. Brookings Institution. Press, Washington, DC, 89-128. ISBN 9780815738558

国境拒否リスクと企業の輸出行動

慶應義塾大学経済学部　小橋　文子

1. はじめに

　輸入関税その他の水際での貿易障壁が着実に削減されてきた一方で、各国の技術規制の貿易制限的な影響への関心が高まっている。輸入関税以外の、商品貿易の取引数量や価格に影響を及ぼしうる政策措置を総称して、非関税措置（NTM：Non-Tariff Measure）と呼ぶ。NTM のなかでも、近年特に通商政策上の重要性が高まっているのが技術規制である。技術規制とは、商品の品質、性能、大きさといった特性や生産方法・製造工程などについて定められている基準、および、その基準に適合しているかについて判断する認証制度である[1]。

　技術規制には、各国の国内市場で出回る商品の製造業者ならびに販売業者が遵守すべき事項として国内法令で定められている強制的な要件と、企業が取引相手に対して要求する私的基準（private standards）とがある。前者の法

---

[1] NTM には、伝統的な水際措置である数量制限・割当や価格統制も含まれる。また、国内措置としての NTM には、技術規制以外にも、市場競争を歪める措置、貿易に関連する投資措置、流通上の規制、政府調達に関する規制なども含まれる。

的強制力のある技術規制についても、各国政府は、あくまでも、消費者の安全や公衆衛生上の懸念から品質要求や情報提供義務を課している。国内市場で出回る国産品と輸入品を差別的に取り扱う意図はない。しかし、例えば、食の安全のため、各国が独自の衛生基準など技術要件を設けている場合、輸出企業の観点からは仕向け国ごとに異なる要件を遵守しなくてはならず、輸出費用を増加させることになる。さらに、各国の技術要件を遵守するために、生産・流通プロセスを改良したり、認証手続きのための検査実施や書類作成などに必要な人材を確保したりする必要がある場合、輸出の意思決定において重大な障壁となり、貿易制限的な効果をもたらしうる。

　各国政府は、国内市場向けに外国から輸送されてくる貨物が国内法令で規定された技術要件を満たしているかどうか、国境で監視している。所定の要件が満たされていないことが発覚した場合、消費者の安全や公衆衛生上の懸念から、輸送品は入国を拒否される。こうした国境拒否（border rejection）は、先進国市場に進出しようとする途上国の輸出企業にとってより深刻な問題である。先進国の技術規制はしばしば途上国よりも厳格であるため、輸送品を原産国によって差別する意図はないとしても、実質的に途上国の輸出企業が先進国市場から締め出されてしまう可能性は高くなる。例えば、米国の技術要件を満たしていない（異物・不純物混入など）、ラベルに虚偽の情報が含まれている（偽・誤表示）、などの理由で米国市場への入国を拒否されている輸送品の記録は、毎年、数千件にのぼる。過去20年間にわたる米国の国境拒否事例の主な出荷元は、中国、インド、メキシコといった新興国に集中している。

　さらに、途上国の輸出企業が仕向け先の先進国市場で求められる技術要件を十分な確率で満たすことができない場合、輸送品が先進国市場の国境で拒否されるかもしれないという不確実性に伴って輸出費用は増大すると考えられる。国境拒否される可能性は、輸出される製品の品質のばらつきによって決まるだけでなく、国境管理の厳しさにも依存する。例えば、農産品の場合、出荷前にも輸出国内で検査が実施されることが一般的で、出荷前検査を通過した上で輸送されるが、仕向け先の国境でも一部の輸送品は検査の対象となる。国境検査において技術要件違反の疑いをかけられると、たとえ実際には違反していなくても、疑いを晴らすのは容易ではなく、国境拒否の最終

決定を受け入れざるを得ないかもしれない。ここで、国境検査に回される輸送品はランダムに選ばれるのではなく、問題がありそうだと疑われる輸送品が重点的に検査されている実態を考慮することが重要となる。厳格な国境管理の対象となるかどうかは、輸出業者、製造業者、製品、出荷元の国・地域ごとの過去の国境拒否事例によって左右される。そうした履歴効果を鑑みると、ある輸出企業が直面する国境拒否リスクは、その企業自身の過去の拒否事例に直接的に依存するのはもちろん、特定の国・地域や特定の製品群において競合する他企業の拒否事例にも間接的に影響されると考えられる。

　本章では、国境拒否されるかもしれない不確実性に伴う輸出費用の増大に注目し、国境拒否リスクが企業の輸出行動に与える影響を検討する。輸出される製品の品質のばらつきをコントロールしながら、国境管理の厳しさを左右する国境拒否の直接的な履歴効果と間接的な履歴効果の双方を明示的に考慮して、国境拒否リスクの影響を分析することを試みる。その際、中国からの出荷に対する米国の国境拒否事例の記録を、中国の企業レベルの通関データおよび製造業調査データと接続して使用し、米国市場に供給する中国企業の輸出行動に対する国境拒否リスクの影響に注目する。

　本章の分析結果は、米国の国境拒否の直接的な履歴効果と間接的な履歴効果それぞれが、中国企業の米国市場向け輸出行動に異なる影響をもたらすことを示している。具体的には、ある企業自身の国境拒否経験による直接的な履歴効果は、当該企業の米国市場からの退出を増加させるが、もし米国市場から退出せずに輸出を継続することができた場合は米国向け輸出額を減少させる傾向がある。一方、似通った製品を米国向けに輸出する競合企業の過去の拒否事例を通じた間接的な履歴効果は、企業の米国市場からの退出を増加させ、米国市場への参入を減少させる傾向がある。

　本章の構成は以下の通りである。まず次節では、米国の国境管理の概要と国境拒否がどのようなプロセスを経て発生するのかを概説する。第3節では、国境拒否をめぐる先行研究を紹介する。第4節では、本章の分析で使用するデータセットについて説明し、国境拒否リスクが企業の輸出行動に与える影響を分析するための推計式を提示する。第5節で推計結果を整理した後、第6節では、推計結果を考察し、今後の研究の方向性について議論して結語とする。

2. 米国国境における輸送品の監視と国境拒否

米国食品医薬品局（FDA：Food and Drug Administration）は、消費者を保護するため、食品、人用および動物用医薬品、ワクチン、その他の生物製剤、人用医療機器、放射線を発する電子製品、化粧品、栄養補助食品、およびタバコ製品など、幅広い製品を規制している。FDA が規制するすべての製品は、米国に輸入される際に法的に定められた技術要件に従わなければならない。これらの技術要件は米国産品にも同様に適用される。

米国の入国港において、輸入が予定されているすべての製品は、米国税関・国境警備局（CBP：Customs and Border Protection）に申告されなければならない。この入国審査プロセスにおいて、CBP は、FDA 規制対象製品については、輸入予定品の受入適格性を FDA の調査員に照会する。FDA は、受入適格性を判断するにあたって、製品情報ラベルの要件遵守を確認するためのラベル検査、製品の物理的検査、製造設備の現地調査を行って、輸送品を精査する。また、FDA は、実験室での分析に基づいたさらなる評価が必要な場合など、必要に応じて製品サンプルを収集する。

検査の結果、製品が関連法令に違反していると思われる場合、FDA はその輸送品を勾留する権限がある。輸送品が勾留された場合、FDA は荷受人（輸入業者）による違反とその事由を説明する警告「Import Alerts」を発出する。警告に対して、荷受人には、製品の受入適格性に関して証言を提供するための非公式な聴聞手続きを経る権利がある。もし、警告を受けたにも関わらず、勾留中の製品が技術要件に適合していることを示す証拠（または、直ちに適合させるための計画）を荷受人が提出しない場合は、FDA は最終通知を発行し、入国を拒否する（すなわち「国境拒否」）。入国を拒否された製品は、90日以内に FDA および CBP の監督下で出荷元へ再輸出されるか、破棄されなければならない。それ以外の場合には、勾留中の製品の受入適格性が認められるか、あるいは、技術要件に適合させるために必要な再調整を経た上で勾留が解かれ、入国が許可されることになる。

米国の国境拒否は、「Adulteration」と「Misbranding」という2つの主要な違反に基づいている。「Adulteration」は、異物や不純物の混入など製品

が汚染されている、または安全ではない、もしくはその他の点で適用される米国の製品基準を満たしていないことを意味する。「Misbranding」は、ラベルやパッケージに虚偽または誤解を招く情報が含まれていることを意味する。そのほか、未承認の新薬や販売が禁止または制限されている製品も国境拒否事例として散見される。

ここで、米国の入国港でのFDAによる検査は一部の選ばれた輸送品のみが対象である点に留意されたい。CBPが技術要件違反の可能性が高い「と疑う」輸送品ほど注目され、FDAの検査対象として選ばれる可能性が高くなる。FDAによる検査はランダムには実施されていないのである[2]。実際、FDAのウェブページにも、製品、製造業者（または、輸出業者・荷送人）、および荷受人の過去の違反歴に基づいて選ばれた輸送品に対して入国港での検査やサンプル収集を行うことが明記されている。例えば、過去に違反歴のある企業の場合、当該企業が製造した同一あるいは似通った製品は特別な注目を受け、ほぼ自動的に検査に回される。ある違反事例と同じ出荷国・地域に立地し似通った製品を製造する競合企業もまた、厳格な国境管理の対象となる可能性が高い。規制当局が詐欺的な輸送品を特定する機会を最大化しようとする結果、特定の国、企業、製品が国境検査に回されやすい状況が生まれるのである。

もちろん、FDAによる検査の対象になったからといって、必ずしも国境拒否に直結するわけではない。関連法令に違反していなければ入国は許可されるはずである。しかしながら、ひとたび検査対象に選ばれた輸送品は、違反の疑いで入国港に長期間勾留される可能性があり、荷受人は国境拒否の最終決定を避けるために製品の受入適格性を証明する必要に迫られる。FDAの勾留に関する決定に異議を申し立て、例えば、適合性評価を説得力のある形で提示するには、相当な費用と時間がかかる。実際には違反していなくても、国境拒否の最終決定を受け入れざるを得ないかもしれない。

したがって、輸出企業にとっては、厳格な検査の対象に選ばれる可能性が高いほど、国境で拒否されるかもしれないという不確実性に伴って輸出費用

2）入国港でのFDAによる検査がランダムには実施されていない事実は、Jouanjean et al.（2015）やGrundke and Moser（2019）などの先行研究でも強調されてきた。

は増大するだろう。つまり、ある輸出企業が直面する国境拒否リスクは、当該企業自身の過去の拒否事例、そして、特定の出荷国・地域や製品群の競合他社の拒否事例にも左右されると考えられる。過去の国境拒否事例の履歴効果が直接的のみならず間接的にも作用して国境拒否リスクが高まり、貿易障壁となりうるのである。

3．国境拒否に関する先行研究

本章で注目する国境拒否事例は、輸入国の技術規制というNTMが実際に貿易を制限しているケースとみなすことができる。技術規制は、消費者保護など公益を目的として、国内市場で販売される国産品と輸入品に等しく適用され、必ずしも貿易を制限するとは限らない。正負いずれもありうる技術規制の貿易への影響の検討は、実証的な課題として、NTMの貿易効果に関する先行文献で注目されてきた[3]。

そうした流れのなか、いくつかの先行研究では、貿易を制限していると事実上みなされる技術規制のみを分析対象として、その貿易制限性を検討している。例えば、Fontagné et al.（2015）は、特定の貿易上の懸念（STCs：Specific Trade Concerns）として世界貿易機関（WTO）へ通報された衛生植物検疫（SPS：Sanitary and Phytosanitary）措置を対象に、技術規制が企業の輸出活動に与える影響を分析している。「事実上の」技術規制のデータとしては、通報ベースのデータ以外にも、企業アンケート調査において貿易制限性を指摘された技術規制の情報を用いた先行研究（Chen et al. 2008）もある。本章における国境拒否事例の分析も、「事実上の」技術規制を対象にした先行研究のグループに位置付けられる。

国境拒否の貿易効果の実証研究は、筆者が把握している限り、Grundke and Moser（2019）や Beestermöller et al.（2018）など数少ない。Grundke and Moser（2019）は、米国の国境拒否が輸入額に与える影響を、出荷国・製品群（HS品目分類4桁）レベルで、重力分析の枠組みで推計している。彼らは、FDAウェブサイトで公表されている「輸入拒否報告（IRR：Import

---

3）例えば、Nabeshima and Obashi（2011）の文献サーベイを参照。

Refusal Report）」に掲載の米国の国境拒否データを主な分析対象としつつ、欧州委員会（EC）管轄の「食品および飼料に関する緊急警報システム（RASFF：Rapid Alert System for Food and Feed）」から入手した EU の国境拒否データを操作変数として利用している[4]。彼らは、米国の国境拒否が輸入を減少させる効果を検出し、そうした貿易制限効果が主に製品サンプル分析を経ない拒否事例によって牽引される傾向が、特にサブプライム住宅ローン危機とその余波の期間において、顕著であることを指摘した。そして、こうした景気停滞期に国境検査当局の裁量に基づく国境拒否の貿易制限効果が増大する傾向は、隠れた保護主義の議論と一致するように見えると結論付けている。

Beestermöller et al.（2018）は、EU の国境拒否が中国企業の食品輸出に与える影響を分析している。筆者の知る限り、国境拒否の貿易効果を企業レベルで分析した初めての論文である。ただし、彼らが使用している RASFF の国境拒否データは、拒否の対象となった製品とその出荷国の情報しか含んでいないため、実際に拒否された輸送品や輸出業者を識別することはできない。そこで、彼らは、中国からの輸送品に対する製品群（HS 品目分類 4 桁）レベルの EU の国境拒否事例が、当該製品群の輸出活動に従事するすべての中国企業の EU 向け輸出に与える影響を推計している。ただし、こうした推計方法では、実際に拒否された企業に対する直接的な影響と、同じ製品群で競合する他企業への間接的な影響が識別できていない点に留意する必要がある。

Jaud et al.（2013）は、国境拒否の貿易効果を直接検討しているわけではないが、製品の衛生上のリスクと輸入パターンの関係を検討するにあたって、RASFF から入手した（国境拒否の前段階としての）警報発出の記録を使用している[5]。警報記録をもとに EU 市場における製品（CN 品目分類 8 桁）ごとの衛生リスクを推計した上で、衛生リスクが EU の輸入製品の出荷国の地理

4）厳密には、RASFF メンバーの国境拒否データである。RASFF は食品・飼料の安全性リスクを迅速に国家間で共有するためのシステムで、EU 加盟国が主要メンバーである。
5）RASFF において安全性リスクがあるとして警報が発出された輸送品のうち、85％以上が最終的に国境拒否に至っている。

的集中に与える影響を二段階で推計している。製品の衛生リスクが高いほど、EUの輸入額が少数の出荷国に集中しやすくなる一方で、出荷国の総数は上昇傾向にあることが明らかとなった。

　さらに、関連文献として、Baylis et al.（2009）および Jouanjean et al.（2015）では、国境拒否の決定要因が検討されている。いずれの研究も、FDA の IRR から得た米国の国境拒否データを使用しており、出荷国と業種（HS 分類 2 桁）あるいは製品群（HS 分類 4 桁）レベルの国境拒否の決定要因において、過去の違反歴あるいは輸入経験の履歴効果を指摘している。ある企業のある製品が過去に国境拒否の対象となっている場合、同一企業の同一製品は、厳格な国境管理の対象となる可能性が高く、その結果、再び拒否される可能性が高い。こうした直接的な履歴効果は、Baylis et al.（2009）が国境拒否の「粘着性（stickiness）」と呼ぶものである。一方、間接的な履歴効果のうち、ある業種における拒否事例が当該業種で似通った製品を製造する競合企業の輸送品が厳格な国境管理の対象となる可能性を高め、ひいては、国境拒否される可能性をも高める傾向は、Jouanjean et al.（2015）が「業種評判効果（sector reputation）」と呼ぶものである。

　そのほか、本章の研究対象に関連して、中国の食品輸出に対する米国の国境拒否事例の傾向と特徴を整理した先行研究としては、Wen et al.（2018）がある。彼らは、中国の食品産業ウェブサイト Foodmate から得たデータ（FDA の IRR の情報に基づく）を使用して一連の記述統計を提供している。ただし、国境拒否の影響や要因の分析には踏み込んでおらず、企業レベル・データとの接続もしていない。

4．データと分析手法

　以下では、拙著 Inui et al.（2024）で構築したデータセットを使用して、米国市場に供給する中国企業の輸出行動に対する国境拒否リスクの影響を検討していく。Inui et al.（2024）では、過去の国境拒否事例が対象企業の輸出行動に与える影響を、輸出の外延（extensive margin）と内延（intensive margin）に分けて分析している。そして、一度拒否されても、適切な調整を行って再度輸出を試み、成功した場合には、製品の品質が向上するという実証的証拠

を強調している。これに対し、本章では、国境拒否されるかもしれない不確実性に伴う輸出費用の増大に注目し、国境拒否リスクが企業の輸出行動に与える影響に焦点を当てる。

　Inui et al.（2024）のデータセットは、FDA の IRR から得た中国からの出荷に対する米国の国境拒否事例を、中国の企業レベルの通関データおよび製造業調査データと結びつけたものである[6]。中国税関総局の貿易統計（CCTS：Chinese Customs Trade Statistics）の通関データには、企業識別情報（企業名、所在地など）、HS コード（8 桁）、輸出額（米ドル、FOB ベース）および数量、仕向け国などの情報が含まれる。中国国家統計局の工業企業調査（ASIF：Annual Survey of Industrial Firms）は、年間売上高が500万元を超えるすべての中国国内の企業が対象で、企業の基本情報に加え、典型的なバランスシートから抽出された財務および経営情報が含まれる。IRR には、米国の国境拒否事例の対象となった製造業者の企業名、所在地、製品情報、日付、拒否事由などが記録されている。

　まず、CCTS データを年次に集計し、企業名、住所、および電話コードを用いて ASIF データと接続した。次に、IRR データと結合するにあたって問題となるのが、国境拒否の対象製品情報が FDA 独自のコードで記録されている点である。幸い、FDA の品目コードは製品の性質を体系的に表す仕組みになっているため、製品情報を確認しながら、手動で 4 桁の HS コードに対応させた。そして、IRR データを年次で HS コード 4 桁レベルで集計し、企業名と住所を用いて CCTS-ASIF 接続データセットと結合した。

　本章で使用するデータセットには、2002年から2007年の中国からの出荷に対する米国の国境拒否情報と ASIF に基づく企業情報、および、2002年から2008年の通関データがカバーされている。対象期間に米国の国境拒否の対象となった中国からの輸送品は、HS コード 4 桁レベルで109ある。以下の分析では、対象期間のどこかで少なくとも 1 つの企業が米国の国境拒否の対象になった109の製品群に焦点を絞る。

　さて、本章では、国境拒否されるかもしれない不確実性に伴う輸出費用の

6）詳しいデータセットの構築方法や記述統計については、Inui et al.（2024）を参照されたい。

増大に注目する。輸出企業が直面する国境拒否リスクは、製品の品質のばらつきと、国境での検査の厳しさによって決まる。技術要件を確実に遵守するための費用は、特に小規模で、低生産性の企業にとっては高すぎる場合があり、輸出の意思決定において重大な障壁となる。たとえ企業が技術要件を遵守できたとしても、輸出国のインフラの不備、保管能力の不足、または不適切なトレーサビリティによって、仕向け先に到着するまでに製品の品質が損なわれるかもしれない。また、厳格な国境管理の対象になる可能性は、当該企業自身の過去の拒否事例に直接依存する一方、特定の出荷国・地域や製品群の競合他社の拒否事例にも間接的に左右される。そこで、製品の品質のばらつき（の背景要因）をある程度コントロールしながら、国境拒否の直接的な履歴効果（「粘着性」）および間接的な履歴効果（「業種評判効果」）を考慮して推計を行う。

前節で言及したように、関連文献である Beestermöller et al.（2018）では、データの制約上、実際に拒否された企業を特定できないため、製品群レベルの国境拒否が企業の輸出行動に与える影響を分析している。そのため、推計では国境拒否の直接的な履歴効果と間接的な履歴効果が混同されてしまっているが、彼らは、「統計的差別（statistical discrimination）」の概念および「評判（reputation）」という用語を用いて、直接的・間接的両方の履歴効果の重要性を強調している。本章では、Beestermöller et al.（2018）の分析を再現した上で、直接的な履歴効果と間接的な履歴効果を明示的に区別してさらなる推計を行う。

具体的には、まず、Beestermöller et al.（2018）に倣い、以下の式(1)を推計する。

$$y_{ipt} = \alpha + \beta_1 Reject_{p,t-1} + \beta_2 Reject_{p,t-1} * \ln Size_{i,t-1} + \beta_3 \ln Size_{i,t-1} + \lambda_i + \lambda_p + \lambda_{HS2,t} + \varepsilon_{ipt} \tag{1}$$

従属変数 y_{ipt} は、年 t における、HS 分類 4 桁レベルの製品群 p の、中国企業 i の米国向け輸出行動を表し、以下の 3 つの側面から検討していく。

①米国市場からの退出。年 $t-2$ と年 $t-1$ に継続して製品群 p を米国市場に輸出していた企業 i を分析対象とし、年 t には製品群 p を米国に輸出して

いない場合に 1 の値をとり、年 t にも引き続き製品群 p を米国に輸出している場合は 0 の値をとるダミー変数を用いる[7]。年 $t-1$ のみならず、年 $t-2$ から継続して輸出している企業に限定している理由は、国境拒否とは関係なく、平時においても、貿易取引関係の存続期間は極めて短いことが知られているからである（例えば、Besedeš and Prusa, 2006）。

②米国市場への参入（一定期間中断後の再参入も含まれる）。年 $t-1$ に製品群 p を米国市場に輸出していなかった企業 i を分析対象とし、年 t には製品群 p を米国に輸出している場合に 1 の値をとり、年 t にも製品群 p を米国に輸出していない場合は 0 の値をとるダミー変数を用いる。

③輸出を継続する条件付きでの米国向け輸出額。年 t における企業 i の製品群 p の米国向け輸出額の対数値を用いる。年 $t-1$ にすでに製品群 p を米国へ輸出しており、年 t にも製品群 p を引き続き輸出している存続企業に焦点を絞る。これは①の退出ダミーが 0 のケースに（部分的に）対応する[8]。輸出額の変化だけでは、数量の変化によるものなのか価格の変化によるものなのか区別できないので、輸出数量と輸出単価（輸出額を輸出数量へ割ったもの）それぞれに国境拒否リスクが与える影響についても検討する。

特に関心のある説明変数は $Reject_{p,t-1}$ で、輸出企業が直面する国境拒否リスクを表す。年 $t-1$ における中国から米国市場に向けて出荷された製品群 p を対象とした国境拒否事例の有無を示すダミー変数を用いる。また、企業の異質性とその輸出への影響をコントロールするため、企業規模の変数 $\ln Size_{i,t-1}$ を含める。さらに、企業間での国境拒否リスクの異質な影響を捉えるために、$Reject_{p,t-1}$ と $\ln Size_{i,t-1}$ の交差項も含める。Beestermöller et al.（2018）では、データの制約上、年 $t-1$ における企業の総輸出額を企業規模の代理変数として用いている。しかし、企業が年 $t-1$ に発生した国境拒否事例に対して調整を行う際に総輸出額（年 $t-1$）にも影響がおよび、その

7）年 $t-1$ に輸出しているかどうかのみを考慮した、より緩い定義の退出ダミーを用いると、以降の推計結果の符号は変わらないものの、有意性が一部失われる。

8）存続企業の分析は、年 $t-1$ に輸出しているかどうかのみを考慮しているが、より厳しい基準で存続企業を定義した場合も、以降の推計結果は質的には変わらない。

結果として輸出行動（年 t）に変化が生じた場合、国境拒否変数と企業規模変数の交差項は、同時性による内生性を引き起こす可能性がある。したがって、本章では、製造業調査データ（ASIF）も使用しているメリットを活かし、国境拒否事例が発生しても通時的に比較的安定している、企業の総資産のデータを用いる。

　一連の固定効果 λ_i、λ_p、$\lambda_{HS2,t}$ は、企業の輸出行動に影響を与える、企業、製品群、業種×年固有の属性を捉える。企業固定効果 λ_i が捉えるのは、時間によって不変の企業固有の属性で、立地場所、（平均）企業規模、規制遵守能力などが含まれる。製品群固定効果 λ_p は、時間によって不変で製品群固有の衛生リスク、耐久性や劣化性などを捉える。例えば、既知の衛生リスクなどにより、ある製品群が厳格な国境管理の対象となりやすい場合、実際に技術要件に適合しているかどうかにかかわらず、当該製品群の輸送品は入国港でより頻繁に検査されるため、国境拒否リスクは相対的に高まり、輸出費用を押し上げることになるだろう。業種・年固定効果 $\lambda_{HS2,t}$ は、業種固有の景気循環、輸入需要ショックのほか、業種固有の政治的および経済的な要因や保護主義の動向も捉える。そして、ε_{ipt} は独立同分布誤差項である。

　Beestermöller et al.（2018）に倣った式(1)では、β_1 が国境拒否リスクの影響を捉えるが、ある製品群の輸出活動に従事するすべての企業の輸出に与える影響しか推計できない。本章で使用するデータセットでは実際に拒否された製造業者（輸出業者）を特定できるという優位性を活かし、国境拒否の直接的な履歴効果と間接的な履歴効果を明示的に区別してさらなる推計を行う。具体的には、以下の式(2)を推計する。

$$y_{ipt} = \alpha + \beta_1 Reject_{ip,t-1} + \beta_2 Reject_{ip,t-1} * \ln Size_{i,t-1} + \beta_3 OthersReject_{ip,t-1}$$
$$+ \beta_4 \ln Size_{i,t-1} + \lambda_i + \lambda_p + \lambda_{HS2,t} + \varepsilon_{ipt} \tag{2}$$

ここでの $Reject_{ip,t-1}$ は、企業 i 自身の拒否経験の直接的な履歴効果を捉える国境拒否変数である。退出、存続企業の分析と、参入の分析とで、国境拒否変数の定義を変える。従属変数 y_{ipt} を退出ダミー（①）、または、（輸出継続条件付き）輸出額（③）とする推計においては、年 $t-1$ における企業 i 自身の製品群 p の米国向け輸出における国境拒否事例の有無を示すダミー変数を用いる。従属変数 y_{ipt} を参入ダミー（②）とする推計においては、年 $t-2$ あ

るいはそれ以前に遡った過去の企業 i 自身の製品群 p の米国向け輸出における国境拒否事例の有無を示すダミー変数を用いる。参入の分析では、年 $t-1$ に製品群 p を米国市場に輸出していなかった企業 i を分析対象とするため、年 $t-2$ あるいはそれ以前の拒否事例が米国市場への再参入に与える影響を検討する。さらに、企業間での異質な影響を捉えるために、$Reject_{ip, t-1}$ と $\ln Size_{i, t-1}$ の交差項も含める。

もう 1 つの $OthersReject_{ip, t-1}$ は、競合企業の国境拒否事例からもたらされる、国境拒否の間接的な履歴効果を捉える。企業 i と同一の製品群 p で輸出活動に従事する競合企業が過去に当該製品群 p の輸送品を米国国境で入国拒否された場合、企業 i の製品群 p の輸送品も国境拒否リスクが高まる。年 $t-1$ 時点における競合企業の過去の国境拒否事例の累積件数を用いる。

5．推計結果

表 7 - 1 は、式(1)の推計結果をまとめた表で、Beestermöller et al.（2018）の推計結果を米国の国境拒否のケースについて再現したものである。まず、退出（①）と参入（②）の推計においては、単独の拒否ダミーも、拒否ダミーと総資産の交差項も、いずれの係数も統計的に有意ではない。米国の国境拒否リスクを製品群レベルで定義した場合は、当該製品群を輸出している中国企業の米国市場からの退出、米国市場への参入に国境拒否リスクが与える影響は統計的には検出されなかった。企業間での国境拒否リスクの異質な影響を捉える交差項についても同様であり、直接的な履歴効果と間接的な履歴効果を区別されず混在していることが一因として考えられる。

輸出額（③）の推計においては、単独の拒否ダミーの係数はプラスに有意、拒否ダミーと総資産の交差項の係数はマイナスに有意と推計された。国境拒否事例が発生した製品群を輸出する企業のうち、拒否事例発生後も継続して輸出している存続企業は、国境拒否リスクが高まった状況にもかかわらず、輸出額を増やす傾向にある。輸出額を数量と単価に分解した場合の推計結果を見ると、国境拒否リスクが高まるなかでの存続企業は輸出数量の拡大を通じて輸出額を増加させている。国境拒否リスクが高まった製品群において存続企業への集中度が増していると解釈できるだろう。一方で、交差項の

表 7-1　製品群レベルの国境拒否が企業の輸出行動に与える影響

	退出ダミー	参入ダミー	輸出額 （対数値）	輸出数量 （対数値）	輸出単価 （対数値）
拒否ダミー（HS4桁製品群）	0.0301	0.0472	1.410***	1.168***	0.0847
	(0.0813)	(0.0809)	(0.458)	(0.441)	(0.168)
×総資産（対数値）	-0.00216	-0.00600	-0.122***	-0.0959**	-0.0111
	(0.00718)	(0.00694)	(0.0414)	(0.0400)	(0.0154)
総資産（対数値）	-0.0585***	0.0177	0.166***	0.155**	0.00909
	(0.0121)	(0.0157)	(0.0629)	(0.0622)	(0.0208)
企業/製品群/業種×年 固定効果	Yes	Yes	Yes	Yes	Yes
観測値数	18,734	11,923	16,838	16,785	16,785
修正済決定係数	0.252	0.048	0.497	0.625	0.852

注釈：OLS 回帰によって得られた係数、そして括弧内にロバスト標準誤差が記載されている。定数項ならびに一連の固定効果の係数の推定値は省略する。係数の添え字*は10%、** は5％、*** は1％有意水準の下での統計的有意性を示す。

出所：中国税関総局貿易統計（CCTS）、中国国家統計局工業企業調査（ASIF）、米国食品医薬品局（FDA）輸入拒否報告（IRR）を結合させたデータセットを用いて筆者作成。

推計値は、そうした存続企業の輸出額・数量の増加傾向は企業規模が拡大する局面ほど減退する傾向を示している。なお、企業固定効果も含まれているので、ここでの企業規模変数は、各企業の平均規模からの各時点の乖離を捉えている点に留意されたい。直接的な履歴効果と間接的な履歴効果が混在しているためか、交差項については解釈に苦しむ結果である。

　次に、直接的な履歴効果と間接的な履歴効果を明示的に区別した式(2)の推計結果が表7-2にまとめられている。第一に、退出（①）については、すべてのサンプルを対象とした推計では、当該企業自身の拒否ダミーも、拒否ダミーと総資産の交差項も、そして、他企業の過去拒否件数も、統計的に有意ではない。サンプルの最終年である2008年においては前年までと比べ米国市場から退出する中国企業数が目立って増えており、サブプライム住宅ローン危機の影響が懸念されることから、2008年の退出の意思決定（つまり、2007年の国境拒否の有無）をサンプルから取り除いて分析した。その結果が2行目に示されている。このサブサンプル分析の結果を見ると、当該企業自身の拒否ダミーはプラスに有意、拒否ダミーと総資産の交差項はマイナスに有意、他企業の過去拒否件数はプラスに有意と推計されている。前年に米国国境で拒否されると、翌年に米国市場から退出する可能性が高まる一方、その

表7-2 国境拒否リスクが企業の輸出行動に与える影響：直接的・間接的な履歴効果の
区別

	退出ダミー		参入ダミー	輸出額 （対数値）	輸出数量 （対数値）	輸出単価 （対数値）
	全サンプル	除2008年				
拒否ダミー	0.561 (0.347)	0.730** (0.357)		-2.208* (1.312)	-1.448 (1.425)	-0.881* (0.487)
×総資産（対数値）	-0.0477 (0.0302)	-0.0637** (0.0311)		0.246** (0.117)	0.161 (0.127)	0.0913** (0.0453)
過去の拒否経験ダミー			-0.581 (0.469)			
×総資産（対数値）			0.0454 (0.0388)			
他企業の過去拒否件数 （HS4桁製品群内）	0.00792 (0.0106)	0.0197* (0.0120)	-0.0234** (0.0114)	-0.0326 (0.0565)	-0.00230 (0.0594)	-0.0102 (0.0201)
総資産（対数値）	-0.0586*** (0.0117)	-0.0555*** (0.0128)	0.0154 (0.0154)	0.107* (0.0601)	0.110* (0.0596)	0.00169 (0.0194)
企業/製品群/業種× 年 固定効果	Yes	Yes	Yes	Yes	Yes	Yes
観測値数	18,734	16,210	11,923	16,838	16,785	16,785
修正済決定係数	0.252	0.260	0.049	0.497	0.625	0.852

注釈：OLS回帰によって得られた係数、そして括弧内にロバスト標準誤差が記載されている。定数
　　項ならびに一連の固定効果の係数の推定値は省略する。係数の添え字*は10%、**は5
　　%、***は1％有意水準の下での統計的有意性を示す。
出所：中国税関総局貿易統計（CCTS）、中国国家統計局工業企業調査（ASIF）、米国食品医薬品局
　　（FDA）輸入拒否報告（IRR）を結合させたデータセットを用いて筆者作成。

退出可能性は企業規模が拡大する局面ほど弱まる。また、競合企業の過去の
拒否事例の累積件数が多いほど、退出可能性は高まる。
　第二に、参入（②）については、当該企業自身の過去の拒否経験ダミー
も、その総資産との交差項も統計的に有意ではないが、他企業の過去拒否件
数はマイナスに有意と推計されている。競合企業の過去の拒否事例の累積件
数が多いほど、米国市場へ参入する可能性は低くなる。
　第三に、輸出額（③）については、当該企業自身の拒否ダミーはマイナス
に有意、拒否ダミーと総資産の交差項はプラスに有意と推計されているが、
他企業の過去拒否件数は統計的に有意ではない。前年に米国国境で拒否され
たにもかかわらず翌年も継続して米国向けに輸出し続ける存続企業は、輸出

額を減らす傾向にあるが、その輸出額減少傾向は企業規模が拡大する局面ほど弱まる。輸出額を数量と単価に分解した場合の推計結果を参照すると、輸出単価の低下を通じて輸出額を減らしている。

　以上の推計結果より、直接的な履歴効果と間接的な履歴効果が混在した状態では国境拒否が企業の輸出行動に与える影響は不明瞭であるが、両者を明示的に区別すると、当該企業自身の国境拒否経験と競合企業の過去の拒否事例を通じてそれぞれ異なる影響がもたらされることが浮き彫りとなった。自己の拒否経験による直接的な履歴効果は、市場から退出する可能性を高めるものの、企業規模が拡大する局面では退出しにくい。一方、自己の過去の拒否経験は、その後市場に参入する可能性には影響しない。また、もし拒否を経験しても輸出し続けることができた場合は、輸出単価の低下を通じて輸出額を減少させる傾向があるが、企業規模が拡大する局面では輸出額はあまり減少しない。自己の拒否経験による直接的な履歴効果は、企業の輸出の外延における退出に加え、内延にも影響する。他方で、競合企業の過去の拒否事例を通じた間接的な履歴効果は、企業の輸出の外延のみに影響をもたらす。競合企業の拒否事例が累積すると、企業の退出が増え、参入が減る。一方、存続企業の輸出額への影響は検出されなかった。

6. おわりに

　本章では、国境拒否されるかもしれない不確実性に伴う輸出費用の増大に注目し、国境拒否リスクが企業の輸出行動に与える影響を分析した。その際、中国からの出荷に対する米国の国境拒否事例と中国の企業レベルの通関データおよび製造業調査データとを結びつけたデータセットを活用した。そして、製品の品質のばらつきをコントロールしつつ、国境拒否の直接的な履歴効果と間接的な履歴効果を明示的に区別して分析を試みた。推計結果より、直接的な履歴効果と間接的な履歴効果それぞれが、企業の輸出行動に異なる影響をもたらすことが明らかになった。自己の拒否経験による直接的な履歴効果は、企業の市場退出を増加させ、退出せずに輸出を継続することのできた存続企業の輸出額を減少させる傾向がある。一方、競合企業の過去の拒否事例の累積を通じた間接的な履歴効果は、企業の退出を増加させ参入を

減少させる傾向が確認された。

　本章の分析はあくまで基礎的な推計にとどまっており、さらなる精緻な分析が求められるが、自己の拒否経験が市場退出と存続企業の輸出額に影響をもたらす一方で、競合企業の過去の拒否事例が市場退出および参入に影響をもたらすという差異は興味深い。第一に、競合企業の過去の拒否事例が存続企業の輸出額に与える負の影響も統計的には検出されなかった。仕向け先の技術要件を確実に遵守することができ、輸出を継続する存続企業については、競合企業が拒否されたとしても輸出額は左右されないという結果である。言い換えれば、競合企業の拒否事例によって影響を受けるのは、市場から退出するか否か、市場に参入するか否かの瀬戸際にいるマージナルな企業のみである。間接的な履歴効果が生じている状況でどういった企業が存続企業となりうるのかについての追加的な分析が求められる。

　第二に、自己の拒否経験がもたらす参入に対する負の影響は統計的には検出されなかった。これは、拒否された経験が、必ずしも、技術要件を確実に遵守することが困難であるがゆえの市場撤退を意味するわけではないことを示唆している。むしろ、企業は拒否経験を契機として、所定の技術要件を確実に遵守するための努力をし、市場から脱落せずに輸出を継続することを可能にするのかもしれない。拒否経験が直ちに貿易障壁となるばかりでなく、企業努力の契機となる可能性も考慮したさらなる分析が期待される。

　なお、自己の拒否経験が存続企業の輸出額を減少させる傾向は、輸出単価の低下を通じたものであるという結果が得られた。ここでの単価はあくまで輸出額を数量で割ったものなので、さらなる考察にはより精緻な分析が必要だが、ある製品を国境で拒否されても米国市場にとどまるために、（当該製品、あるいは、同一製品群の似通った製品の）マークアップを削って単価を下げ、競争力を保っていると読み取ることができるかもしれない。

　最後に、国境拒否の発生は、仕向け先の技術要件を遵守することが輸出企業にとって相当なハードルとなっていることを意味する。輸出企業が直面する技術規制の遵守費用には、固定費と変動費の両方が含まれる（World Bank, 2005）。固定費としては、生産設備、社内検査設備、生産プロセス管理システムなどの整備・改良や、関連する人員の確保・訓練にかかる費用が挙げられる。変動費には、定期的な監視、製品検査の実施や、輸送ごとのトレーサ

ビリティの文書化、品質適合認証取得にかかる費用が含まれる。拒否された後も継続して輸出し続けるには、こうした規制遵守費用を負担しなければならず、小規模で、低生産性の企業にとっては、とりわけ固定費が重大な障壁となりうる。本章の推計結果では直接的な履歴効果が退出を増加させる傾向が企業規模拡大局面では弱まることが示されたが、これは、規制遵守費用負担の外延での貿易制限的効果が小規模企業に偏る可能性を示唆していると解釈することもできるかもしれない。自己の拒否経験による直接的な履歴効果が企業間で異なる可能性についても、さらなる分析が望まれる。

参考文献

Baylis, K., Martens, A. and Nogueira, L. (2009) "What Drives Import Refusals?" *American Journal of Agricultural Economics*, 91(5): 1477-1483.

Beestermöller, M., Disdier, A. and Fontagné, L. (2018) "Impact of European Food Safety Border Inspections on Agri-food Exports: Evidence from Chinese Firms." *China Economic Review*, 48: 66-82.

Besedeš, T., and Prusa, T. J. (2006) "Ins, Outs, and the Duration of Trade." *Canadian Journal of Economics/Revue canadienne d'économique*, 39(1): 266-295.

Chen, M.X., Wilson, J. S. and Otsuki, T. (2008) "Standards and Export Decisions: Firm-level Evidence from Developing Countries." *The Journal of International Trade & Economic Development*, 17: 501-523.

Fontagné, L., Orefice, G., Piermartini, R. and Rocha, N. (2015) "Product Standards and Margins of Trade: Firm-level Evidence." *Journal of International Economics*, 97: 29-44.

Grundke, R. and Moser, C. (2019) "Hidden Protectionism? Evidence from Non-tariff Barriers to Trade in the United States." *Journal of International Economics*, 117: 143-157.

Inui, T., Obashi, A., and Yang, Q. (2024) "Impact of Border Rejection Experience on Export Performance: Firm-level Evidence from China." IDE Discussion Paper No. 930. Institute of Developing Economies (IDE), Japan External Trade Organization (JETRO).

Jaud, M., Cadot, O. and Suwa-Eisenmann, A. (2013) "Do Food Scares Explain Supplier Concentration? An Analysis of EU Agri-food Imports." *European Review of Agricultural Economics*, 40(5): 873-890.

Jouanjean, M.-A., Maur, J.-C. and Shepherd, B.（2015）"Reputation Matters: Spillover Effects for Developing Countries in the Enforcement of US Food Safety Measures." *Food Policy*, 55: 81-91.

Nabeshima, K., and Obashi, A.（2021）"Impact of Regulatory Burdens on International Trade." *Journal of the Japanese and International Economies*, 59, 101120.

Wen, X., Yang, Z., Dong, H., Fan, X. and Wang, Y.（2018）"Barriers to Sustainable Food Trade: China's Exports Food Rejected by the U.S. Food and Drug Administration 2011-2017." *Sustainability*, 10: 1712.

World Bank.（2005）"Food Safety and Agricultural Health Standards: Challenges and Opportunities for Developing Country Exports."

索　引

執筆者紹介

倪 彬　にい びん（編者）———————————————（第4章・第6章）
　　　　　　　奥付参照

以下、章別順

李 綱　り がん ——————————————————————（第1章）
東洋大学経済学部准教授
主著："Cross-country heterogeneity in production–environment nexus and international trade," (with Akihiko Yanase) *Economic Modelling* (forthcoming).／ "Trade, Resource Use and Pollution: A Synthesis," (with Akihiko Yanase) *Environmental and Resource Economics*, 83 (3): 861-901 (2022). ／ "Trade, Capital Accumulation, and the Environment," SSRN 2630208 (2015).

ブー・トウン・カイ ——————————————————（第2章）
法政大学経済学部教授
主著：『東アジア諸国の開放経済——国際マクロ経済、貿易、投資、および経済発展に関する実証研究』日本評論社、2024年（編者）／ "Remittances, the Dutch Disease, and Premature Deindustrialization in the Philippines," *The Hosei University Economic Review*, 90 (1-2): 147-164 (2022).／ "Oil Price Fluctuations and the Small Open Economies of Southeast Asia: An Analysis Using Vector Autoregression with Block Exogeneity," (with Hayato Nakata) *Journal of Asian Economics*, 54 (1): 1-21 (2018).／ "Physical Capital Accumulation in Asia-12: Past Trends and Future Projections," (with Etsuro Shioji) *Japan and the World Economy*, 24 (2): 138-149 (2012).

森田 裕史　もりた ひろし —————————————————（第3章）
東京科学大学工学院准教授
主著：「人口高齢化が財政政策の有効性に与える影響——パネル VAR モデルによる分析」（二羽秀和氏との共同執筆）『フィナンシャル・レビュー』145: 32-48、2021年／ "On the relationship between fiscal multipliers and population aging in Japan: Theory and empirics," *Economic Modelling*, 108: Article 105772 (2022). ／ "Regime switches in Japan's fiscal

policy: Markov-Switching VAR approach," (joint work with Ko, Jun-Hyung) *The Manchester School*, 87(5): 724-749(2019)./ "The effects of anticipated fiscal policy shock on macroeconomic dynamics in Japan," *The Japanese Economic Review*, 68(3): 364-393 (2017).

松尾 朋紀　まつお ともき ──────────────────────── (第3章)

日本経済研究センター研究本部副主任研究員

主著：「コロナ禍、抑制された失業増──雇用ミスマッチ解消へ官民連携を」(稲葉圭一郎氏との共同執筆)『統計』、2021年11月／ "Japan's unemployment rate hike amid the COVID-19 pandemic: Why was it so mild?" (joint work with Inaba, Kei-Ichiro) *Applied Economics Letters*, 30(8): 1001-1009(2023).

陳 雨婷　ちん うてい ──────────────────────── (第4章)

横浜国立大学大学院国際社会科学研究院准教授

主著："Informal institutions and comparative advantage of south-based MNEs: Theory and Evidence," (with Pao-Li Chang) *Journal of Development Economics*, 148: 102566(2021)./ "Heterogeneous Firms in Importing: Theory and Evidence from China," *Frontiers of Economics in China*, 10(2): 301-334(2015).

張 紅詠　ちょう こうえい ──────────────────────── (第5章)

経済産業研究所上席研究員

主著："Uncertainty, imperfect information, and expectation formation over the firm's life cycle," *Journal of Monetary Economics*, 140: 60-77 (2023)./ "Learning and information transmission within multinational corporations," *European Economic Review*, 143: 104016 (2022)./ "Measuring business-level expectations and uncertainty: survey evidence and the COVID-19 pandemic," *The Japanese Economic Review*, 72(3): 509-532(2021).

王 歆　おう しん ──────────────────────── (第6章)

北京大学新構造経済研究所准教授

主著："Industrial policy persistence and local economic performance: The role of subsidy allocation in China," (with Jietong Lin and Mingzhi Xu) *Economic Modelling*, 141: 106897 (2024). / "Multinational Firms and Human Capital Investment: A Dynamic Knowledge-Capital Model," *The World Economy*, 45(5): 1564-1586(2022)./ "Capital Markets in China and Britain, 1770-1860: Evidence from Grain Prices," (with Wolfgang Keller and Carol H. Shiue) *American Economic Journal: Applied Economics*, 13(3): 31-64(2021).

謝 一青 しゃ いっせい ──────────────────────── （第6章）

上海社会科学院副研究員

主著："Spatial outward FDI: evidence from China's multinational firms", （with Xiaobo Yu, Zhihong Yu and Yu Zhou）*Review of International Economics*, 32（2）: 574-603（2024）.／ "Gravity of intermediate inputs in productivity spillovers: evidence from foreign direct investment in China," （with Xiao Wang）*Review of International Economics*, 30（2）: 629-652（2022）.／ "The role of processing trade on exporters' responses to exchange rate: Evidence from China," （with Chao Song）*The World Economy*, 43: 1521-1543（2020）.

小橋 文子 おばし あやこ ──────────────────────── （第7章）

慶應義塾大学経済学部教授

主著：「技術規制と企業の輸出活動──日本の製造業企業の実証分析」『国際経済』71： 191-222、2020年／ "Impact of Regulatory Burdens on International Trade," （with Kaoru Nabeshima）*Journal of the Japanese and International Economies*, 59: 101120（2021）. ／ "Centrality in Global Value Chains and the Regulatory Distance from Global Standards," （with Tomohiko Inui, Kenta Ikeuchi, and Qizhong Yang）*International Economics*, 166: 95-115（2021）.

編者紹介

倪 彬（にい びん）
法政大学経済学部准教授
1981年生まれ。2004年上海外国語大学国際経済と貿易学部卒、2016年大阪大学経済学研究科博士課程修了（経済学博士）。
早稲田大学アジア太平洋研究センター助手、東洋大学経営学部会計ファイナンス学科助教を経て、2018年から現職。
主著
"Does it Matter Where You Invest? The Impact of Foreign Direct Investments on Domestic Job Creation and Destruction," (with Hayato Kato and Yang Liu) *The World Economy,* 46(1): 135-152 (2023).
"Robotics Technology and Firm-level Employment Adjustment in Japan," (with Ayako Obashi) *Japan and the World Economy,* 57, 101054 (2021).
"Productivity, Capital Intensity and ISO14001 Adoption: Theory and Evidence from Vietnam," *Review of Development Economics,* 23(1): 395-414 (2019).

法政大学比較経済研究所　研究シリーズ39

ふ かくじつせい
不確実性とFDI
き ぎょうせんりゃく　　えいきょう　　さぐ
企 業 戦 略への影 響を探る

2025年3月20日／第1版第1刷発行

編　者　法政大学比較経済研究所／倪 彬
発行所　株式会社日本評論社
　　　　〒170-8474　東京都豊島区南大塚3-12-4
　　　　電話　03-3987-8621（販売）　　03-3987-8601（編集）
　　　　https://www.nippyo.co.jp/
印刷所　精文堂印刷株式会社
製本所　株式会社松岳社
装　幀　菊地 幸子

©2025　Institute of Comparative Economic Studies, HOSEI University　検印省略
Printed in Japan
ISBN 978-4-535-54115-3